21 世纪高等院校创新创业教材

大学生创新创业基础

主　编　傅时波

副主编　董磊磊　杨成磊

编　委　郑国良　余　帆

中国原子能出版社

图书在版编目(CIP)数据

大学生创新创业基础 / 傅时波主编. —北京：中国原子能出版社，2020.9 (2021.9 重印)

ISBN 978-7-5221-0905-3

Ⅰ. ①大… Ⅱ. ①傅… Ⅲ. ①大学生—创业—高等学校—教材 Ⅳ. ①G647.38

中国版本图书馆 CIP 数据核字(2020)第 186485 号

大学生创新创业基础

出版发行 中国原子能出版社(北京市海淀区阜成路 43 号 100048)
责任编辑 刘东鹏
装帧设计 右序设计
责任印制 潘玉玲
印　　刷 三河市南阳印刷有限公司
经　　销 全国新华书店
开　　本 787mm×1092mm 1/16
印　　张 15.25
字　　数 280 千字
版　　次 2020 年 9 月第 1 版 2021年 9 月第 2 次印刷
书　　号 ISBN 978-7-5221-0905-3
定　　价 78.00 元

网址:http://www.aep.com.cn
发行电话:010-68452845
E-mail:atomep123@126.com

前　言

在“大众创业，万众创新”的时代背景下，创新创业日益成为未来发展的新引擎，而大学生作为最具创业活力和潜力的群体，如何培养其创新创业能力，是当前社会发展过程中最紧迫的课题之一。创新是从平凡中创造奇迹，创业是从问题困难中发现机会。创新强调的是开拓性与原创性，而创业强调的是通过实际行动获取利益的行为。

近年来，创新创业环境持续改善，创新创业的主体日趋多元。不论你是追求创新的创新者、勇于创业的创业者、善于创造的创客、还是想要了解创新创业知识的学习者，学习创新创业知识都会提升你的综合竞争力。《大学生创新创业基础》以创新、创业能力培养为重点，以创新技法和创业过程为主线，构建理论与实践相结合的行动导向课程。本书从创新教育与创业教育相结合的角度，科学构建了创新思维、创新方法、创业者与创业团队、创业机会、创业计划书等在内的内容体系。既可作为高等院校创新创业教育通识课程教材，也可作为社会青年创业者的参考用书。

本书充分结合大学生的学习特点和认知规律编排学习和训练内容。全书共分为十章，具体分工如下：第一章“创新概述”、第三章“创新方法”、第九章“创业计划”由傅时波负责编写，第七章“商业模式”、第十章“新企业的创办与管理”由董磊磊负责编写，第六章“创业机会”、第八章“创业资源”由杨成磊负责编写，第四章“创业与人生发展”、第五章“创业者与创业团队”由郑国良负责编写，第二章“创新思维”由余帆负责编写，全书最后由傅时波统筹定稿。

本书的编写要特别感谢浙江安防职业技术学院副院长胡伟国教授的指导与鼓励。本书编写过程中借鉴、参考了国内外大量创新思维与方法、创业基础方面的文献资料以及一些创新创业教育专家、学者的理论和观点，书中引用的案例与材料部分来自期刊、网络。本书的出版得到了出版社的大力支持，在此一并表示感谢。

由于编者水平有限，书中难免有疏漏和不足之处，敬请读者指正。

傅时波

2020 年 5 月 25 日

目　录

第一章　创新概述

人的时间是有限的，所以不要按照别人的意愿去活，这是浪费时间。不要囿于成见，那是在按照别人设想的结果而活。不要让别人的聒噪声淹没自己的心声。最主要的是，要有跟着自己的感觉和直觉走的勇气。

——史蒂夫·乔布斯

第一节　创新的概念与意义

亚马逊与当当网

1994年，30岁的杰夫·贝索斯有了一个令他惊讶的发现——尚未成熟的互联网络的使用情况正以每年高达2300%的速度暴增。

那时候的他正坐在曼哈顿一栋办公大楼的计算机桌前，对网络进行探索。这个发现让他很兴奋，也预感到了什么！他开始思考：既然有这样的一种趋势，流连于网络的人越来越多，那么能否在网络空间中创造一些商机呢？

他毅然辞职了——为了这个不成形的预感！

但到底要在网络中做什么，卖什么东西，办一家什么样的公司，他对此还没有清晰的思路。于是他就跑到大街上寻找灵感。

终于，在某天他看到一家书店时，一个主意浮现在他的脑海：为什么不在网上开办一家书店呢？

"亚马逊"网上书店（见图1-1）就这样诞生了！

杰夫·贝索斯毫无争议地率先开启了电子商务的大门，亚马逊也凭借自身的快速成长，引领了世界商业模式，也诠释了到底什么叫电子商务。

那么亚马逊是什么样子呢？

咱们设想一下：有这样一家书店，有十几平方公里的面积，有310万种以上的图书，可以接待500多万人次的顾客，这该是多大的书店啊！

这样的设想可能让你感到吃惊，因为如此大的书店根本无法在现实中实现。然而，互联

图 1-1 亚马逊网上书店

网能做到这一切，这就是亚马逊网络书店。当然，亚马逊现在不仅仅是卖书，它已经名副其实地成为一家“百货公司”。Brand Finance 发布的《2019 年全球最具价值品牌 500 排行榜》，亚马逊为 2019 年全球最有价值的品牌，排行第一。

1999 年 11 月，当当网开通了。这也是一家从网络书店开始的电子商务公司，现在已从早期的网上卖书拓展到卖各品类百货，包括图书音像、美妆、家居、母婴、服装和 3C 数码等几十个大类，数百万种商品。物流方面，当当在全国 600 个城市实现“11.1 全天达”(上午 11 点前下单当日达，凌晨 1 点前下单次日达)，在 1200 多个区县实现了次日达，货到付款(COD)方面覆盖全国 2700 个区县。

一、创新的概念

创新一词起源于拉丁语，其原意有三层含义：第一，更新；第二，创造新的东西；第三，改变。《辞海》对创新的解释是抛弃旧的、创立新的。其实，对旧的不完全是抛弃，更确切的应是扬弃。可以理解为，创新是以新思维、新发明和新描述为特征的一种概念化过程。

创新是指人类提供前所未有的事物的一种活动。这里的“事物”所指很广泛，既包括自然科学，也包括社会科学；天文地理，无所不有。这里的“前所未有”就是“首创”。任何的创新都必须是一种首创活动，通俗的说，就是第一个的意思。不过首创也因为参照对象的不同而有两种不同的含义，衍生出狭义创新和广义创新两种类型。

(1)狭义创新是相对于其他人或全人类来说的，你是第一，是首创。狭义创新是真正具有推动社会进步意义的。比如爱因斯坦发现相对论等。

(2)广义创新是虽然相对于其他人我们不是第一个，但相对于我们自己来说是第一，是首创。相对比较简单，容易学习和掌握。比如班级里策划一项特色活动促进了凝聚力建设，推行了新的工作方法，进行了某些方面的改进等。

“创新”作为经济学的一个概念，最早是由诺贝尔经济学奖获得者熊彼特提出的。1912 年，哈佛大学的教授熊彼特第一次把创新这个概念引入了经济领域。换句话说，是他从经济的角度提出了创新，他认为创新就是建立一种生产函数，实现生产要素的从未有过的组合。因此，我们可以看出，创新的根本特征是新，它是从旧到新和从无到有的过程。

【案例 1-1】

联想 thinkplus 口红充电器

2020 年 4 月 1 日晚，前锤子科技 CEO 如今超级网红罗永浩完成了直播带货首秀，在 3 个小时的直播里创造了 1.1 亿元人民币的支付总额，累计观看人数超过 4800 万人。在直播过程中有一款产品，是能够带动笔记本的超小型充电器（见图 1-2）。

图 1-2 小型充电器

相比其他几款苹果充电器，它的尺寸只有一半大小。

联想 thinkplus 65W USB PD 充电器采用了 Coolmos 功率器件，外观非常的修长小巧，像极了一支口红，所以很多人称它为“口红电源”。它的功率最高可达 65W，支持 USB PD 快充，可以用来充笔记本、平板、手机等多种数码设备，受到了广大用户的关注、喜爱。

在 65W 口红成为爆款后，联想又推出了“mini 口红”——thinkplus 45W USB PD 充电器 PA45，新款同样是修长的体型，迷你的身材，同样的口红设计。方便携带出门，可以满足大多数电子产品的充电需求。

二、创新的意义

（一）科技发展迫切需要创新

科技兴则民族兴，科技强则国家强。越是接近中华民族伟大复兴的目标，越是需要建设世界科技强国。科学技术是第一生产力，是先进生产力的集中体现和主要标志。进入 21 世纪，全球进入了知识经济时代，随着世界科技的突飞猛进，各种形式的知识在经济活动中正发挥着越来越关键的作用。知识经济的关键是科技，灵魂是创新创业，根本是人才。

新科技革命迅猛发展，正孕育着新的重大突破，将深刻地改变经济和社会的面貌。信息科学和技术发展方兴未艾，依然是经济持续增长的主导力量。生命科学和生物技术迅猛发展，将为改善和提高人类生活质量发挥关键作用。能源科学和技术重新升温，为解决世界性的能源与环境问题开辟新的途径。纳米科学和技术新突破接踵而至，将带来深刻的技术革命。基础研究的重大突破，为技术和经济发展展现了新的前景。科学技术应用转化的速度不断加快，造就新的追赶和机会。我们要站在时代的前列，以世界眼光，迎接新科技革命带来的机遇和挑战。

面对国际新形势，我们必须更加坚定地把科技进步作为经济社会发展的首要推动力量，把提高自主创新能力作为调整经济结构、转变增长方式、提高国家竞争力的中心环节，着力增强国家创新能力和国际竞争力。

（二）经济发展迫切需要创新

改革开放以来，我国经济持续快速发展，特别是"十三五"以来，我国工业化、城镇化进程加快，经济总量跨上新台阶，经济结构持续优化，2010 年我国国内生产总值（GDP）超过了日本，成为世界第二大经济体，但我国的人均国内生产总值仍然排在世界百名之后。我国也面临着重重压力，一方面，进入 21 世纪，我国面临着知识经济方兴未艾，经济全球化深入发展，世界新科技革命和产业变革步伐加快，以及综合国力竞争日趋激烈的压力，这给我国经济的发展带来了新的机遇和严峻的挑战，而有效应对这些挑战，取得发展的主动权，使中国真正走在世界前列，就必须要有强大的科技创新力量，有一支富于创新创业的人才队伍，这是中国发展的后劲所在；另一方面，我国经济的快速发展带来了发展方式粗放、就业压力增加、社会发展滞后等一系列社会问题，迫切需要对经济发展方式重新定位，从重经济总量和发展速度向重经济发展质量和效益转变，从要素驱动发展向创新驱动发展转变。

面对新形势，中国将创新驱动发展作为解决发展问题的优先战略，将创新创业人才培养作为推动国家发展、民族振兴的重要支撑。要把创新创业教育贯穿人才培养全过程，以创造之教育培养创造之人才，以创造之人才造就创新之国家。

（三）未来发展需要创新

知识经济是高科技的发展促成的，是创新的结果。当今世界，科技进步日新月异，知识更新层出不穷，产品更新换代的周期越来越短。专家们预计，在未来 30 至 50 年内，世界科学技术将会出现重大创新，很可能在信息科学、生命科学、物质科学、脑与认知科学、地球与环境科学、数学与系统科学以及自然科学与社会科学的交叉领域中形成新的科学前沿，出现新的科学飞跃，为人类社会发展打开新的广阔前景。未来科学技术引发的重大创新，将会推动世界范围内生产力、生产方式以及人们生活方式进一步发生深刻的变革，也将会进一步引起全球经济格局的深刻变化和利益格局的重大调整。这个发展趋势，必然对世界经济、科技发展和国际综合国力竞争带来重大影响。在这样的大背景下，如果看清世界科技进步的大势，能够制定出正确的科技发展战略，奋力跟上科技发展的时代潮流，就可以在未来的发展中进一步把握住机遇、赢得主动；反之，如果没有看清世界科技进步的大势，不能制定出正确的科技发展战略，在全球激烈的科技竞争中落伍了，那就会失去机遇、陷于被动。机遇和挑战并存，关键看我们能不能把握住机遇、加快发展，开创事业发展的新局面。

过去的 200 年是知识的时代，是科技的时代。未来的一百年是智慧的时代，是体验的时代，是服务的时代。因为，机器将会取代过去 200 年来很多的技术和科技。我们现在处于高速科学发展的社会初期，在科学技术的推动下，人类还将达到更高的文明层次，进入智能社会。

我们要迎接这种挑战，就要以国家创新体系为平台，全面增强国家的科技创新能力。科技进步促成"学习的革命"，知识经济催化"教育的改革"，这些都需要我们具有创新的精神，运用创新的方法，推进创新的改革。

【案例 1-2】

立规矩，让高校实习守正创新

为进一步提高实习质量，切实维护学生、学校和实习单位的合法权益，教育部印发《关于加强和规范普通本科高校实习管理工作的意见》，对进一步加强和规范普通本科高校实习管理工作作出规定。

立规则，让高校实习更好守正。长期以来，高校实习中出现这样那样的乱象，尤其是实习生的合法权益得不到有效维护。该《意见》量身定制，为高校实习立规矩，针对实习中存在的普遍问题、突出问题，提出解决之策与防范和规范之举。守正，首先就是守规矩，只有按照规矩来规范操作，才能确保高校实习不“跑偏”，行驶在正常的轨道之上，实现学生、学校和实习单位各方权益都得到维护。

高校实习需要创新形式。有一种“拍卖”很新鲜——2017 年 6 月 2 日西南大学新闻传媒学院副教授邹琰的微店中突然多了许多特殊的“商品”：该校 2014 级新闻学专业的 48 名学生，被邹琰在自己的微店中，以每人标价 1 元的价格公开“拍卖”。此举，是帮助学生找到合适实习单位的一次尝试。“叫卖”学生的最大卖点在于“互联网＋”。这是一种互联网思维、创新思维，可以让实习“适销对路”，更利于提升实习效果。

不忘实习初心，担负实习使命——学经验、学技能，深层次方面是以时间换空间，尤其是换取“众创空间”。大学生站在创业的风口，一方面源于“大众创业、万众创新”的战略鞭策，另一方面来自实现人生出彩的未来预期。确实，当代大学生理所当然要成为“创”时代的主人与主角，然而，“经验”不足往往是青年人的软肋，也会成为创业中的“最短的木板”。如果能够在大学期间通过实习赚足“经验”，创业起飞的翅膀就会“硬起来”，并且可以增加“万一实现了”的机会与概率。

让高校实习在守正创新中行稳致远。规矩有了，必须把规矩挺在前面，这是守正的必须，也是行稳的关键。在此基础上，创新形式、创新载体、创新方式等也是十分必要的。值得提醒的是，不能守正，可能会导致盲目创新，让实习误入歧途；光有守正甚至是狭隘的、片面的守正，也容易沦为“墨守成规”，成为一种教条。正确处理好守正和创新的关系，需要在实践中不断探索、反复“实习”。可以讲，守正创新的实习，更能够行稳致远。

来源：《中山日报》，2019－08－01。http://www.zsnews.cn/gundong/index/view/cateid/37/id/619008.html

拓展阅读

每年增产 300 亿公斤！ 袁隆平提出发展“海水稻”最新目标

虽然今年已经 90 岁高龄，但袁隆平院士依旧醉心于水稻研究，并且一直坚持带领团队奋战研究一线，并多有成果产出。

4 月 14 日，在海南三亚崖州湾科技城举办的国家耐盐碱水稻技术创新中心试验现场观摩及建设推进会上，袁隆平介绍了耐盐碱水稻（俗称“海水稻”）研究的新目标与新进展。

袁隆平提出，发展耐盐碱水稻的最新目标是，在10年内，选育出耐盐度在千分之三至千分之六、耐碱在pH9以上的耐盐碱水稻品种，且年推广面积达1亿亩，平均亩产300公斤，这样每年就可增产300亿公斤粮食。

300亿公斤的增产是什么概念？会上，袁隆平以湖南省为类比，指出这相当于湖南省当前的全年粮食总产量。换句话说，300亿公斤的增产，也可以多养活近8 000万人口。

基于这一宏大目标，袁隆平院士也提到最新研究进展，表示以抢占国际盐碱地利用技术领先地位、培育粮食生产新增长点为目标的国家耐盐碱水稻技术中心正在加紧筹备建设中。据悉，该中心由湖南杂交水稻研究中心（国家杂交水稻工程技术研究中心）牵头，联合海南大学、三亚市南繁科学技术研究院、青岛海水稻研究发展中心有限公司、湖南省农业科学院、广东海洋大学、湖南农业大学、江苏省农业科学院、黑龙江省农业科学院等单位共建。

袁隆平院士对于耐盐碱水稻的研究进展信心十足，他指出，耐盐碱水稻在世界多国都有研究，包括印度、日本、韩国等，甚至部分国家已经研究几十年，但进展都不大。中国之所以在数年之内就有较大突破，很大原因在于将水稻耐盐碱基因与水稻杂种优势利用结合了起来。

据统计，我国有15亿亩荒芜的盐碱地，是国家重要的后备耕地资源。在当前疫情阴影之下，粮食安全屡屡成为社会关注焦点，袁隆平院士团队的这一新目标对于未来巩固我国粮食安全无疑是重大利好。

来源：《前瞻网》，2020—4—15。https://tech.ifeng.com/c/7vgdTx39RlU

第二节 创新的特点与类型

创业故事

“直播带货”带火大学生创新创业

“老铁们，咱们这款牛蒡酱，是以中草药牛蒡根为原料的纯天然食品……绝对可以跟人参相媲美，所以又有着东洋参美誉呢……老铁们，快来买它哦。”站在手机屏幕前，徐州小伙腾贝贝声音差点儿“吼”哑了。

尽管如此，他的直播带货还是卓有成效。仅3天时间，就为当地的滞销农产品牛蒡酱增加了5 000单的销量，销售额超10万元。

如果不是母校扬州工业职业技术学院电商直播团队的帮助，腾贝贝压根儿想不到会有这种“奇效”。

2019年，腾贝贝从该校毕业以后返乡创业，主要从事农产品深加工。疫情期间，出口订单取消较多，影响企业运转，腾贝贝关注到学校电商直播资源丰富，主动联系了学校。

该校创新创业学院院长颜正英老师了解到情况后，迅速召集学生直播团队开展讨论，经过周密商定，决定由徐州籍学生组建直播团队，直接赶赴田间地头，架起直播设备，开展了一系列直播带货活动，帮助校友解决销售问题。

值得关注的是，疫情期间，该校电商直播学院按照“停课不停学”要求，先后组织了两期电商直播假期培训。让学校没想到的是，培训班非常火爆，全校300余名学生自愿报名，学生在培训中学习热情高涨。

该校“00后”大学生陈忠强是电商直播学院第一批学员。疫情期间，陈忠强几乎每天都要给老师发消息：“老师，这是我今天的直播销售数据，请您帮我做个复盘。”

“几个月不运动，胖了好几斤”“四月不减肥，五月徒伤悲”，陈忠强观察到复工复产和天气变暖后爱美人士减肥的需求，于是尝试直播带货智能呼啦圈，刚刚10天，总销售额就突破8万元。

经过半个多月培训，他掌握了一些电商直播知识，也很快付诸实践。虽然目前来看颇有成效，但对他来说，要学习的内容还有很多，开学后还要回校继续深入学习。

不管是颜正英，还是陈忠强，都没想到疫情让“直播电商”处于风口。作为一种新兴的电子商务营销模式，不但可以帮助消费者提升消费体验，还能为许多质量有保证、服务有保障的产品打开销路。

其实早在2019年，该校就组建了电商直播学院，这也是全国第一家正式落地高校的电商直播学院，旨在为电商直播整个产业链培养高素质专业人才，同时开展电商直播理论研究，促进电商直播产业的发展。

目前，扬州已有多家本地企业表示在疫情后与学校合作，将企业的员工送到学校进行专业的电商直播培训。

“组建电商直播学院不仅是为了紧抓时代的风口，培养一批电商直播带货的网络达人，更是培养他们成为能够适应未来互联网经济发展需求的复合型知识结构人才。”颜正英说。

该校党委书记刘金存表示，这些年来，学校高度重视创新创业教育，不断加大教育教学改革力度，创新人才培养方式。学校成立电商直播学院既是对人才培养模式的一种探索，也是产教深度融合的一次大胆尝试。

来源：《中国青年报》，2020－04－16。http://edu.youth.cn/jyzx/jyxw/202004/t20200416_12288950.htm

一、创新的特点

创新是社会进步的动力，是事业兴旺的阶梯。创新是人类特有的活动。创新是有规律的实践活动。它以扎实的专业知识为基础，以艰苦卓绝的精神劳动为途径，以敏锐的观察力、丰富的想象力、深刻的洞察力为导向，反映符合事物发展要求的基本规律，是一种有规律的实践活动。创新是继承中的升华，继承是创新的必要。创新主要具有以下几个方面的特点：

一是目的性。任何创新活动都有一定的目的，这个特性贯彻于创新过程的始终。

二是变革性。创新是对已有事物的改革和革新，是一种深刻的变革。

三是新颖性。创新是对现有的不合理事物的扬弃，革除过时的内容，确立新事物。

四是超前性。创新以求新为灵魂，具有超前性。这种超前是从实际出发，实事求是的超前。

五是价值性。创新有明显、具体的价值，对经济社会具有一定的效益。

六是不确定性。创新的来源和机会发生的可能是不可预测的，创新过程中成本所具有的不可预测性及创新结果的不确定性。

七是风险性。创新可能成功，也可能失败，这种不确定性就构成了创新的风险，因此，在创新过程中，只准成功、不许失败的要求，实际上是不切实际的，只能通过科学的设计与严格的实施，来尽量降低创新的风险。

二、创新的类型

美籍奥地利经济学家约瑟夫・熊彼特(Joseph Alois Schumpeter，1883—1950)最早提出了五类创新：①引入一种消费者所不熟悉的新产品或一种产品的新特性；②采用一种新的生产方法，是那种在现有制造部门中尚未通过经验鉴定的方法，这种新的方法并不一定要建立在科学新发现的基础之上，同时也可能存在于商业上处理一种产品的新方式之中；③开辟一个新的市场，是本国制造部门以前不曾进入的市场，不管这个市场以前是否存在过；④控制原材料或半制成品的一种新的供应来源，也不管这种来源是现存的，还是初次创造出来的；⑤实现某种工业新的组织形式，比如造成一种垄断地位(例如通过"托拉斯化")，或打破一种垄断地位。

这五个方面分别对应：产品创新、流程创新、市场创新、供应源创新和组织创新。对于创新，现有研究存在多种分类方法。

(一)按照创新的载体分

按照创新的载体不同，可分为知识创新、技术创新、管理创新和方法创新四种类型。

1. 知识创新

知识创新是指通过逻辑判断、理论研究、社会实践与实验而获得的新发现，以及由此提炼而形成新的认知体系。知识创新的一个重要方向就是对过去谬误的否定，例如今天我们已经识破了"农作物的神话""鸡血针的神话""绿豆汤的神话""菠菜的神话"等。

知识创新为人类认识世界、改造世界提供了新理论和新方法，为人类文明进步和社会发展提供了不竭动力。

2. 技术创新

在20世纪60年代就有人提出"技术创新"的定义，从该定义的演变来看，不是单纯指"技术"的"创新"，而是注重"首次应用"与"市场化"。

技术创新是以创造新技术为目的的创新或以科学技术知识及其创造的资源为基础的创新。前者如创造一种新的激光技术，后者如以现有的激光技术为基础开发一种新产品或新服务。两者常合二为一，是企业竞争优势的重要来源，是企业可持续发展的重要保障。认识技术创新的本质、特点和规律，是技术创新有效管理的重要前提。

3. 管理创新

管理创新主要是指一个组织的创新，即通过培育组织的创造性思维与创新文化，把新的管理思路、管理文化、管理手段、管理技术、管理模式、管理人才等管理要素或要素组合引入企业管理系统，通过计划、组织、指挥、协调、控制、反馈等手段，并将其转换为有用的产品、服务或作业方法的过程。

企业管理创新，最重要的是在组织高管层面有完善的计划与实施步骤以及对可能出现的障碍与阻力有清醒认识，帮助企业领导塑造这一方面的能力，使创新与变革成为可能。

4. 方法创新

方法创新与知识创新、技术创新、管理创新存在交集，但在人们的日常生活、企业经营、组织管理等活动中，确实常常应用到“方法创新”。“授之以鱼不如授之以渔”“工欲善其事，必先利其器”等都是强调“方法”的重要性。

如果把创新分为“想到”与“做到”两个方面，方法创新就可以定义为：把想到的创意“做到、做好、做得人人满意有效益”的过程。

（二）按照创新的规模分

创新按规模可分为全球级创新、国家级创新、产业级创新和企业级创新四种类型。

1. 全球级创新

全球级创新往往是革命性的，会给全球的经济社会带来全面的变革。以下是波士顿咨询集团列出的十大最具创新精神的公司：

苹果（Apple）；谷歌（Google）；特斯拉（Tesla Motors）；微软（Microsoft）；三星集团（Samsung Group）；丰田（Toyota）；宝马（BMW）；吉利德科学（Gilead Sciences）；亚马逊（Amazon）；戴姆勒（Daimler）。

2. 国家级创新

国家级创新是指一个国家为引领或紧跟全球性创新的浪潮而在本国范围内开展的创新与创造的活动。

3. 产业级创新

产业级创新是在行业产业领域开展的技术创新、技术革命或技术变革活动。

4. 企业级创新

企业级创新是指在某一企业内开展的技术革新与产品创新活动。

（三）按创新的程度分

创新按程度可分为渐进式创新和突破性创新两种类型。

1. 渐进式创新

渐进式创新倡导“做得更好”，是通过不断的、渐进的、连续的小创新，最后实现创新的目的。比如，针对现有产品的元件作细微的改变，强化并补充现有产品设计的功能，至于产品架构及元件的连接则不做改变。日本的企业多采用这种渐进式管理创新策略。另外日本政府在公务员改革过程中也采用了这种策略，通过有计划地每年逐渐减少公务员数量的办法，加以编制法定化的配套措施，使日本的公务员改革取得了成功。

虽然单个创新所带来的变化是小的，但它的重要性不可低估。因为，一是许多大创新需要与它相关的若干创新辅助才能发挥作用；二是小创新的渐进积累效果常常促使创新发生连锁反应，导致大的创新出现。

2. 突破性创新

突破性创新倡导“做得不同”，是有突破性的创新，不经常发生，一般指采用全新的产品、过程、方法替代原有的。成功的突破性创新往往会创造新的绩效基础、新的竞争力和新的业务模式，从而导致企业的再造或产业的升级。

（四）按创新的性质分

创新按性质可分为原始创新、跟随创新和集成创新三种类型。

1. 原始创新

原始创新是指前所未有的重大科学发现、技术发明、原理性主导技术等创新成果。原始创新意味着在研究开发方面，特别是在基础研究和高技术研究领域取得独有的发现或发明。原始创新是最根本的创新，是最能体现智慧的创新，是一个民族对人类文明进步做出贡献的重要体现。原始性创新成果通常具备首创性、突破性和带动性三大特征。

2. 跟随创新

跟随创新是指在已有成熟技术的基础之上，沿着已经明确的技术道路进行技术创新，如在原有技术之上将技术更加完善，开发出新的功能等。

3. 集成创新

集成创新，是指将各种相关技术有机融合起来，对各创新要素和创新内容进行选择、集成和优化，在主动寻求最佳匹配要素的优化组合中产生“1＋1＞2”的集成效应。

【案例 1-3】

很多人都喜欢靠在床的靠背上看电视，不过你是否想过躺在床上看电视，那就更加完美了。国外某种装修设计，就是一台液晶电视安装在床头的墙上（见图 1-3），平躺在床上时，只要你想看电视将它拉出来就可以，这种设计对于懒人来说真是无懈可击，平时缩收回去，电视背面就是一张你喜欢的照片，既美观又节省了放电视的桌子，一举两得。

图 1-3　躺在床上看电视

拓展阅读

“创新创业”纳入大学生综合素质评价

在湖南未来有嘉科技有限公司工作室里，几名学生正对儿童防丢器、硬笔汉字规范化网络教学等创新发明项目进行讨论；在大师工作室，国防科技大学博士、长沙市云智航科技有限公司董事长张代兵正给学生讲解无人机原理……湖南工业职业技术学院有这样一个创客集中的“创乐园”——2019 年新建的大学生创新创业孵化基地，20 个创新创业项目、大师工作室坐落于此。日前，第二轮湖南省高校“大学生创新创业孵化示范基地”评选结果公布，湖南工业职业技术学院入选。“学校依托大学生创新创业孵化基地，引导鼓励师生参与创新创业项目。”该校校长向罗生说。

创新创业教育是高校人才培养改革的重要突破口。“我们将创新创业教育纳入学校教育教学改革方案和卓越院校建设项目，把创新创业教育融入人才培养全过程。”向罗生介绍，学校建立完善《学生综合素质测评细则》，将“创新创业”作为学生综合素质主要内容，与思想品德、学业成绩和社会实践构成四个方面的测评内容。将学生创新创业活动纳入评优评先、奖学金评定等评价考核体系，确保创新创业能力培养落到实处。

据了解，学校将创新创业教育必修学分融入专业人才培养总学分，创新创业课程融入专业课程体系，科学系统传授相关知识。同时邀请社会名家，对高精尖项目进行深入辅导；聘请杰出校友，深化学生创新创业实训实战经验；聘请园区企业负责人为创客定期提供创业研讨、讲座与创业导师服务。

学校依托“科研协同发展中心”，将专业知识传授与创新创业能力训练有机融合，与中联重科、铁建重工、湘电集团等企业共建了一批协同创新研究中心，积极参与行业企业承担的国家和企业技术攻关项目，为师生参与实际项目研发提供平台。

来源：《长沙晚报》，2020－01－12。http://chinadxscy.csu.edu.cn/entre/info/hot/dynamic/2020011232083.html

第三节 创新与创意、创业的关系

创业故事

网红餐饮进化史：从“讲故事”到“拼创意”，不同时期都有哪些特点？

网红店元年——2013年

2013年，一家餐厅的出世，首次定义了“网红店”的概念，它就是“赵小姐不等位”。之所以说它定义了“网红店”，并不因为它有多出名，而是因为在它之前，没有真正意义上的网红店。“赵小姐不等位”(见图1-3)是至今所有网红店的一个缩影，也是所有网红店元素的集大成者。

1. 清新文艺的装修风格

“赵小姐不等位”是首批凭借精致装修走红的网红店，小清新的配色是国内ins风的网红鼻祖。

2. 充满噱头的创始人故事

听说过“赵小姐不等位”的，应该都听过它背后的爱情故事。这家餐厅是丈夫给妻子“赵小姐”的结婚周年礼物，因为两人都很爱吃，而上海长乐路上每家好吃的店几乎都需要排队等位，所以丈夫就在长乐路上开了一家餐厅，送给妻子，让赵小姐吃饭再也不用等位。

3. 名人效应

赵小姐赵若虹曾是上海 SMG(上海东方传媒集团有限公司)旗下主持人并出演过情景喜剧《开心公寓》,而丈夫则是知名悬疑小说家——那多,夫妻俩都是上海本地的知名人士。

4. 营销

2013 年的微博还是“新兴”强势社交媒体平台,处于“流量红利期”,类似于 2017 年、2018 年的抖音。

因此,从餐厅开业的第一天,微博粉丝超百万的赵小姐和那多就开始在微博营销、宣传自己的餐厅(见图 1-4)。

图 1-4 “赵小姐不等位”网红店

5. 菜品颜值大于味道

综合所有网上的评论来看,“味道一般且贵”是对于菜品的普遍评价。但是,“赵小姐不等位”的曝光度却一直很高,除了名人效应和营销外,还有一点就是菜品的颜值较高(见图 1-5)。

图 1-5 菜品颜值

卖情怀和故事(2013—2015 年)

代表品牌：黄太吉(“中国麦当劳”)(见图 1-6)、雕爷牛腩(“500 万牛腩配方”)、伏牛堂(“北大毕业生卖牛肉粉”)。

图 1-6　黄太吉

黄太吉创立于 2012 年，火于 2013 年，盛于 2015 年，衰于 2016 年。从要做“中国的麦当劳”到衰亡，黄太吉用了 4 年时间。

回顾黄太吉的网红之路，情怀和故事是它最大的卖点。

1. 传统美食情怀

黄太吉通过文案，把卖煎饼当成了卖“传统文化”。各种抓人的文案，让煎饼果子、油条和豆浆都承载了中华美食文化的厚重底蕴。

2. 互联网思维的故事

互联网行业，最不缺的就是故事。在营销行业工作多年的黄太吉创始人赫畅，更是讲故事的一把好手。

故事一：“中国麦当劳”。

赫畅放话，要把黄太吉开到美国，要做“中国的麦当劳”。这样的励志故事，无疑戳中了大众的痛点，激起了民族自豪之情。

故事二：多品牌模式攻陷白领午餐消费市场。

煎饼虽好，但白领不可能天天吃，顿顿吃。卖煎饼暴露模式缺陷后，黄太吉又提出“类百丽模式”，就是推出多个子品牌，从煎饼到冒菜、饺子、小火锅多品类齐发，全方位攻陷白领午餐。理想很丰满，可惜白领并不买账。

故事三：做外卖平台。

“类百丽模式”失败，赫畅又提出转型外卖平台。自建中央厨房，自营外卖渠道，联合知名品牌入驻，提供外卖配送服务，平台抽取提成。最终结果就是，黄太吉的外卖平台流量不够，入驻成本过高，商户纷纷撤出，在 2016 年开始关店潮。

猎奇、高颜值、时尚化(2017—2018年)

代表品牌:泡面小食堂(高颜值泡面+ins风门店)、柒本味(匠人精神)、春丽吃饭公司(港风时尚餐厅)、答案茶(可以占卜的奶茶)。

2017年,北京一家奇特餐厅诞生,颠覆了很多餐饮人的认知,并一举成为近年来最受瞩目的网红餐厅之一,它就是“春丽吃饭公司”(见图1-7)。

图1-7 春丽吃饭公司

春丽可谓是“第二代网红餐厅”的集大成者,兼具猎奇、高颜值时尚化三大要素,却并不“好吃”。

1. 猎奇

春丽的猎奇,主要体现在“反逻辑”上:

①名字叫“春丽吃饭公司”,但没有一个有关人员叫“春丽”;

②装修港风,但卖的都是油条、肥肠、猪蹄;

③门口处地毯写着“不欢迎”,而不是“欢迎光临”;

④厕所写着“不分男女”。

……

2. 高颜值

港风的装修,加上五颜六色的霓虹灯光。吸引了很多食客,但吃饭成了次要目的,主要目的是拍一组“王家卫电影式”写真。

3. 时尚化

①名人追捧:各路明星齐来拍照、打卡。

②国际品牌加持:开业不到半年,国际一线品牌香奈儿、耐克都来店里取景拍大片。

经过国际大牌光环加持,春丽从小成本餐饮店,变成国际审美时尚潮流圣地。

社交标签(2018年至今)

代表品牌:香天下(奶茶锅)、喜茶(社交小程序)、奈雪的茶(女性社交)。

其实,网红店发展到现在的阶段,早就已经不缺故事,不缺情怀,不缺颜值。因此,从2018年开始,网红品牌们开始向新的方向进攻,那就是“社交”。2018年12月,香天下推出“奶茶鸳鸯火锅锅底”,配料有咸蛋黄、肉松、抹茶、榴梿、奥利奥和辣条,一举震惊各大社交平台，“奶茶锅”成为当时年轻消费者群体中的“社交货币”，引发一波拍照打卡潮流。

一个月后，香天下又进一步推出“泡面零食锅”，不仅可以涮肥牛等常规菜品，还可以涮薯片、旺仔小馒头、浪味仙，因此颇受年轻人欢迎，进一步加重了产品的社交货币属性；2019 年 3 月，奈雪的茶旗下第一家奈雪酒屋在深圳欢乐海岸开业，奈雪设定的情景是女性好友相约，晚上在奈雪酒屋喝酒聊天；2019 年 5 月 27 日，喜茶 CTO 陈霈霖向媒体透露，喜茶有做社交的打算，会在“喜茶 go”小程序的场景中让用户与用户之间产生互动。

小结

纵观网红店的更新换代，也是一部餐饮“消费升级”的缩略史。从比装修到做文化，从讲故事到拼创意，从搞噱头到持续创新。

从始至终，网红的宿命只有两种：

要么，制造泡沫，朝生夕死；要么，内外兼修，卸下“网红”标签，才能真正落地。

(来源：《餐饮人必读》，2019－07－19。https://baijiahao.baidu.com/s?id=1639413810980236686&wfr=spider&for=pc)

创新、创意、创业是当今社会人们经常使用的词语，三个词各有含义又彼此关联。

一、创新与创意的关系

创意是创造意识或创新意识的简称，是指对现实存在事物的理解及认知，所衍生出的一种新的抽象思维和行为潜能。创意是一种通过创新思维意识，从而进一步挖掘和激活资源组合方式进而提升资源价值的方法。创意是传统的叛逆，是打破常规的哲学，是破旧立新的毁灭与创造的循环，是思维碰撞，智慧对接，是具有新颖性和创造性的想法，不同于寻常的解决方法。

创意是创新的基础。人类是在创意、创新中诞生的，也要在创意、创新中发展。我们所见到的一切产品都起源于创意，然后才有创新，再然后才有持续不断的重复制造。创业者借助于众筹平台可利用创意获得创业启动资金，众筹为创意提供了无限可能。众筹，译自国外 crowd funding 一词，即大众筹资或群众筹资，是指用“赞助＋回报”的形式，向网友募集项目资金的模式。众筹利用互联网和 SNS(社会化网络服务)传播的特性，让许多有梦想的人可以向公众展示自己的创意，发起项目争取别人的支持与帮助，进而获得所需要的援助，支持者获得实物、服务等不同形式的回报。众筹偏向于 C2B 模式，就是筹客先有购买的意愿，项目发起人按需组织生产。相对于传统的生产方式，众筹更为开放，只要是获得公众认可的创意，都可以通过众筹方式获得项目启动的第一笔资金，这为更多创意提供了无限的可能。

国内主要众筹平台：造点新货(原淘宝众筹)、京东众筹、开始吧等。造点新货(原淘宝众筹)是阿里旗下唯一众筹平台，是由卖家发起，将具有创新创意的未面市新品，或正在设计中且有能力、有资质成型的项目方案，通过众筹的方式面向全网消费者筹资，完成项目方案的最终落地，并以商品回报的方式回馈筹资者的众筹平台。

【案例 1-4】

农业众筹的几个新玩法，让农产品不再滞销

产品滞销，自然灾害，流行病毒这些时常和农业挂钩的词汇，一度扰得农业人不得安宁。而其中最痛苦的莫过于有好的产品卖不出去，暴殄天物的同时更多是无可奈何，怎样打破这样的局面，农人们需要一些新的思考，农业众筹不失为一种解决问题的方式。

农产品滞销一方面受大市场消息不对等的影响，另一方面受到渠道影响，很多农户注重生产但是不注重销售，大多种植户没有稳定的销售渠道，依赖中间商，供需极度的不稳定，甚至遭受中间商对价格的打压，增大滞销概率。

怎么解决?

100 亩的蓝莓园，由于缺乏资金与销路，便在网上给自家的蓝莓园做众筹。除了蓝莓产品之外，还招募共建人，项目估值 800 万，周期 3 年，投资退出节点是第三年。共建人投资 10 000 元，就能得到蓝莓园每年 0.2%的分红，分红收益可以直接给，当然也可以转化为蓝莓园消费金使用。除了分红之外，还给投资人每季提供 10 斤蓝莓，以及 3 次入园免费采摘、游玩的机会。

三年后，蓝莓园可向共建人发起回购。对于蓝莓园来说，度过了最初的资金渴求期之后，无须再摊薄自己的利润；对于共建人来说，投资也有了退出方式。这就是众筹分红的玩法，共建人的确定也是双向的选择。一旦确立之后，就签订合同，表示生效。

点评：对农业领域来说，随着消费水平的升级，人们对安全、健康、优质的农产品需求逐年增加，农产品的众筹项目非常火热。

二、创新与创业的关系

创新是以新思维、新发明和新描述为特征的一种概念化过程。创业是人类社会生活中一项最能体现人的主体性的社会实践活动。它是一种劳动方式，是一种需要创业者组织、运用服务、技术、器物作业的思考、推理、判断的行为。

虽然创业与创新是两个不同的概念，但是，这两个概念之间却存在着本质上的契合，内涵上的相互包容和实践过程中的互动发展。

1. 创新是创业的基础，而创业推动着创新

从总体上说，一方面，科学技术、思想观念的创新促进人们物质生产和生活方式的变革，引发新的生产、生活方式，进而为整个社会不断地提供新的消费需求，这是创业活动之所以源源不断的根本原因；另一方面，创业在本质上是人们的一种创新性实践活动。无论是何种性质、何种类型的创业活动，它们都有一个共同的特征，那就是创业是主体的一种能动性的、开创性的实践活动，是一种高度的自主行为。在创业实践的过程中，主体的主观能动性将会得到充分的发挥和张扬，正是这种主观能动性充分体现了创业的创新性特征。

2. 创新是创业的本质与源泉

熊彼特曾提出，创业包括创新和未曾尝试过的技术。创业者只有在创业的过程中具有持续不断的创新思维和创新意识，才可能产生新的富有创意的想法和方案，才可能不断寻求

新的模式、新的思路，最终获得创业的成功。

3. 创新的价值在于创业

从一定程度上讲，创新的价值就在于将潜在的知识、技术和市场机会转变为现实生产力，实现社会财富的增长，造福于人类社会。而实现这种转化的根本途径就是创业。创业者可能不是创新者或是发明家，但必须具有能发现潜在的商机的能力和勇于冒险的精神。创新者也并不一定是创业者或是企业家，但是，创新的成果是经由创业者推向市场的，使潜在的价值市场化，创新成果也才能转化为现实生产力。这也从侧面体现了创新与创业的相互关联性。

4. 创业推动并深化创新

创业可以推动新发明、新产品或是新服务的不断涌现，创造出新的市场需求，从而进一步推动和深化各方面的创新，因而也就提高了企业或是整个国家的创新能力，推动经济的增长。

创意、创新和创业的关系（见图 1-8）。

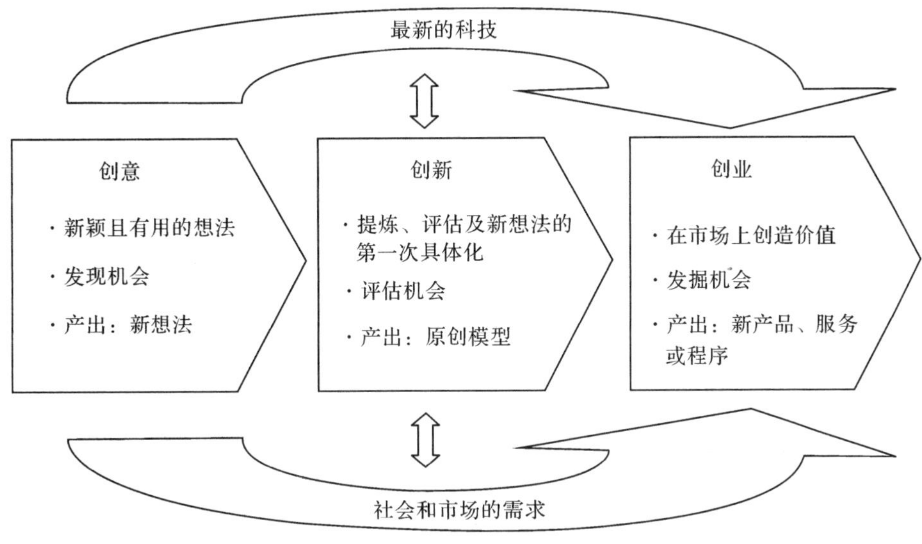

图 1-8 创意、创新和创业的关系

创新十年，中国贡献给世界的最好礼物

2008 年 6 月 5 日，在历经数年研究、起草、论证的基础上，国务院正式颁布《国家知识产权战略纲要》，启动实施国家知识产权战略。从此，中国主动走进了创新驱动的时代，13 亿人的创新潜能被释放，市场上涌现出阿里巴巴、腾讯、百度、华为、小米等一大批依靠创新走向世界的优秀企业。

2015 年 10 月 21 日，美国《华尔街日报》如此评价中国的“大众创业，万众创新”，即中国曾经以廉价劳动力闻名于世，现在它又有了其他东西来贡献给世界——创新商业模式。

2017 年 11 月 20 日，世界知识产权组织发布《2017 年世界知识产权报告：全球价值链中的无形资本》，称“中国正在摆脱‘世界工厂’的标签，攀上全球价值链转型升级的最前沿”。

从共享单车到新能源汽车，从移动支付到中国高铁，从 5G 技术到量子通信……国家知识产权战略实施后的10年创新实践，不仅深刻改变了中国人的生活和生产模式，也成为在世界经济增长疲软时中国贡献给世界的最好礼物。

一、支撑创新型国家建设

2008年，一场源于美国的金融危机席卷全球，包括中国在内的所有国家，都迫切需要找到一条经济可持续发展的新路。

这一年，我国的国家知识产权战略应运而生。国家知识产权战略让创新产生价值。通过专利制度，国家用法律保障人们在一定年限内对其公开的创新成果独占收益。这样既可以使市场回馈创造者，也可使未来的创新者在新技术的基础上再接再厉。

“全国300多位顶尖的知识产权专家参与研究，国务院前后两任副总理领导，三位副秘书长先后协助，33个部门和单位参加工作，光前期研究就形成了20个专题报告。50多位专家参与起草，最终确定了以促进自主创新，支撑创新型国家建设为主题的战略纲要，国家知识产权战略成为国家发展的核心战略。”参与和见证了《国家知识产权战略纲要》出台过程的中国轻工业联合会会长张崇和回忆说。

2018年5月26日，我国首台拥有自主知识产权的重离子治癌系统正式进入临床试验阶段，这标志着我国重离子治疗系统在注册上市和产业化发展道路上迈出了关键一步。图1-9为工作人员在操作重离子癌症治疗系统患者支撑装置。

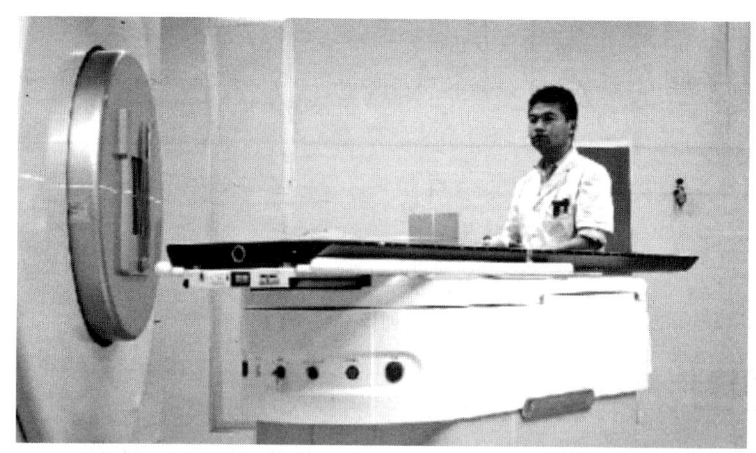

图1-9　工作人员操作重离子癌症治疗系统患者支撑装置

二、十年创新，改变中国

就像改革开放激活了中国人的“经济基因”，让中国在短短几十年间成为世界第二大经济体，国家知识产权战略激活了中国人的“创新基因”，让中国在短短10年间，创新能力稳步提升。请看这一组数据：

(1)国内(不含港澳台)有效发明专利拥有量从2007年的9.6万件增长到2017年的135.6万件，居世界第三位。

(2)PCT国际专利申请量从2007年5 455件增长到2017年5.1万件，跃居全球第二。

(3)有效注册商标量从2007年的235.3万增长至2017年的1492万件，排名世界第一。

国家知识产权战略彻底改变了国家机关和企业的版权意识。

国家知识产权战略的实施，深刻改变了中国科研院所的面貌，科研院所不再只是发表论文，关起门来搞研究，而是面向自主创新的主战场，通过依法保护创新者的合法权益来激励发明创新，充分发挥知识产权的桥梁和纽带作用，使创新成果能够顺利实现向现实生产力的转化。

国家知识产权战略的实施也改变了中国各行业的面貌。张崇和介绍说："2017 年，我们做了一个调查，大部分轻工行业协会和企业建立了知识产权管理机构，配备了专职人员，78%的企业制订了知识产权战略计划，100%的企业拥有专利、商标和标准。《国家知识产权战略纲要》的实施极大地推动了我国由轻工大国走向轻工强国。"

与此同时，中国对知识产权的保护越来越严格。"乔丹"系列商标行政案、王老吉和加多宝知名商品特有包装装潢纠纷案等一批疑难复杂新类型案件和重大影响案件的成功审理，明确了法律标准和行为准则，为行业发展提供了有力指引。

2017 年年底，美国苹果公司掌门人库克在中国待了整整一个星期，参加世界互联网大会，参观现代化制造工厂，体验最新的电竞手游，还包括通过扫描二维码这种中国最常见的手机支付方式买生煎包。库克在接受美国《财富》杂志采访时说的一句话，也代表了当前世界对中国创新经济的一致看法——中国不再坐吃人口红利，不再走粗放发展旧路，而是依靠创新驱动、提质增效。而这，恰恰是实施国家知识产权战略的一大成就。

中国的创新能力也有了长足进步，世界知识产权组织发布的《2017 年全球创新指数报告》显示：中国的创新能力在全球排行榜中排名第 22 位，连续两年成为唯一一个跻身前 25 强的中等收入经济体。

三、既是国内战略，也是国际战略

2017 年 6 月 26 日，具有我国完全自主知识产权、达到世界先进水平的中国标准动车组"复兴号"率先在京沪高铁成功双向首发，在 9 月 21 日实施新的列车运行图时，率先实现 350 公里时速运营。国家的知识产权战略，也承载着中国的"复兴梦"。

现在，以 5G、大数据、人工智能、物联网为代表的新一代信息技术加速与制造业融合，曾错失前几次工业革命发展契机的中国，正奋起直追。大唐电信科技产业集团董事长童国华介绍，大唐全球专利申请近 3 万件，发明专利占比超过 90%，覆盖中、美、欧、日、韩等主要国家和地区。当前，大唐正加快落实 5G"引领"的国家发展战略。在 5G 标准进程中，中国提案数量占全球提案总量的三分之一，其中，大唐提交文稿超过 5 000 篇，占中国提案总量的三分之一。大量专利进入 5G 核心规范，为我国赢得新一代的移动通信标准和产业竞争创造了难得机遇。

"国家知识产权战略应该既是国内战略，也是国际战略。"中南财经政法大学知识产权研究中心名誉主任吴汉东表示，中国应该从国际知识产权规则的被动接受者、学习者、跟随者转变为有影响力的积极参与者、推动者和建设者，共商共建共享知识产权国际保护体系。在知识产权方面，应秉持合作、避免对抗的原则，与美欧发达国家"求同存异"，与新兴经济体"合作共赢"，对欠发达国家"普惠包容"。

"十年来，中国已与 50 个世界知识产权组织主要成员国建立了正式合作关系，如今中国

将加强知识产权保护作为扩大开放的重大举措之一，再一次向世界传递了中国依法严格保护知识产权的坚定立场和鲜明态度。"国家知识产权局局长申长雨说。

来源：《光明日报》，2018－06－06。http://news.gmw.cn/2018－06/06/content_29146426.htm

小　结

创新、创意与创业，三者紧密相连、密不可分，如果没有创意、创新，创业的成功率将会大大降低，而创新创业的发展也能够促进创意的发展，可以说缺少其中的任何一项，其他两项都无法得到发展与突破。

面对创新，英雄不问出路，也许开始仅仅是"模仿"，在生活中有一双善于发现创新的眼睛，不断尝试微创新，才能产生颠覆式的伟大创新。

思　考

此刻的你是否有创新的点子呢？近期，你是否有一些新奇的创意呢？大胆说出来，并与同学、老师进行交流。

第二章　创新思维

创新是一种"创造性的破坏"，企业为了寻求新的利润来源，开展持续搜寻，以创造新的事物，在破坏旧规则的同时建立新的规则。

——约瑟夫·熊彼特《经济发展理论》

第一节　创新思维的概念与特征

阿里巴巴

阿里巴巴，中国最大的网络公司和世界第二大网络公司，是由马云在1999年一手创立的企业对企业的网上贸易市场平台。

阿里巴巴作为中国电子商务界的一个神话，从1998年创业之初就开始了它的传奇发展，它在短短几年时间里积累了1 000余万的企业会员。现今，经过平台延展，从"中国制造—中国销售"变身为"全球制造—全球销售"，阿里巴巴已经成为与亚马逊、雅虎、谷歌、易趣比肩的全球五大互联网模式之一。这一切都归因于阿里巴巴对中国国情和市场状况的把握与通析，对全球互联网及电子商务的深刻理解，以及其自身不断强化的创新能力。1959年2月，教了6年书的马云离开学校开始创建第一家互联网公司——杭州海博电脑网络技术公司，当时的他其实并不懂电脑，但却注册了一家电脑公司，马云说做不到的事情，要想办法绕过去也要做到它，这样才能创新。

阿里巴巴的第一个创新业务是做"电子公告板"。创业之初，正是互联网电子商务热潮期，阿里巴巴没有像其他互联网企业一样"砸钱"建立完善的电子交易平台，而是从中小企业最需要的订单信息入手，做电子公告板（相当于现在最普通的BBS），这个不起眼的创新，却使阿里巴巴从此专心贴近中小企业最需要的服务。

阿里巴巴的第二个创新业务是推出诚信通信计划。让网上交易参与者公开自己的诚信档案以及对他人的交易评价。原来担心可能会把大部分客户挡在门外，没想到却在一部分诚信客户的带动下，吸引了更多希望诚信交易的中小企业。

在这之后，阿里巴巴继续不断地创新。发展淘宝网C2C业务，创新网上支付模式，以担保机制建立“支付宝”付款业务，突破传统模式，将买软件转变为买服务，使价格更优，服务效率更高。

随后，阿里巴巴陆续推出了一系列为中小企业量身打造的新产品及服务，如“旺铺”“诚信通个人会员”“Export-to-china”“出口通”“钉钉”等，在众多创新产品的推动下，注册用户数和收费用户数的增长率都有极大上升。

阿里巴巴的梦想：“通过发展新的生意方式创造一个截然不同的世界。”

阿里巴巴拥抱变化，迎接变化，勇于创新。要求员工适应公司的日常变化，不抱怨。面对变化，理性对待，充分沟通，诚意配合；对变化产生的困难和挫折，能自我调整，并正面影响和带动同事；在工作中有前瞻意识，建立新方法、新思路；创造变化，并带动绩效突破性提高。

目前阿里巴巴旗下公司主要有：阿里巴巴、淘宝网、天猫、支付宝、一淘网、聚划算、阿里妈妈、阿里软件、淘花网、中国雅虎、口碑网、阿里云、阿里巴巴国际交易市场、全球速卖通、菜鸟网络、蚂蚁金服等。

来源：豆丁网2019－7－28。https://www.docin.com/p－2234688317.html

一、创新思维的概念

创新思维，又称为创造性思维，是人类思维的高级形式，是人们可以在现有的科学认知基础上，创造出新成果，形成新的认知结构，并使认识达到一个新的水平，从而探索未知、创造新知。它是一个相对概念，是相对于常规思维而言的。它意味着开动脑筋、打破常规、用智慧解决问题。主要是指创新运用已获得的知识和经验，提出新途径、新方式，并创造出新思维成果的一种思维方式。通俗来讲，创新思维是指发明或发现一种新方式用以处理某件事情或表达某种事物的思维过程。它是在一般思维的基础上发展起来，是人类思维的高级形式。创新思维有广义与狭义之分。

广义的创新思维，指的是人们在提出问题和解决问题的过程中，一切对创新成果起作用的思维活动，均可视为创新思维。广义的创新思维活动涵盖的范围很广——企业员工提出关于技术革新和改进经营管理的种种建议；刑事侦查人员对案件的分析推测；医务人员对疑难杂症的诊断治疗；机关工作人员开拓、改善管理工作的构想；服装设计师对服饰款式的设计；广告设计人员提出的产品营销计划，等等。形形色色的创新过程虽具体指向不同，但都体现着其核心——思维活动的创新或是思维成果的创新。因此，只要有思维能力的人就有产生创新思维的可能性。

狭义的创新思维是指人们在创新活动中直接创造的新理论、新发明、新作品等创新成果的思维活动，诸如灵感、直觉、顿悟等非逻辑思维形式。它强调思维成果的独创性与社会认可度，具有显著的社会效益。

承认狭义创新思维的存在及其作用，才能使具有重大价值的创造发明成果、创造发明者所付出的辛勤劳动得到全社会的重视、尊重和钦佩，从而切实有效地保护和激励创造发明者进一步发挥创新积极性，为社会的发展做出更多贡献。同时，承认广义创新思维的存在及其作用，才能使更多的社会成员愿意并乐于参与社会各个领域中的多种创造性活动，调动起社会各类人员的积极性与能动性，从而培养和造就出适应社会发展需要的勇于创新、善于创新的开拓型人才。

【案例 2-1】

冰做的输油管

美国的一个南极探险队首次准备在南极过冬时，遇到了这样一个难题：队员们打算把船上的汽油输送到基地上，但由于输油管的长度不够，当时又没有备用的管子，无法完成输送。正当队员们一筹莫展时，队长布雷克突发奇想，南极到处都是冰，为什么不用冰来做成管子呢？由于南极气温低，"点水成冰"必然不是空想。可以用冰做输油管，但怎样才能使冰成为管状又不会破裂呢？此时，布雷克看到了队友缠着绷带的手，这使他想到了医用绷带。于是他让队友拿出出发前准备的所有绷带，试着把绷带缠在已有的管子上，再向绷带上浇水，待水结成冰后，再抽出管子，如此重复，就能做出长度不限的冰管了。这种特殊的冰管，很快就解决了探险队输油管长度不够的问题。

许多时候，人们在信息量的占有上并无多大差别，但有些人能从中看出问题、抓住机会，而有些人却茫然无知、视若无睹。为什么会有这种差异呢？思维能力较强的人，其对事物的观察严谨细密，在占有相同的信息量的情况下，对信息的提取率比较高。所以，我们平时一定要有意识地把所有感知到的对象依据一定的标准"聚合"起来，显示出它们的共性和本质。然后，对抽象出来的事物本质进行概括性描述，最后形成具有指导意义的理论成果。

来源：《意林(原创版)》2019 年第 02 期

【案例 2-2】

即时贴的发明

即时贴的发明者是美国 3M 公司的斯宾塞·希尔弗。据说他最初是想发明一种黏力很强的胶水，结果发明出来的却是黏力不强的胶水。这种黏力不强的胶水发明出来后无人问津。

公司的化学工程师阿特·弗雷是教会唱诗班成员，他在星期天参加教堂唱诗班活动时，习惯在歌本里夹一张纸片以做记号，但纸片容易滑落，他常要弯腰从地上捡起来，十分麻烦。有一天弗雷在唱诗时忽然想到，要是有一种用时能牢牢地黏在纸上，不用时又能轻易揭去的"书签"就好了。刚好斯宾塞·希尔弗也注意到他的女同事常常用别针将小纸条别在文件上作为标记，这样做很容易损害文件。结果他与阿特·弗雷"一拍即合"，两人经过一年半时间的研究和改良，一种黏揭自如的粘贴纸便诞生了。1980 年，3M 公司正式将这种具有革命性的产品命名为"Postit"，投入市场。时至今日，它已风行全球：且被评为 20 世纪改变人类生活方式的十大发明之一。胶水的黏力不强，按照正常的思维，我们会认为这是一个失败的技术。但是斯宾塞·希尔弗运用逆向思维，利用胶水黏力不强的特点，发明了即时贴这种符合市场需求的产品。正向思考是很多人都具备的一种思维能力，但逆向思维是许多人没有注意到的，这也是人与人之间的思维差距所在。创新需要逆向思维，因而，我们应在平时生活中多注意观察、思考，培养自己的逆向思维能力。

二、创新思维的特征

创新思维除了具有一般思维的三大主要特征之外，还具有其自己的基本特征：非常规性（也称反常规性）、主动性（也称能动性）、求异性（也称新颖性）、灵活性（也称多向性）、整体性（也称系统性）等。

（一）非常规性（也称反常规性）

思维不受传统习惯和先例的禁锢，超出常规。对所学定义、定理、公式、法则、解题思路、解题方法、解题策略等提出自己的观点、想法，提出科学的怀疑、合情合理的“挑剔”。比如，飞机在空中飞翔，为了克服空气的阻力，必须将机身及翅膀做得非常光滑。可是，美国道格拉斯公司的科技人员用“反常规思维”提出：“在飞机翅膀上钻很多小孔会怎么样？”他们真的在机翼表面打了无数的微孔，结果在试验中发现，微孔可以吸附周围的空气，消除紊流，从而大大地减小了空气的阻力。据此做出样机后，终于产生了可节油 40%的飞机。

（二）主动性（也称能动性）

任何表面看似互不相干的事物，实际上都存在着一定的联系，这就需要主动积极展开联想与思考，发挥主观能动性，才能寻找到事物之间的对应关系，才能由此及彼、由表及里、举一反三、融会贯通。例如，中国是丝绸之都，中国丝绸的原料是蚕丝，是蚕吃了桑叶而吐出的丝。1855 年，有一个叫奥杰马尔的法国人，看见蚕吐丝，他发挥想象力，提出了一个问题，既然蚕吃了桑叶能吐丝，那么让机器吃进桑叶，是否也可以吐出丝呢？于是，他积极主动开始实验，发现桑叶的主要成分是纤维素，蚕丝是一种蛋白质，比纤维多了一个氮元素，能不能把“氮”合成到纤维中去呢？他把从桑叶中提取出来纤维素浸泡在硝酸溶液中（因为硝酸中含有氮），结果成功了，桑叶真的变成那种蛋白质黏液。将这种黏液通过一个小孔挤压，一根根连绵不断的细丝，就从机器的小孔中“吐”了出来。这就是人类最早制造出来的人造丝——人造纤维。后来又发现木屑、竹子、棉花秆、甘蔗渣等凡是含有纤维素的物质，都可以用来制造人造纤维。后来又创造出了化学纤维。

（三）求异性（也称新颖性）

思维标新立异，对一些知识领域中长期以来形成的思想、方法不信奉，对权威性理论、传统的观念持怀疑、分析、批判的态度，在别人司空见惯、习以为常、不认为有问题的地方，另辟蹊径看出问题。就是无论看到什么东西，都有可能想到还会有别的形式存在，还有更好的方法和方案。求异的结果，都会很自然地给人一种耳目一新的感觉，展示一种新的概念、新的范畴、新的形象、新的结构。

（四）灵活性（也称多向性）

灵活性是指思维灵活多变，思路突破“定向”“系统”“规范”“模式”的束缚及时转换和变通的能力。灵活性往往要从多角度、多方位、多层次、多学科进行立体思考，而不是在一个平面上，从一个方向、一个角度去观察思考。灵活性也表现为及时放弃旧的思路，转向新的思路；及时放弃无效的方法而采用新的方法等。

“种豆得瓜”，往往也是灵活思维的结果。科学家赫罗金用了 20 多年的时间研究将高频电流用于加热金属的问题。但是，无数次的实验表明，高频电流无论如何也不能进入金属毛

坏的内部，被加热的只是金属表层，实验以失败告终。后来的人们思维灵活变通，将这一“失败的结果”用于金属零件的表层加热，进行表层淬火，这正符合零件的使用要求，即外硬内韧。

（五）整体性（也称系统性）

整体性是一切系统存在的特性，也是创新思维的又一鲜明特征。创新思维作为一个系统的整体思维过程，作为人的最具自觉能动性的高级复杂活动，它不是一个孤立的封闭系统，而是一个建立在人的脑生理和心理活动基础之上的，与社会环境密切相关的开放系统。创新思维不是与生俱来的，也不是空穴来风，更不是一种简单的、片面的和孤立的思维活动，而是在良好的生理活动和心理活动基础上，在思维能力的驱动下，遵循某种特殊的运动方式，使思维问题、思维观点及知识语言等思维要素充分相互联络、相互作用、协同建构的功能运动。创新思维是把对事物各个侧面、部分和属性的认识统一为整体的认识，从而把握事物的本质和规律的一种思维方式，也是按照事物内在的、必然的、本质的联系把整个事物在思维中再现出来的思维方法。同时，在创新思维过程中，社会环境对其活动的形成和发展也具有重要的影响。由此可见，创新思维是一个具有多结构性、多层次性、多因素影响的整体性的思维活动。

除上述特征之外，创新思维还具有批判性、目的性、预见性、发散性、突变性等特点。其思维方式既可以是线性的，也可以是非线性的；既可以是平面的，也可以是立体的多维的。同时，创新思维与一般思维既有联系，又有区别，没有不可逾越的鸿沟。

【案例 2-3】

蛋卷冰淇淋的产生

那是在 1904 年，一个叫欧内斯特·汉威的小贩，获准在圣路易斯世界博览会上设摊出售查拉比饼。这是一种很薄的鸡蛋饼，可以同其他甜食一起食用。在他所摆的小摊的旁边，是另一个用小盘子卖冰淇淋的摊子，他俩的生意都特别好。卖冰淇淋的小摊把盘子用完了，而小摊的前面还站着许多顾客，眼看就要失去赚钱的大好机会，把卖冰淇淋的小贩急坏了。欧内斯特也在一旁替他着急，一急之下，他灵机一动，想出了一个办法。他把查拉比饼趁热卷成圆锥形，而等它凉了以后便用它来代替盘子盛冰淇淋，这一应急措施出乎意料地大受顾客们欢迎，被人们誉为“世界博览会的亮点”，这也就是蛋卷冰淇淋这一“老少皆宜”的食品名称由来。

这个故事告诉我们，虽然是急中生智，但要获得灵感必须做到临危不乱。面临紧急情况，紧张是难免的，但必须保持镇静，避免慌乱，这是激发灵感产生的重要前提。

拓展阅读

创新人物比尔·盖茨

比尔·盖茨（1955 年 10 月 28 日），美国著名企业家、软件工程师、慈善家以及微软公司

的董事。1975 年，盖茨和童年伙伴保罗·艾伦创建微软公司，使其成为全球最大的电脑软件提供商，曾连续多年登上《福布斯》全球富豪榜榜首。

比尔·盖茨拥有多个“世界之最”的头衔，例如，他是第一个靠观念、智能和思维致富的人；他是世界首富，1996 年的财产是 160 亿美元；他是有史以来最年轻的世界首富；他是第一个白手起家，在短短 20 年内创造财富达 139 亿美元的奇才；他是人类历史上第一个靠电脑软件积累亿万财富的先行者；他是首位利用高科技和高智商，创造巨大财富的典范。因此，在 20 世纪 90 年代的地球上刮起了一阵强劲的比尔·盖茨旋风。那么盖茨是怎样的一个人呢？他的事迹有许多厚厚的书做了详细的介绍，这里我们只简单介绍一下盖茨小时候的几个故事。

盖茨的童年是在美国华盛顿州的西雅图度过的。7 岁时盖茨最喜欢反复看《世界图书百科全书》，他经常连续几个小时地阅读这本几乎占他体重 1/3 的大书，一字一句从头到尾地看。他常常感叹，小小的文字和巨大的书本，里面蕴藏着多么神奇和魔幻般的一个世界啊！文字的符号竟能把前人和世界各地人们的有趣事情，记录下来，又传播出去。他又想，人类历史将越来越长，那么以后的百科全书不是越来越大、越来越重了吗？能有什么好办法造出一个魔盒那么大，就能包罗万象地把一大本百科全书都收进去的载体？这个奇妙的思想火花，后来竟让他实现了，而且比香烟盒还要小，只要一块小小的芯片就行了。

盖茨看的书越来越多，想的问题也越来越多。一次，他忽然对他四年级的同学卡尔·爱德蒙德说：“与其做一棵草坪里的小草，还不如成为一株耸立于秃丘上的橡树，因为小草千篇一律、毫无个性，而橡树则高大挺拔、昂首苍穹。”他坚持写日记，随时记下自己的想法，小小的年纪常常如大人般深思熟虑。他很早就感悟到人的生命来之不易，要十分珍惜来到人世的宝贵机会。他在日记里这样写道：“人生是一次盛大的赴约，对于一个人来说，一生中最重要的事情莫过于信守由人类积累起来的理智所提出的至高无上的诺言……那么诺言是什么呢？就是要干一番惊天动地的大事。”他在另一篇日记里又写道：“也许，人的生命是一场正在焚烧的火灾，个人……所能去做的，就是竭尽全力要从这场火灾中去抢救点什么东西出来。”这样追赶生命的意识，在同龄的孩子中是极少有的。盖茨所想的诺言也好，追赶生命中要抢救的东西也好，都表现在盖茨的日常行动中，就是学校的任何功课和老师布置的作业，无论是演奏乐器，还是写作文，或者是参加体育竞赛，他都会尽全力，花上所有的时间去最出色地完成。

1969 年，盖茨所在的西雅图湖滨中学开设了电脑课程，这也是美国最早开设电脑课程的学校。当时还没有 PC，学校只有一台终端机，还是从社会和家长那里集资才买来的，这台终端机连接其他单位所拥有的小型电子计算机 PD10，每天只能使用很短时间，每小时的费用也很高。盖茨像发现了新大陆一样，只要一有时间，便钻进计算机机房去操作那台终端机，几乎到了废寝忘食的地步。13 岁时，他便独立编出了第一个电脑程序，可以在电脑屏幕上玩月球软着陆的游戏，这一年的 7 月 20 日正好是美国宇航员阿姆斯特朗和奥尔德林乘登月舱，代表人类第一次踏上月球表面的日子。盖茨心里想，我不能坐宇宙飞船去月球，那么让我用电脑来实现我的登月梦吧！可是好景不长，只过了半年，湖滨中学就再也没有钱支付昂贵的 PD10 小型计算机的使用租金了。这件事使盖茨像失去了上学机会一样痛苦，因为这时候他对电脑已经入迷到神魂颠倒的地步。

于是他和同学四处奔走，终于找到一个机会，就是帮助一家名为CCC的电脑公司抓“臭虫”，用除虫的报酬来支付他们操作电脑的费用。什么叫臭虫？这是电脑行业里人们称呼软件中的错误的名词，即讨厌的臭虫Bug。因为一旦有了这种臭虫，就会使电脑导出错误结果或死机，美国发往金星的“水手号”火箭和法国的“阿利亚娜”火箭，就曾因为电脑软件的故障“臭虫”而导致发射失败，损失几亿美元。盖茨兴冲冲地约了同学中的几个电脑爱好者，每天晚上6点左右，CCC电脑公司员工下班之后，他们便骑自行车来到那里上班。那里有许多台电传打字终端机可用，有各种电脑软件可尽情研究，真是如鱼得水。盖茨对电脑软件太着迷了，几乎整晚都留在那里，就像他在小学时就立志要搞出新名堂一样执着。每个晚上，他都要在CCC电脑公司的记录本上写满他和伙伴们发现的电脑“臭虫”。通过这一段时间的抓“臭虫”，盖茨使自己在电脑硬件和软件方面学到了许多书本上和学校里学不到的知识和技能，为日后的研究开发，练好了扎实的基本功。

当时的电脑是一个大家伙，三层楼高，几间房子大，不是专业的人操作不了。盖茨想，如何玩转这大笨家伙呢？经一番冥思苦想后下了决心，把它改小，用软件操作控制它。他和伙伴不断通过研究、发明创造获得资金，而后开办公司，起名“微软”。公司目标定为：“争取每人桌上有台电脑，全世界每人一台电脑。”这是什么概念？后来这个概念成了经济创新理论，为经济、商业人士通用。简短的十几年间，当年的大家伙变成了如今的掌上宝、桌上器，老幼皆能控，日常不能缺，全世界都一样需要的电脑。

第二节 创新思维的培养

创业故事

易和团网络百货的创业梦想

工作室里放置的几台小小的电脑，承载着几个创业大学生大大的梦想。创业，则意味着有追求成功的勇气，同时也意味着要随时承担失败的风险，“年轻就意味着可能。”易和团网络百货创立者之一的梧州学院大二学生陈静道出了她创业最深的感受。陈静一直有着创业的思望，她的想法得到了几个志同道合同学的赞同，于是便组成一个团队，共同筹划着“让创业梦想腾飞”的计划。经过无数次讨论，大家将创业目标放在了目前红红火火的网络购物上。对于仍在大学校园的学生来说，创业之初，经费、网站设计等始终是一道道难以逾越的“坎”，但陈静凭着初生牛犊不怕虎的闯劲，在团队的共同努力下，2010年底，一个全新的购物网站终于建立起来了。购物网站在发展初期，以销售超市食品类商品、联合校外商家销售日常生活用品等为项目启动方式。创业梦想往往是美好的，实施过程却是举步维艰。为了向顾客提供物美价廉的商品，陈静必须要和市内的供货商进行联系。但鉴于陈静学生的身份，很多供货商都觉得不可信，认为大学生创办购物网站也只是“玩票”的性质。当时陈静要成功约见一个供货商，将过程形容为“三顾茅庐”一点都不为过，终于有供货商被陈静的诚意

所打动，答应与她见面洽谈。

谈起第一次与供货商面对面洽谈，陈静笑说，至今还是“心有余悸”。陈静告诉记者，与供货商洽淡的时候，总觉得对方的气场很强，心里紧张的情绪好像一下子放大了几倍。在洽谈之前想好的计划和程序，在供货商面前全部被打乱，只能跟着对方的思维走。不过后来陈静总结了经验，觉得不应该纠结“学生”的身份，而应以购物网站利益为主，以网站负责人的身份与供货商治谈。

“实际上，购物网站发展之初，在经费、人员、经验不足的情况下只能勉强做到保本，有时甚至亏本。”陈静说，由于经验不足，本着让购物网站展出名的想法，在宣传方面为学校内的一个活动提供赞助。结果发现，这样的宣传不仅没有收到相应的效果，而且购物网站因此亏了 1 000 多块钱。虽然损失千把块钱对于大公司而言，只是小打小闹，但对于陈静这个本来正在起步阶段、还在困境中挣扎的小购物网站而言，无疑是一次重创。“输并不可怕，最可怕的是被失败打倒，从此一蹶不振。”陈静并没有放弃，而是如往常一样总结教训和经验，从心里告诫自己，今后不要再犯同样的错误。

经过几年的坚持和努力，易和团网络百货终于慢慢走上轨道，由于其物美价廉、服务周到，越来越多的市民和学生光顾其网站，易和团网络百货终于在众多购物网站中闯出了一片天空。看着易和团网络百货经营渐有起色，陈静和其他几个创业的学生开始计划拓展业务，优化配送货物方式、开发新的平台业务，竭尽所能让顾客体会到多样化的购买方式。

“请问你在创业时是想赚经验还是想赚钱?”记者询问。“当然是想赚钱”。陈静坦言，她不希望一遭遇失败就以“赚经验”为由来安慰自己，她的终极目标是:“统领梧州市电话订购和网络购物市场”。

来源:《大学生创新创业故事》，2018－06－01，光明日报出版社

一、创新思维的障碍

创新思维的运用，就是让人们具有“新的眼光”，克服思维定式，打破技术系统旧有的阻碍模式。一些看似很困难的问题，如果投以“新的眼光”，站到更高的位置，从不同的角度来看待，就会得到独特的答案。但是，要进行创新思维并不是件十分容易的事情。在长期的思维活动中，每个人都形成了自己惯用的思维模式，当面临某个事物或现实问题时，便会不假思索地把它们纳入已经习惯的思维框架进行思考和处理。先前形成的比较稳定的、定型化的思维习惯、路线、方式、程序、模式，都会使人们形成固定倾向的认知，思维总是摆脱不了已有框架的束缚，遭遇思维障碍的痛苦。而主要的思维障碍就是思维定式。

所谓思维定式，是根据已有经验，在头脑中形成一种固定的思维模式，也就是思维习惯。遇到问题，会自然而然地沿着固有的思维模式进行思考，因而受到固有框架的限制，难以打开思路，缺乏求异性与灵活性，难以产生出创新的思维。

思维定式有两个特点:一是形式化结构。思维定式不是具体的思维内容，而是许多具体的思维活动所具有的逐渐定型的一般路线、方式、程序和模式。二是强大的惯性或顽固性。不仅逐渐成为思维习惯，而且深入到潜意识，成为处理问题时不自觉的反应。

思维定式有益于日常对普通问题的思考和处理，但不利于新问题、非常规问题、困难问题的思考和解决。它阻碍新思想、新观点、新技术和新方法的产生，因此，在创新思维过程中

需要突破思维定式。

(一)从众型思维定式

从众,就是跟从大众、追随大伙、随大流,这是一种最为常见的思维定式,甚至可以说它存在于人们生活的方方面面,时时刻刻。思维从众倾向比较强的人,在认知事物、判定是非的时候,往往随声附和、人云亦云,缺乏独立思考和创新观念。

破除从众型思维定式,需要在思维过程中不盲目跟随,具备心理抗压能力;在科学研究和发明过程中,要有独立的思维意识。

【案例 2-4】

海尔张瑞敏:管理模式创新领导力

包括英特尔总裁葛洛夫在内,一些国外的企业家曾经诚恳地分析过中国的企业现状。他们认为:华人这个民族对财富几乎有一种与生俱来的创造力,但华人似乎对组织的运作缺乏足够的热情与关注。在这方面,张瑞敏无疑是个例外。对于组织的运作,他具有超乎寻常的热情与关注。近些年,他一直潜心推进海尔的"人单合一"的管理模式革命。员工成为营体纵向和资源支持平台形成一体化,横向和研发团队形成一体化,从运行的推动者,管理者则从发号施令者变为资源支持者。

张瑞敏认为,管理中国企业只能用中国式的管理。他制定的管理公式是日本管理(团队意识和吃苦精神)+美国管理(个性舒展和创新争优)+中国传统文化中的管理精神=海尔管理模式。他把实现"最高层次自主管理"作为自己的目标,他说:"海尔的管理并不是为了达到某个数字标准,而是提升整个企业的凝聚力,增强每位员工的责任感。"

了解海尔的人往往认为:只要张瑞敏在海尔,海尔就尽可放心。可张瑞敏却说:"并非如此。我在海尔与海尔一定健康发展不能简单画等号。你可能把企业做上去,你又可能把它做垮,成也萧何,败也萧何,这种事例不单在中国,在世界上也举不胜举。一着不慎,企业就可能垮在自己手上。"也就是这个原因,他只能让自己永远不停地攀登着。

来源:腾讯网 2011－9－14　https://tech.qq.com/a/20110914/000111.htm

(二)经验型思维定式

我们生活在一个经验的世界里,从幼年到成年,我们看到的、听到的、感受到的、亲身经历了各种现象和事件,他们都不知不觉地进入我们的头脑形成了丰富的经验。在一般情况下,经验让我们在处理问题时更加得心应手,但我们也要看到经验是一种相对稳定的东西,因而又可能因为人们对经验的过分依赖乃至崇拜,形成了固定的思维模式,结果会削弱想象力和创造力,这就是所谓的"经验型思维定式"。

经验具有很大的局限性,首先是时空的局限性,就好像国外先进的法律制度不能直接运用于国内,"南橘北枳"就是这个道理;其次是主体的局限性,别人的经验未必适合你。无论是学校还是社会上都有各种经验交流会或者报告会,作为听众我们要辩证的吸收和

适用；最后是偶然性的局限，每个人的经验不可能是全面的，一些少见的、偶然的情况往往会被忽略。

经验型思维有助于人们在处理常规事务时少走弯路，提高办事效率。要把经验与经验型思维定式区分开来，破除经验型思维定式，提高思维灵活变通的能力。

【案例 2-5】

王致和与臭豆腐

清朝康熙年间，安徽举人王致和进京赶考，屡试不中，为谋生路，在北京前门外的延寿街开了家豆腐坊。一年夏天，王致和急等着用钱，就让全家人拼命地多做豆腐。说也不巧，豆腐做得最多的那天，来买的人却最少。大热的天，眼看着豆腐就要变馊，王致和非常心疼，急得如同热锅上的蚂蚁一般。忽然他想到了盐，放点盐是不是能让豆腐保存久一些呢？他怀着侥幸心理，端出盐罐，往所有的豆腐上都撒了一些盐，为了去除馊味，还撒上些花椒粉之类，然后把它们放入后堂。

过了几天，店堂里飘溢着一股异样的气味，全家人都很奇怪。还是王致和机灵，他一下子想到发霉的豆腐，赶快到后堂一看：呀，白白的豆腐全变成一块块青方！他信手拿起一块，放到嘴里一尝：哎呀，我做了一辈子豆腐，还从来没有尝过这样美的味道！王致和喜出望外，立刻发动全家人，把全部青方搬出店外摆摊叫卖。摊头还挂起了幌子，上书“臭中有奇香的青方”。当时的老百姓从未见过这种豆腐，有的出于好奇之心，买几块回去；有的尝过之后，虽感臭气不雅，但觉味道尚佳。结果一传十，十传百，不到一上午，几屉臭豆腐售卖一空。

如今的“王致和”品牌被不断发扬光大，已成为老百姓爱吃的日常食品。

（三）习惯型思维定式

生活中，人们经常囿于习惯。我们不妨一起做个小练习：请迅速将两手十指相扣在一起。然后观察一下是左手还是右手的大拇指在最外面？如果重新再做一次，而且让另外一个大拇指的位置换到最外面，现在感觉一下，是否还习惯？

改变习惯往往使我们感到不方便和不舒服，新的尝试新的经验往往就像一双新鞋，早就希望得到，可是一旦穿上却又觉得有几分不适。事实上，每个人一天中，99%的动作，纯粹是下意识的和习惯性的，穿衣、吃饭、运动乃至日常谈话的大部分方式都是由不断重复的条件反射行为固定下来的千篇一律的东西。一般认为习惯是一种非创造性的因循守旧的形式，所谓习惯就是我们已经熟练掌握的，不假思索的自动调节的反应行为和适应行为。习惯可以使我们不饥而食，不困而眠，不思而行，压制合理的思想，而不给它们出头的机会。

习惯性是一种思维定式。事实上，个体的绝大部分行为都是依赖于习惯性思维定式思考的结果。换句话说，这种思维的习惯性既可能成为我们的良好“助手”，帮助我们养成正确的行为，也可能成为我们最坏的“敌人”，把我们的思维拖入特定的陷阱。所谓天才，不过是一种以非习惯性的方式观察事物、思考问题的能力。

【案例 2-6】

为什么网店能够打败实体商店

商铺要交店租、员工费、水电费，这些成本支出都是刚性的，成了抑制实体店利润的主要因素，而网店没有房租、人工等费用，甚至连货物也不必找仓库储存。网购能在中国发展起来也是因为它符合中国的国情。淘宝推出的第三方担保交易的方式解决了贸易中的不信任，第三方有制约买卖双方的能力，这样才能减少欺诈，交易才可以进行下去。而网购跨过渠道商和零售商直接跟消费者对接，降低货物的流通成本，扩大了厂家的销量，但是最终的结局是大鱼吃小鱼，最终平台上只会剩下每个行业几家顶尖销量的店铺或者厂商，实体店难以跟它们竞争。为什么网店能够打败实体商店？因为网店的选择面要大得多，同类商品要多得多，店铺多了同类商品价格自然就下来了，销量越大店铺资金周转越快，跟厂家的议价能力越强，而实体店能辐射到的最多也就是几个街区而已，网店是面向全国甚至是全球的。技术的进步带来的生产生活方式的改变会越来越大、越来越快，如何在风云巨变中在新的生态环境中找到自己的生存方式，是摆在每一个人面前的事。

（四）权威型思维定式

在思维领域，不少人习惯引证权威的观点，甚至以权威作为判定事物是非的唯一标准，一旦发现与权威相违背的观点，就唯“权威”是瞻，这种思维习惯或程式就是权威型思维定式。权威型思维定式是思维惰性的表现，是对权威的迷信、盲目崇拜与夸大，属于权威的泛化。权威型思维定式的形成来源于多个方面：一方面是由于不当的教育方式造成的，在小时候，家长和老师把固化的知识、泛化的权威观念采用灌输式教育方式传授下来，缺少对教育对象的有效启发，使教育对象形成了盲目接受知识、盲目崇拜权威的习惯；另一方面在社会中广泛存在个人崇拜现象，一些人采用各种手段建立或强化自己的权威，不断加强权威定式。

在工作、学习和生活中，要区分权威与权威定式，破除权威型思维定式，坚持“实践是检验真理的唯一标准”。

（五）书本型思维定式

所谓书本型思维定式，就是在思考问题时不顾实际情况，不加思考地盲目运用书本知识，一切从书本出发、以书本为纲的思维模式。当然，书本对人类所起的积极作用是显而易见的，但是，许多书本知识是有时效性的。20 世纪 50 年代，美军某科研部门要研制一种高频放大管。一查资料，上面写道：如果采用玻璃管，高频放大的极限频率是 25 个计算单位。这一下就把科研人员难住了，还能不能使用玻璃管呢？科研为书本所困，很长时间没有进展。后来换了新的负责人，指示不许查阅有关资料，大胆地干，结果终于研制成功频率达到 1 000 个计算单位的高频放大管。所以，当书本知识与客观事实之间出现差异时，受到书本知识的束缚，死抱住书本知识不放，就会成为思维障碍，失去获得重大成果的机会。

【案例 2-7】

金丝猴奶糖

国人皆知的大白兔是牛奶糖的第一品牌，甚至凝结了生活在 1960—1990 年三代人的消费情感记忆。“七粒大白兔，等于一杯牛奶”是大白兔根据热量等值换算出的一句产品 USP(独特销售主张)。在牛奶匮乏的年代，大白兔奶糖是国人补充动物蛋白的替代产品。

20 世纪 90 年代后期，金丝猴奶糖横空出世，抢夺大白兔奶糖的市场份额。金丝猴奶糖不仅模仿了大白兔奶糖的扭结、蓝白风格等产品形态及包装风格，甚至在产品诉求上采取了更加夸张的广告：“三粒金丝猴奶糖，就是一杯好牛奶，”这种模仿式创新产品，确实感到非常难受，就像美国营销史上百事可乐纠缠可口可乐的广告攻势一样。

在广告法还不健全的年代，类似大白兔、金丝猴的夸大宣传比比皆是。但在策略上，模仿领先对手的核心产品的特点，是模仿式创新产品快速上位的不二法门。

【案例 2-8】

立足科技和匠心工艺致力于卓越创新

海月通信技术有限公司是国内第一家自主研发动态口令的公司，拥有研发、硬件生产、软件服务的完整生产线。它是集信息安全领域产品研发，生产和销售于体的创新型高科技企业，为政府、军工、金融、电信、企业、网络游戏、电子商务等提供最专业的身份认证安全产品和解决方案。公司于 2003 年开始研发产品，海月通信先后与金蝶、用友等知名软件企业建立战略合作伙伴关系。公司研发的动态密码身份认证系统和多款动态密码卡产品应用广泛，目前已有 9 000 多家企业在应用海月的动态密码产品，市场占有率名列第一。

目前公司拥有三家下属公司，分别为香港海月科技、海月光华电子厂、海月云科技。香港海月科技，专门为香港客户提供定制化解决方案和服务。海月兴华电子厂，成立于 2005 年，是海月通信技术有限公司旗下以代工生产制造为主的子公司，公司自有完善 SMT、COB、PCBA、AI，电源和 3C 产品组装等生产制造和质检流水线。海月云科技，成立于 2015 年，致力于打造实用、好用、易用的互联网产品。公司主要成员来自明基、浪尖等国内知名企业，研究团队具有十多年研发经验，在信息安全领域有丰富的技术积累。目前旗下已研发签到软件乐签、爱彼客蓝牙智能锁系列产品。公司力求卓越创新，立足科技和匠心工艺，见人之所未见，发人之所未发，努力打造最具价值、最具创意的产品。

二、创新产生的条件

“问题”这个词也许不太好，人们一听到它往往会做出消极的反应。许多人认为，问题躲还躲不及，怎么还要有问题意识、去主动寻找、去发现问题呢？问题的确使人纠结和难堪，但是问题也确实可以帮助我们达到目标，给我们提供成功的机会。纵观历史，许多杰出人物总是能明察秋毫，见微知著，于细小平凡、司空见惯的现象中看出问题，并把问题视为挑战和成功的机会。解决问题难而发现问题往往更难,爱因斯坦说过,单纯提出和阐述一个问题,往往比解决一个问题更重要。解决问题也许只是一个数学计算或实验技巧,而提出新问题,从新角度考察老问题,则需要想象力和创新思维。

人作为创新创造的主体,应该强化问题意识。问题产生于需要、成长和理想,产生于无聊、厄运和逆境,产生于排解纠纷排除障碍,产生于改善现状和憧憬未来之中。

亚里士多德曾说过:“思维是从疑问和惊奇开始的。”因为“疑问”能使个体心理上感到茫然,产生认知冲突,促使个体积极思考,在这个过程中才能激发创新思维。创新思维的过程始于问题的提出,终于问题的解决。需要强调的是:这里的问题意识更多的是指“主动发现问题”的意识。追踪那些成功的人士,他们都具备良好的问题意识,能够发现常人看不到的问题,并且大都善于“主动发现问题”,也就是能够“寻找问题,而不是等待问题”。

铁丝网的发明就是基于一个牧童的问题意识:在美国加利福尼亚有个叫杰福斯的牧童,他的任务就是监视羊群不让其越过牧场的铁丝到相邻的菜地里吃菜。有一次他在放牧时睡着了,过了好久,突然被一阵叫喊声惊醒。原来是羊群越过铁丝跑到邻家菜地里吃了菜。从这以后,杰福斯就想,应该做一个羊无法穿过的栅栏。他心里老惦记着这事,可怎么解决呢?他一直在思考这个问题。后来他注意到有玫瑰的地方羊不敢越过。为什么呢?原来是玫瑰花有刺挡住了羊。由此他受到启发,产生联想:如果在铁丝上装上刺,是不是也可以挡住羊呢?他先将铁丝用钳子剪成一段一段5厘米长的短铁丝,再把它拧在栅栏铁丝上形成一个个的刺,做成了带刺的铁丝网。羊被刺痛之后再也不敢靠近铁丝了。

【案例2-9】

东芝公司的电扇营销

日本的东芝电气公司在1952年前后曾一度积压了大量的电扇卖不出去,许多员工为了打开销路,费尽心机地想了不少办法,但依然进展不大。有一天,一名小职员向董事长提出了改变电扇颜色的建议。在当时,全世界的电扇都是黑色的,经过研究,公司采纳了这个建议。第二年夏天,东芝公司推出了一批浅蓝色电扇,大受顾客欢迎,市场上还掀起了一阵抢购热潮,几个月之内就卖出了几十万台。从此以后,在日本乃至在全世界,电扇就不再都是统一的黑色面孔了。只是改变了一下颜色,大量积压滞销的电扇,几个月之内就销售了几十万台。这改变颜色的设想,效益竟如此巨大。事后,大家可能会觉得这个想法非常简单,但是,当时为什么东芝公司其他的职工就没人想到?这是因为自有电扇以来都是黑色的,大家也都彼此效仿,代代相传,形成了一种惯例。时间越长,这种惯例对人们的束缚就越大。而这名小职员的可贵之处就在于突破了“电扇只能是黑色”这一思维定式的束缚。

无论是在创新思考的开始,还是在其他某个环节上,当我们的思考陷入了困境时,有必要检查一下是否被某种思维定式捆住了手脚。一个人的思考陷入了某种思维定式大都是不自觉的,而跳出一种思维定式,则常常都需要自觉地做出努力。

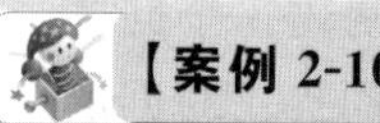
【案例 2-10】

京东：网络营销模式创新对传统营销模式的冲击

2012 年 8 月 14 日，刘强东在微博上发表豪言：京东商城 3 年内零毛利，所有家电价格至少比苏宁、国美便宜 10%。同时他还称，如果苏宁、国美敢卖一元，我们会以 0 元销售。此话一出，苏宁、国美相继做出反应。我们不得不思考，刘强东凭借什么力量能够做出这样令人瞠目结舌的举动？他背后隐藏的实力是什么？

京东之所以能够以这种姿态面向消费者，得益于它产业链的高效整合。

首先，京东具备中国目前最快速的物流系统。众所周知，顺丰是很优秀的快递，但是，京东如果采用外部的快递公司，成本的提高必然造成价格的上涨，而京东本身采用的是低价营销策略，这就会导致京东的利润降低。所以，当时刘强东就提出建立自己的物流系统。虽然这个举措对当时的京东来说会造成成本提高，但从长远发展来说，这无疑是个非常聪明的举动。它使得京东不但有了自己的物流系统，同时还发展了自己的物流理念。尤其是京东推出了"211 限时达"，吸引力无数人的眼球。"211 限时达"的具体意思是当日上午 11 点之前提交的订单当日达；夜里 11 点之前提交的订单于次日上午达。

京东建立的这种强大的物流体系是其与传统模式不同的地方，可以说这是京东的独特创新之处。

其次京东与供货商合作方式的"垄断性"。京东绕过代理商直接与供货商形成买断式的合作，这样的操作对京东来说又是降低成本的强大推动因素。我们都知道利润的来源是买与卖的差价，如果一个销售企业的进价越低，那么它就越具有较强的竞争力，越能够在当今日益激烈的竞争中处于主动地位，那么即使打我们所不看好的价格战，这样的企业也有足够的降价基础和降价能力。另外，由于网络渠道并没有传统渠道中的一些场地费用等等，所以能充分保证供货商的利润。同样一件商品，供货商所得的利润比传统渠道要多得多，这也在客观上为京东实现这种合作模式提供了可能。这种合作模式的创新促使京东在市场上占有有利的竞争地位。

最后就是京东庞大的信息系统。这是京东最为独特的地方。它可以根据网站的点击量来做预估。假如今天的点击量是 100，那么，它可以根据点击量和以往的经验做一个预计量，暂且算作 60，它就安排货物提前入库，等到客户下单的时候，京东的"211"立即开始执行。从判断点击量到货物入库再到货物输送，这个过程就做到了最严密的存货成本控制。

这三点无疑让京东如虎添翼。京东的买入、存储、卖出，三个阶段的安排非常紧密，每个阶同时做到了成本的最小化处理，可以说是一个很优秀的产业链的高效整合。

总的来说，京东这创新同络营销模式对传统营销模式是一个巨大的冲击。随着经济的发展，京东采用了一种先进的营销模式，更符合广大消费者的京东的种营销模式。在新老模式的碰撞下，形成一个有利于企业、消费者、国家的盈利模式，这才是我们经济发展的最终目的。

来源：会搜网 2012－10－17 http://china.huisou.com/news/2012_10_17/128847_0/

三、创新思维的培养

(一)培养广泛的兴趣

《教育心理学》中指出:“兴趣是一个人力求认识并趋向某种事物所特有的意向,它标志一个人参与某种活动的积极性,是个体主观能动性的一种体现”。孔子说:“知之者不如好之者,好之者不如乐之者。”爱因斯坦说:“热爱是最好的老师”。研究表明,对自己所从事的工作有兴趣,就能发挥全部才能,保持高效率而不感到疲惫。兴趣的培养是一个人创造性思维形成的先决条件,也是培养创新能力的根本,是一切有成就的人不可缺少的心理品质。兴趣、爱好、热情对学问,特别是对创新思维能力的培养提高有着十分重要的作用。培养广泛的、浓厚的、稳定的兴趣路径很多,如通过情感来培养、激发兴趣。我们要从生活之中寻觅具有创新价值和启发意义的因素,从而使自己的思路大开,催发创新思维。一个人在正确的目标引导下,再加上浓厚的兴趣,那么在学习或工作中,就能有效地控制自己的注意力,创造一切条件地努力学习,在学习中获得广博知识,进而转换成创造性的思维能力,甚至取得惊人的成就,同时也感到其乐无穷。

(二)敢于打破陈规

打破陈规需要的不仅仅是勇气,还有智慧。敢于打破陈规是创新思维的重要方式。首先是打破思维定式,思维定式往往先入为主,捆住人们的手脚,束缚住人们的头脑。要不屈于现有的东西,保持一种“挑剔”和“批判”的眼光,对周围事物善于发现和捕捉其不正确、不完善的地方。碰到问题不局限于一种答案,对答案提出质疑也是一种创新。每个时代都有每个时代的产物,人类的心理总是趋于不满足的状态。人类能够进步就是想要更好的生活,不满足于现状,于是不断改进。怀疑是一种科学精神,要敢于向教师挑战,发表与教师不同的意见和观点;敢于向课本挑战,提出与课本不同的看法;敢于向权威挑战,质疑权威的结论。陶行知说:“行动是老子,思想是儿子,创造是孙子。”比如在 18 世纪,我们的先人不满于手工的慢速生产,于是创造出蒸汽机取而代之。它的出现极大地减少了人力,并且大大提高了生产力。思维在创新,时代就在进步。在生活和学习中善于发现,将一件事物发挥出它的最大用处。从行动到自悟再到行动,应作为我们培养创新思维能力所追求的最高境界。

(三)培养坚定的意志

意志是自觉确定目的,并根据目的支配调节自己的行动,克服各种困难,以实现预定目标的心理过程,由语言和行动表现出来。意志是人自觉地确定目的并根据这一目的来支配、调控自己的行动,从而排除内外干扰,实现预定目标的心理活动。它对人们在学习中获得自信,在事业上取得成功,乃至培养创新思维,都起着十分重要的作用。怎样激发学生的学习兴趣,培养其坚毅的意志品质,正是当前素质教育要求学生全面发展首要解决的问题。著名细菌学家巴斯德说过:“立志是事业的大门,工作是登堂入室的旅程,这旅程的尽头就是有个成功在等待着。”每个人都有成功的可能,但要先走进立志的大门,持之以恒,才能步入成功殿堂。俗语说:“无志之人常立志,有志之人立长志。”培养创新思维精神、提高创新思维能力是伴随着我们一生的事情,需要下大功夫、深功夫、笨功夫、苦功夫。只有愿付出,勤耕耘,肯流汗,乐吃苦,创新思维能力才会提高得快,工作和事业上才会有所成就。

（四）运用积累的知识

知识是智慧的源泉，是力量的体现，是创新的动力。在工作乃至事业上，想飞得高行得远、有建树、有作为，就必须注意积累丰富的知识，包括书本知识和实践知识。具体说来，要努力做到以下“四个积累”：思想上的积累可以增强创新思维的敏锐性、深刻性、独特性；知识上的积累使思维更敏锐，思路更开阔，进而增强创新思维的灵活性、艺术性；生活上的积累使我们成熟，进而增强创新思维的科学性、有效性；材料上的积累能够增强创新思维的系统性、前瞻性。

【案例 2-11】

青岛啤酒是如何进入美国市场的

起初，青岛啤酒在进入美国市场时主要做了两件事情：一是出资请美国广告商通过报纸、电视、电台等新闻媒体进行广告宣传；二是让美国大饭店接受这种啤酒，以扩大影响。后一件事做起来很不容易，因为美国大饭店不会轻易购买新品牌的啤酒，所以推销商看到了这一点，没有登门推销，而是采取相反的做法，变卖为买。他们出资在纽约多家大饭店举办宴会，宴请社会名流并指名要青岛啤酒，如果没有，就以缺少这种酒、宴会不够档次为由，取消宴会。这样，青岛啤酒不仅受到纽约许多大饭店的重视，登上了高档宴会，而且逐渐在美国啤酒市场站稳了脚跟。这种以买促卖的做法，无疑是逆向思维的创新成果。可见，只要勇于突破旧的思维，跳出经验和常识的桎梏，反其道而行之，再大的难题也会有更好的解决办法。

【案例 2-12】

茅台酒：绝妙的推销

茅台酒，由于它的品质纯正、香味清纯，深得我国民众的喜爱。可是，在参加 1915 年巴拿马万国博览会时，外国人却没一点兴趣，更谈不上订货。为什么呢？因为茅台酒的包装简单土气，深色的酒罐难以吸引眼球；它又陈列于农业馆中，与棉、麻、大豆、食油等产品混杂在一起，毫无特色，几乎无人问津。换包装吧，时间来不及；继续宣传吧，外国人不听。中国代表灵机一动想出了一个办法：不能只让参观者看外包装，要让人们感受到内在魅力。于是让工作人员取一瓶酒分置于数个空瓶中，去掉盖子，敞开瓶口，任酒香四溢，任游人品尝。人们闻香而至，争相品尝，一致赞叹。茅台酒无可争议地获得博览会金奖，与法国科涅克白兰地、英国苏格兰威士忌并称世界三大蒸馏名酒。

拓展阅读

马化腾：腾讯的自我颠覆

马化腾是腾讯公司主要创办人之一，担任腾讯公司控股董事会主席兼首席执行官。他曾在深圳大学主修计算机专业，在创办腾讯之前，马化腾曾在中国电信服务和产品供应商深

圳润迅通讯发展有限公司主管互联网传呼系统的研究开发工作，在电信及互联网行业拥有10多年经验。

1998年和好友张志东注册成立“深圳腾讯计算机系统有限公司”。后腾讯入选《财富》“全球最受尊敬50家公司”。

一个没有企业文化的企业肯定是永远长不大的企业，一个长大了没有健康企业文化的企业，不但“营养不良”，而且风雨飘摇。腾讯公司为什么能从一家名不见经传的企业飞跃发展成为大公司，就是因为自身具有特色的企业文化，在腾讯即是产品经理文化。什么是产品经理文化？在腾讯的论坛里，所有人都在讨论怎么做得更好，怎么能够优化，包括开发、测试等。腾讯倡导的是精品文化，拿出来的东西一定是精品。简单地说就是如果你做的产品排不到行业的前三甚至是老大的话，这个项目在上市之前就会被砍掉。在腾讯内部，压力和危机感很强，很鼓励内部创新。这就是马化腾让腾讯实行的自我颠覆，大家都觉得微信很了不起，颠覆了很多东西，但是微信最先颠覆的是QQ。QQ是腾讯的核心，马化腾是QQ的“父亲”，他一直都非常看重QQ，那为何还要推出微信？马化腾曾经说过，“如果不是腾讯做出来微信，而是其他企业，那腾讯会是怎样的情况”？所以可以看出这些互联网大佬始终处在一种危机感中，手机QQ和微信对于腾讯来说是左右手互搏，通过这一点，可以看出腾讯这种自我颠覆的精神。“对市场保持敬畏”在这个时代不是一句空话，传统企业是否有这种自我颠覆、自我革命的精神，银行是否会用类似余额宝的产品来替代储蓄存款，运营商是否会用类似微信的数字通讯技术来替代短信，这是值得思考的问题。传统企业认为是牺牲利润的事情，我为什么要做呢。所以，如果不按照未来的趋势和方向去自我颠覆，就只能等着被别人颠覆。

小 结

通过本章学习我们意识到了创新思维所带来的价值，但是更要学会合理地运用创新思维。创造性思维是一种灵感，它与一般思维相比，就是以新颖的方式方法来解决问题。创新思维以不断变化的动态社会为基础，需要通过缜密工具的运用产生高效、系统地创造性思维。

思 考

1. 你对失败是怎么理解的？反思自己是否能正确对待一次次的失败？
2. 举出把两者结合起来的方法。如排球与弹簧，轮胎与花瓶。
3. 地球越来越拥挤，环境日益恶劣，你对到月球居住有什么想法？
4. 在心脏的基本功能中，你觉得哪一项最重要？说明理由。

第三章　创新方法举例与应用

提出一个问题往往比解决一个问题更重要。因为解决问题也许仅是一个数学上或实验上的技能而已，而提出新的问题，却需要有创造性的想象力，而且标志着科学的真正进步。

——爱因斯坦

创新的方法有多种分类法。有一种简单的分类法：即分为两大类，一类是解决"要创新什么"，也就是如何进行创新的选题，如何提出问题；另一类是解决"怎样去创新"，也就是怎样提出创新的设想和解决问题的方案。

第一类方法叫"选题的方法"，第二类叫"构思的方法"。本篇介绍的希望点列举法和缺点列举法都属于"选题的方法"，而头脑风暴法、检核表法等都属于"构思的方法"。

自有人类出现以来，公开发布过的有关"创新"的方法多达300余种。本章主要介绍几种典型的创新方法。

第一节　列举法

创业故事

绿山咖啡：卖K杯的咖啡巨子

绿山和星巴克"品味"不同，绿山除了售卖品类繁多的咖啡之外，还会卖克里格的单杯咖啡机和它配套使用的杯子—K杯。

"为什么一次要冲一壶咖啡呢？我每次只喝一杯而已。"这促使克里格公司创始人彼特·卓根和约翰·斯里文发明了一次只冲一杯咖啡的克里格K杯包装。克里格公司又开发出了专门的单杯咖啡机，只供K杯配套使用。

这样的咖啡机售价是100美元，24杯装的K杯通常卖12美元，相当于每杯0.5美元。在经济危机下，越来越多美国人放弃了咖啡厅5美元一杯的咖啡，而选择0.5美元一杯的K杯。咖啡豆如图3-1所示。

图 3-1 咖啡豆

真正让 K 杯和克里格咖啡机光芒万丈的，不是克里格公司的卓根和斯里文，而是绿山咖啡的创始人斯蒂勒。

2006 年 6 月，斯蒂勒以绿山 2005 年收入的三分之二，即 1.043 亿美元全面收购替其生产 K 杯咖啡的合作伙伴克里格公司，获得咖啡机和 K 杯业务。完成收购后，斯蒂勒锁定了单杯咖啡机市场，将业务分成两大块：绿山咖啡和克里格咖啡机。

实际上，克里格咖啡机按成本价出售，销售咖啡机时搭送几盒 K 杯，再加上广告支出，这咖啡机可以说是个赔本的买卖，绿山的利润在哪呢？消费者一旦买了克里格咖啡机，就会不断地购买 K 杯，而绿山的利润就是来自 K 杯的授权使用费，这是斯蒂勒借鉴了吉列(Gillette)的"剃刀、剃刀片"模式。2010 年的前三个季度，K 杯的销量就达到 6.83 亿个，按每个 K 杯 0.064 美元的授权使用费来算，授权收入就有 4 372 万美元。

K 杯缔造了一个不小的商业奇迹。2008 年，绿山卖了 98 万台咖啡机，而 K 杯就卖了 10 亿个，共占了绿山那年销售收入的四分之三。

K 杯是一个保证咖啡香味最大化的专利设计，外表像纸杯，里面有一个小一点的纸杯状渗透装置，只能渗透液体，里面装的是咖啡或茶，上面用铝箔盖封口，以保证咖啡的香味不会散发。将 K 杯置入专门的咖啡机，按一下按钮，加压注水管就会穿破铝箔盖进入滤杯中，注入热水。

斯蒂勒把克里格一直沿用的权益金模式进一步发扬光大，允许其他咖啡、茶或热可可生产商采用 K 杯包装，在克里格咖啡机上使用，绿山向他们收取每杯 6 美分的权益金。目前，K 杯已经拥有 13 个品牌 200 多种饮料，应付消费者千奇百怪的需求。

来源：《品牌网》，2018－12－27　https://www.chinapp.com/gushi/179835

一、希望点列举法

（一）希望点列举法的概述

希望点列举法是由内布拉斯加大学（The University of Nebraska）的克劳福特（Robert Crawfoto）发明。该技法人为地按某种规律列举出创造对象的要素分别加以分析研究，以探

求创造的落脚点和方案。这是一种不断地提出希望、怎么样才会更好的理想和愿望，进而探求解决问题和改善对策的技法。此法是通过提出对该问题和事物的希望或理想，使问题和事物的本来目的聚合成焦点来加以考虑的技法。

古往今来，世间的许多东西都是根据人们的希望创造出来的。人们希望能像鸟儿一样自由地飞翔，所以才有了热气球、滑翔机、飞机；人们希望冬暖夏凉，就发明了空调设备；人们希望探索宇宙，把地球的邻居乃至更远的太空了解清楚，所以有了宇宙飞船、空间站。

“希望”这两个字带给人类无尽的创新动力！人类社会之所以能不断前进，主要是不满足现状的人们充满着对未来的希望，对美好前景的向往。人们的希望总是与自己面临的问题或社会需求密切相关。在碰到困难时，人们总是希望找到解决困难的方法。在工作效率低时，人们总是希望找到省时省力的措施。将模糊的希望具体化后就称为“希望点”。希望点列举法就是将各个希望点进行列举、归纳和概括，使之成为可供创新者选择的创新课题，并在此基础完成创新的方法。

我们通过列举新的事物所具有的一些属性来寻找新的发明方法，也就是说，我们不停地提出，我希望怎样才能变得更好，怎样的理想和愿望，进而去探求怎样去改善。一般来说，根据是否有明确的创作对象，希望点列举法有两种类型。

一是目标固定型，目标集中在已确定的创造对象上，通过列举希望点，形成该对象的改进和创新的方案。

二是目标离散型，开始时没有固定的创造目标和对象，通过对全社会、全方位、各层次的人在不同的时间、地点、条件下的希望点列举，寻找发明创造的落点以形成有价值的创造课题。

希望点列举法是一种简便有效的创新方法。相比较于缺点列举法，它的使用范围和领域更广。缺点列举法是把已有的事物作为创新选题的对象，故而思维受到已有事物的限制而显得比较被动。而希望点列举法既可以用于已有事物，也可以用于尚未出现的事物，所以这是一种主动型的创新方法。当它用于已有事物时，比缺点列举法更为便捷，甚至可以跳过缺点列举而直接进入希望点列举。也就是说，只要你怀着希望，是很容易提出并确认创新的课题的。

不过，需要说明的是，希望点列举不等同于幻想。希望点是基于科学的基础、有市场价值的预测及可行性的技术。如果缺乏以上几点，希望就停留在幻想阶段。

（二）希望点列举法的应用

一般来说，实施希望点列举法有以下三个步骤：

第一步，是激发或者是收集人们的希望。

第二步，仔细研究人们的希望，运用创新思维尽可能多地列出能想到的所有希望点。

第三步，以“希望点”为依据，创造新产品以满足人们的希望。

你认为哪一步最重要呢？

希望点列举法可以用于个人，也可以用于团队，与头脑风暴法进行有效结合，效果会更好。

很多时候，希望点甚至能成为信念，以至于我们能根据这个信念不断进行创新。

【案例 3-1】

安装在楼外的火灾逃生电梯

高楼发生火灾时的逃生问题一直是困扰大家的棘手问题。一旦高楼失火，就不能再乘坐电梯了，原因是失火后要切断电源。

这是一个缺点，人们也希望要是发生火灾时依然能乘坐电梯逃生。

韩国 Nerigo 公司发明了一款神奇的紧急逃生电梯(见图 3-2)。说是电梯也并不准确，因为它根本不需要用电，更像是一种简易的重力缓降装置，可适用于高层住宅或办公楼。

图 3-2 紧急逃生电梯

Nerigo 公司施工人员打通了所有楼层的阳台，但它既没有轿箱也没有门，主体是一个半平方米的小平台。当发生火灾或者遇到其他紧急情况时，只需要站上这电梯平台，用脚踩地下的踏板，借助着人本身的重力，电梯就可以顺利下行了。这个电梯可以站一个成年人、一大人一小孩，或者两个小孩。在平时，还可以帮助下楼不便的老年人出行。电梯到达地面之后，还会借助机械绞车自动回升，方便下一个人使用。

Nerigo 公司经过了非常严格的测试，可以帮助解决高层建筑救援效率低的问题，确实有很大的实用价值。

请你想一想，该逃生电梯会不会带来一些问题呢?

二、缺点列举法

(一)缺点列举法的概述

世界上的事物是没有尽善尽美的，每一种事物总是或多或少地存在着这样或那样的缺点，人们总是希望事物能够变得越来越完善、越来越能满足我们方方面面的需要。这种客观存在与主观意愿之间的矛盾，就孕育着创新的种子，为我们进行发明创造提供了动力。

缺点列举法是指通过发现已有事物的缺点，将其一一列举出来，通过分析选择，确定创新课题，制定革新方案，获得创新成果的创新技法，进而提出新的整改方案。缺点列举法如果运用得当的话，不失为一种简单有效的发明创造方法。

缺点列举法分析是日本鬼冢喜八郎提出的一种决策方法。他是在改进运动鞋设计过程中总结出这个方法的。为了战胜运动鞋竞争对手，他走访了许多运动员，请他们指出市场上现有运动鞋的各种缺点。大多数人反映鞋底容易打滑，他便设法使自己的产品克服这个缺点，从而占领了市场。鬼冢喜八郎在调查中发现，在提方案的过程中，一般提方案者，总是考虑优点多，对缺点往往考虑不够。

（二）缺点列举法的应用

采用缺点列举法一般可按照以下三个步骤进行：第一步，确定改进对象；第二步，列举改进对象的缺点；第三步，分析、鉴别缺点，提出改进方案。

1. 确定改进对象

缺点列举法的创新根据在于充分利用已有物品，出发点是消费者对物品的求优需求。因此，对已有物品求优需求的调研是确定改进对象的基础。而这些缺点，往往就是发明价值之所在。

2. 列举改进对象的缺点

要“寻根问底”，找出产生缺点的原因，有些原因是显而易见的，有些原因则不容易找到，只有找准了产生缺点的原因，才能做到“对症下药”，寻求解决问题的最佳办法。

3. 分析、鉴别缺点，提出改进方案

该步骤一般有两种思路：一是针对某种缺点改进设计；二是应用逆向思维思考某种缺点能否成为另一种优点。

【案例 3-2】

“农夫果园”的创新思维

许多果汁饮料甚至口服液的产品包装上均会有这样一排小字——“如有沉淀，为果肉（有效成分）沉淀，摇匀后请放心饮用”。这排小字看似是要消除一种误会，就是有了沉淀并不是我的产品坏了，摇匀后喝就行了。其实这是一个很好的卖点，它证明产品的果汁含量高，但这样的语言在各种包装上的应用已经有很多年了，从来没有人关注过角落里的“丑小鸭”，农夫果园发现了这只白天鹅，并把她打扮一新包装成了明星——一句绝妙的广告语“喝前摇一摇”，变成了一个独特的卖点。

在创新思维下，把缺点当特点！“摇一摇”是一个绝妙的潜台词。“农夫果园，喝前摇一摇”“农夫果园由三种水果调制而成，喝前摇一摇”。“摇一摇”最形象直观地暗示消费者它是由三种水果调制而成，摇一摇可以使口味统一；另外，更绝妙的是传达了果汁含量高的卖点，因为我的果汁含量高，摇一摇可以将较浓稠的物质摇匀这样一个概念。“摇一摇”的背后就是“我有货”的潜台词。

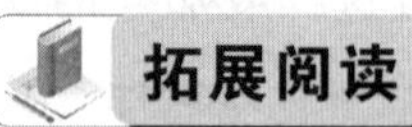

拓展阅读

颠覆式创新：三个好案例

《颠覆式创新：企业实现突破的15种方式》这本书中，介绍了三种颠覆式创新方法。

第一种是结构性颠覆。什么是结构性颠覆呢？说白了，其实就是打破原来的职能划分，把有不同天赋的人才聚集起来。书中举了一个例子：《模仿游戏》这部电影在2015年获得了奥斯卡最佳改编剧本奖，讲的是计算机科学之父艾伦·图灵的传记故事。在第二次世界大战期间，图灵带领他的团队成功破解了德军的“谜团”密码系统。他的团队里不只有密码学家，还有物理学家、数学家、国际象棋冠军和填字游戏冠军等。书里说，正是因为这样跨学科之间的协作，才会产生更多的新想法，从而破解密码。

书中还举了汽车制造商日产公司的例子，1999年，卡洛斯·戈恩被任命为日产公司的首席执行官时，这家公司快要破产了。但两年后，日产公司就重新开始赢利。日产成功的关键是什么呢？因素当然有很多，但最引人注目的是，卡洛斯·戈恩热衷于多元化，一上任就建立了9个跨职能团队。在这些团队中，管理制造平台的团队领导者不是技术人员，而是财务人员；而管理经销商事务的团队领导呢，也不是销售人员，而是法务人员。这9个团队组建完成后，戈恩给了这些团队三个月的时间写建议书，这些文件后来成了著名的“日产复兴计划”的基础，帮助公司结束了连续26年亏损的状况。

第二种是合作关系引导型的颠覆，也就是在两家企业合作的基础上，带来的颠覆式创新。这两家企业的关系可能并不是很大，但合作的结果却可能是出人意料的。比如，土耳其的倍科(Beko)公司在欧洲家用电器行业排名第一，这本书的作者曾经问它的首席执行官莱文特说，如果你和巴黎欧莱雅合作，会生产出什么产品呢？虽然之前从没想过这个问题，莱文特还是仔细思考了。他觉得，在热带国家，美容产品常常会融化，所以很多女性都会把化妆品放在冰箱里。所以，如果倍科公司为欧莱雅设计一个放在卧室里的微型冰箱，像一个漂亮的雪茄盒那么大的话，肯定会很有市场。莱文特说，倍科公司很多年来都想摆脱“厨房家电”的标签束缚，这个小小的点子可能让他们的产品进入人们的卧室。

还有一些合作也很出乎意料，比如亚马逊和推特的合作，你只需要在推特上点击鼠标，就可以把某个产品加入亚马逊的购物车；再比如苹果公司和法国奢侈品爱马仕联合推出的一款手表，苹果的智能手表加上爱马仕设计的漂亮外形，是一次技术和古典工艺的结盟。

最后一种是可持续性驱动型颠覆。这个方法的核心是，企业社会责任的创新也能引导企业进行全面创新。现在越来越多的企业意识到，他们重不重视环境问题、关不关心公共利益，对企业的形象有很大影响。书里给我们拿麦当劳举了例子。

1999年，麦当劳法国公司遇到了一次重大危机。当时一位法国知名的反全球化积极分子，说麦当劳的一家餐厅危害了当地的餐饮业和农业。那年秋天，又刚好赶上疯牛病突然爆发，很多人担心麦当劳的牛肉汉堡会被污染。面对这两个晴天霹雳，麦当劳没有躲在一边不说话，而是开展了大量活动来显示他们对公民责任的承诺。比如，麦当劳用过的煎炸油经过循环利用，会变成有机柴油，而且麦当劳的物流合作公司已经在用这些柴油了；再比如，麦当劳已经和法国的近一千个城镇和乡村签订了合同，内容是帮助改善公共区域的垃圾回收状况；他们还和法国儿科医生协会合作立项，研究儿童营养的问题。更重要的是，这些政策在公司内部形成了累积效应，几乎每位麦当劳员工都接受了这种创新文化。员工们都对通过发现新的创新方法来提高客户体验充满了兴趣。现在，麦当劳法国公司甚至在推动一个他们自己都不确定能不能完成的项目，就是能源百分百自给自足的餐厅

来源：《果壳儿》，2019－03－20。https://www.sohu.com/a/302435817_100253726

第二节 检核表法

创业故事

5年市值已达100亿，揭秘唯品会CEO的创业故事

你一定听过这么一句广告:“唯品会,一家做特卖的网站”,目前,公司拥有注册会员数超过3亿。公司于2012年3月在美国纽约证券交易所上市。起初市值仅为2亿多美元,如今已经达到了100亿美元,其创始人沈亚,极少接受媒体专访,业内流传一句话,说“沈亚是马云最想见的电商人”,他身上究竟有什么故事?

1990年,沈亚从上海铁道学院毕业后,先是继承了父亲的电子仪器厂,5年后他展翅高飞,独立开了一家电池厂,一度把电池卖到了东南亚、非洲。

1998年,27岁的沈亚,遇到了卖蓝牙设备的洪晓波。二人就此开启了长达20年的合作。当时,沈亚负责组织货源,洪晓波负责在欧洲卖货,国内一个售价5元的手机配件,在欧洲可以卖到5美元,最好的时候,一年做到几个亿。

然而,2007年美国次贷危机爆发,手机配件生意一落千丈,淘到第一桶金的沈亚与洪晓波就此歇息,转而去商学院充电。正是在读书期间,洪晓波发现了正品特卖模式,唯品会就此诞生,两人再次携手第二次黄金搭档。唯品会宣传照如图3-3所示。

图3-3 唯品会宣传照

公司成立之初,照搬的是法国VP和美国Gilt模式,主打一线奢侈品折扣的线上销售。然而等2008年12月唯品会正式上线后,一连3个月的累计成交量只有区区18单。沈亚一度摇摆,当看到淘宝年交易总额已接近1 000亿,但其平均客单价只有80元时,他明白了,必

须马上转型，从赚大钱转到赚小钱！

3个月后，唯品会再次上线，这回的定位已调整为“一家专门做特卖的网站。”沈亚一方面联系二三线时尚精品，帮他们清理库存及过季商品，另一方面，针对当季商品进行限时折扣。沈亚迅速抓住了一大批高净值用户。到了2009年年底，唯品会利润超过1 500万。

2012年3月23日，唯品会在美国纽约证券交易所上市，仅仅两年后，营收突破37亿美元，增长122.4%，股价一度冲高至229美元，唯品会的市值一度从2亿飞升至100亿，挤入电商第一集团军。

取得如此成就，如今已经身价百亿的沈亚并不自满，他称自己离成功还早，但一直在路上，执着的前行就会有收获。越是功成名就的人，越是低调做人的典范；越是能低调做人的，越是能在关键的时候成就一番事业。在低调中积蓄自己的实力，厚积薄发，使其成为自己路上的奠基石。

来源：《创业家》，2018—07—07。https://www.sohu.com/a/239795506_117373

所谓检核表，就是围绕需要解决的问题或者创新的对象，把事物规律性的东西提炼之后，采用提问的方式，按照顺序把问题一一罗列出来，从而形成一张突破旧思维框架，引发新思维产生的表格。

所谓检核表法，就是运用制作好的检核表，对问题或创新对象进行设问，从而诞生新设想或提出新的解决方案。

检核表法几乎适用于任何类型与场合的创新活动，不但如此，一旦检核表设计好了，可以反复使用。

需要注意的是，检核表在设计过程中，一定要注意科学性、规律性以及能引发思维突破这三个问题。世界上也有很多成熟的检核表，可以拿来即用。

下面先来看一张连锁药店基础管理检核表（见表3-1）。

表3-1　连锁药店基础管理检核表

检查项目	检查内容
目标管理	1.员工是否熟悉门店月、日目标（营业额、毛利率及新增会员数）
	2.员工对门店当日营业状况：如营业额、日均客单价、日均交易次数是否了解
商品管理	1.商品陈列是否整齐分类，无空缺位、倒置、混放现象（空位超10个开始扣）
	2.所有特殊陈列是否按公司规定执行
	3.商品缺货是否有标识、记录，并讲述缺货原因，默认货位是否及时维护
	4.商品价格签是否对应、规范放置、手写工整
	5.库存商品堆放是否整齐、分类存放，符合规范
	6.中药饮片不错斗、串斗、上斗，销售有记录
人员管理	1.员工上班时间是否统一穿着白大褂
	2.观察员工服务态度，是否主动、热情地招呼顾客，微笑服务，话术规范
	3.询问员工是否熟悉主题促销、专项商品促销活动
	4.员工对商品是否熟悉（商品知识、陈列位置等）
	5.门店对新员工是否有培训计划、培训记录，员工对最近一期培训内容是否熟悉
	6.门店排班是否合理、分工明确，补休产生是否合理；考勤与排班是否相符
	7.会议记录重点突出，要有本店上周总结、本周计划和员工签名

（续表）

检查项目	检查内容
顾客管理	1.员工是否能记住门店重点客户的姓名和基本信息，并核对会员档案
	2.会员资料、健康档案是否当班准确录入、记录
	3.顾客需求是否及时办理与答复，并有记录
卖场管理	1.门店营业、生活场所分开(卖场不得有员工个人生活用品)
	2.门店整洁卫生：商品、货架、货柜、地面无积灰杂物，装饰、宣传板应具有时效性
	3.手写海报是否简洁易懂、整齐；店外海报是否与商品陈列相呼应、是否有过期海报
	4.门店是否按公司规定播放背景音乐
	5.电脑、空调、音响等硬件设备是否清洁干净
	6.各证件、证照及药监提示海报等悬挂粘贴整齐、规范
信息管理	1.员工是否了解公司下发的文件、指令和通知
	2.指令执行、员工交接班及顾客需求记录是否完整明确、真实整洁
商圈管理	1.员工是否了解周围商圈及周边竞争对手情况
	2.竞争对手今日有何促销活动，门店对其是否了解及有无应对措施
	3.询问最近一次门店周边药价调研情况，员工是否了解敏感商品的周边价格
财务管理	1.收银是否准确及时录入、账金相符，有无挂账、攒票等行为
	2.门店冲票是否有顾客及员工签字
	3.收款抽屉是否放除现金、会员卡、医保卡、账目以外的物品
	4.赠品管理是否符合规定，赠品发放及会员积分礼品兑换是否符合规定

管理者可以根据上面的检核表，在不同时期反复运用，以达到提高门店效益，创造性地解决问题的目的。

一、奥斯本检核表法

（一）奥斯本检核表法的概述

目前，在不同的领域流传着许多检核表，但知名度最高的还是要属奥斯本检核表，这种创造技法是由美国创造学家奥斯本率先提出的，它几乎适用于任何类型和场合的创造活动，因此被称为“创造技法之母”。这种技法的特点，就是根据需要解决的问题，或需要创造发明的对象，列出有关的问题，然后一个个来核对讨论，以期引发出新的创造性设想来。

奥斯本检核表法是针对某种特定要求检核表，主要用于新产品的研制开发。通过引导主体在创造过程中对照如表3-2所示的问题进行思考，以便启迪思路、开拓思维想象空间，促进人们产生新设想、新方案的方法。

表3-2 奥斯本检核表法

检核项目	含义
能否他用	一事物有无其他用途，保持不变能否扩大用途，稍加改变有无其他用途
能否借用	能否引入其他的创造性设想，能否模仿别的东西，能否从其他领域、产品、方案中引入新的元素、材料、造型、原理、工艺、思路
能否改变	现有事物能否做些改变，如颜色、声音、味道、式样、花色、音响、品种、意义、制造方法，改变后效果如何
能否扩大	现有事物可否扩大使用范围，能否增加使用功能，能否添加零部件以延长它的使用寿命，增加长度、厚度、强度、频率、速度、数量、价值

续表

检核项目	含义
能否缩小	现有事物能否体积变小、长度变短、重量变轻、厚度变薄以及拆分或省略某些部分(简单化),能否浓缩化、省力化、方便化、短路化
能否代替	现有事物能否用其他材料、元件、结构、力、设备力、方法、符号、声音等代替
能否调整	现有事物能否变换排列顺序、位置、时间、速度、计划、型号,内部元件可否交换
能否颠倒	现有事物能否从里外、上下、左右、前后、横竖、主次、正负、因果等相反的角度颠倒来用
能否组合	能否进行原理组合、材料组合、部件组合、形状组合、功能组合、目的组合

(二)奥斯本检核表法的应用

在创新过程中,可以根据表 3-2 中的条目逐一分析问题的各个方面。这有利于提高创新的成功概率。大部分人的思维总是自觉和不自觉沿着长期形成的思维模式来看待事物,对问题不敏感,即使看出了事物的缺陷和问题,也懒于去进一步思考,不爱动脑筋,不进行积极的思维,因而难以有所创新。由于检核表法的设计特点之一是多向思维,用多条提示引导你去发散思考,突破了不愿提问或不善提问的心理障碍,在进行逐项检核时,强迫人们思维扩展,突破旧的思维框架,开拓了创新的思路。

为了把奥斯本检核表学得更好一些,更实用、方便地指导我们的生活工作,可以把表 3-1 中的设问项选择几项,进行反复练习,做到得心应手。

除了这张奥斯本检核表的练习之外,更重要的是我们要学会自己编制检核表。也就是说,当遇到问题时,尤其是遇到同类问题时,可以通过检核表来迅速找到解决问题的思路。

在练习使用和制定检核表的过程中,有两个问题很重要,那就是问题意识和想象力。若没有这两点,检核表的设问就只是简单的语言启示,不可能产生广泛的联想,也就会降低创新的价值。

检核表的制定程序如下:

(1)明确所要解决的问题;

(2)收集与问题相关的各种资料和信息;

(3)找到解决问题的一般思路和步骤;

(4)运用发散思维、求异思维等提示可能的设想方案;

(5)列出相关的检核表。

【案例 3-3】

夜光粉有什么用途?

夜光粉是一种用量少、用途不算广的发光材料,过去多用于钟表和仪表上。随着夜光材料慢慢进入我们的生活,夜光粉也渐渐成为一些家庭的必需品了。但是你知道夜光粉还有哪种用途吗?

夜光粉可在涂料、油墨、塑料、印花浆、陶瓷、玻璃等的各种透明介质中,实现介质的发光功能,并可白天实现本颜料的色彩,夜晚发出不同颜色的亮光,呈现良好的低度应急照明、安全标志识别和装饰美化的功能。

夜光粉还能掺入纺织品中，使颜色更鲜艳。夜光粉可以在黑暗中自动发光，并可无限次数循环使用，对阳光及紫外光有较快的吸收效果。白天的图案为白色，晚上可以变成各种漂亮的颜色，如图 3-4 所示。

另外还可以用于反光背心、马甲，使夜间骑行、路政环卫更安全，如图 3-5 所示。

图 3-4　发光衣服

图 3-5　路政环卫反光背心

还可以应用在建筑装饰、运输工具、军事设施、消防应急系统，如进出口标志，逃生、救生路线的批示系统具有良好的作用，如图 3-6 所示。

图 3-6　骑行路线标志

二、和田十二法

（一）和田十二法的概述

和田十二法，又叫“和田创新法则”（和田创新十二法），即指人们在观察、认识一个事物时，考虑是否可以。和田十二法是我国学者许立言、张福奎在奥斯本检核表基础上，借用其基本原理，加以创造而提出的一种思维技法。它既是对奥斯本检核表法的一种继承，又是一种大胆的创新。比如，其中的“联一联”“定一定”等，就是一种新发展。同时，这些技法更通俗易懂，简便易行，便于推广。具体方法如下：

(1)加一加:加高、加厚、加多、组合等。

(2)减一减:减轻、减少、省略等。

(3)扩一扩:放大、扩大、提高功效等。

(4)变一变:变形状、颜色、气味、音响、次序等。

(5)改一改:改缺点、改不便、不足之处。

(6)缩一缩:压缩、缩小、微型化。

(7)联一联:原因和结果有何联系,把某些东西联系起来。

(8)学一学:模仿形状、结构、方法,学习先进。

(9)代一代:用别的材料代替,用别的方法代替。

(10)搬一搬:移作他用。

(11)反一反:能否颠倒一下。

(12)定一定:定个界限、标准,能提高工作效率。

(二)和田十二法的应用

"和田十二法"由于简洁、实用,深受中小学生及工人的欢迎,下面以实例进行说明。

1. 加一加

南京的小学生丛小郁发现,上图画课时,既要带调色盘,又要带装水用的瓶子很不方便。她想:要是将调色盘和水杯"加一加",变成一样东西就好了。于是,她提出了将可伸缩的旅行水杯和调色盘组合在一起的设想,并将调色盘的中间与水杯底部刻上螺纹,这样可涮笔的调色盘便产生了。

2. 减一减

少年于实明见爸爸装门扣时要拧六颗螺丝钉,觉得很麻烦。他想减少螺丝钉数目,提出了这样的设想:将锁扣的两条边弯曲卷角朝下,只要在中间拧上一颗螺钉便可固定。这样的门扣只要两颗螺钉便可固定了。

3. 扩一扩

在烈日下,母亲抱着孩子还要打伞,实在不方便,能否特制一种母亲专用的长舌太阳帽,长舌扩大到足够为母子二人遮阳使用呢?现已经有人发明了这种长舌太阳帽,很受母亲们的欢迎。

4. 缩一缩

石家庄市第一中学的王学青同学发现地球仪携带不方便,便想到,如果地球仪不用时能把它压缩、变小,携带就方便了。他想若应用制作塑料球的办法制作地球仪就可以解决这个问题。用塑料薄膜制的地球仪,用的时候把气吹足,放在支架上,可以转动;不用的时候把气放掉,一下子就缩得很小携带很方便了。

5. 变一变

河南省洛阳市第二中学的王岩同学看到漏斗灌水时常常出现气泡,使得水流不畅。若将漏斗下端口由圆变方,那么往瓶里灌水时就能流得很畅快,也用不着总要提起漏斗了。

6. 改一改

一般的水壶在倒水时,由于壶身倾斜,壶盖易掉,而使蒸气溢出烫伤手,成都市的中学生田波想了个办法克服水壶的这个缺点。他将一块铝片铆在水壶柄后端,但又不太紧,使铝片另一端可前后摆动。灌水时，壶身前倾，壶柄后端的铝片也随着向前摆，而顶住了壶盖，使它不能掀开。水灌完后，水壶平放，铝片随之后摆，壶盖又能方便地打开了。

7. 联一联

澳大利亚曾发生过这样一件事，在收获季节里，有人发现一片甘蔗田里的甘蔗产量提高了50%。这是由于甘蔗栽种前一个月，有一些水泥洒落在这片田地里。科学家们分析后认为，是水泥中的硅酸钙改良了土壤的酸性，而导致甘蔗的增产。这种将结果与原因联系起来的分析方法经常能使我们发现一些新的现象与原理，从而引出发明。由于硅酸钙可以改良土壤的酸性，于是人们研制出了改良酸性土壤的“水泥肥料”。

8. 学一学

学生臧荣华做了一个十分有趣的实验，让猫狗怕小鸡。这里十分巧妙地运用了“学一学”的方法。事情经过是：村子里许多人都养了猫和狗，这些猫和狗总是想偷吃小鸡。臧荣华的妈妈也买来了小鸡，但放在哪里都不放心。臧荣华想：要是能让猫狗害怕不来就好了。一天，他上学时，看到一群飞舞的蜜蜂。他想，人比蜜蜂大多了，可是人怕蜜蜂蜇。那么我们能不能学一学蜜蜂的办法，让猫狗怕小鸡呢？他做了一项试验，右手抓起一只小鸡，让鸡头从手的虎口处伸出来，拇指与食指捏着一枚缝衣针，针尖在鸡的嘴尖处稍露出一点。然后，他抓来猫、狗，用藏在鸡嘴下的针尖去扎猫或狗的鼻子、嘴，每天扎十几次。连扎三四天后，他发现猫狗见到小鸡就怕，他成功了。

9. 代一代

山西省阳泉市小学生张大东发明的按扣开关，正是运用了“代一代”的方法。张大东发现家中有许多用电池作电源的电器没有开关，使用时很不方便。他想出一个“用按扣代替开关”的办法：他找来旧衣服和鞋上面无用的按扣，将两片分别焊上两根电线头。安上按扣，电源就接通了；掰开拽扣，电源又切断了。

10. 搬一搬

上海市大同中学的刘学凡同学在参加夏令营时，觉得带饭盆不方便，他很想发明一种新式的便于携带的饭盆。他看到家中能伸缩的旅行茶杯，又想到了充气可变大，放气可缩小的塑料用品。他想按照这些物品制造的原理，设计一个旅行杯式的饭盆，或是充气饭盆。可是，他又觉得这些设想还不够新颖。他陷入了冥思苦想之中。一天，他偶然看到一个铁皮匣子，是由十字状铁皮将四壁向上围成的。他想，我也可以将五块薄板封在双层塑料布中，用时将相邻两角用揿钮揿上，五块板就围成了一个斗状饭盆。这样，一个新颖的折叠式旅行饭盆就创造出来了。

11. 反一反

“反一反”为逆向思考法，如热风扇的发明，一般电风扇吹凉风，而热风扇吹热风，用于冬天取暖。

12. 定一定

例如为药水瓶印上刻度，贴上标签，注明每天服用几次，什么时间服用，服几格；城市十字路口的交通信号灯，红灯停、绿灯行。有了这些规定，人们的行为才能准确而有序。

如果按这十二个“一”的顺序进行核对和思考，就能从中得到启发，诱发人们的创造性设想。所以，和田十二法也是一种打开人们创造思路，从而获得创造性设想的“思路提示法”。

【案例 3-4】

用和田十二法激发创新创意

和田十二法是对奥斯本核检表法的一种继承，又是一种大胆的创新。比如，其中的“联一联”“定一定”等，就是一种新发展。同时，这些技法更通俗易懂，简便易行，便于推广。

和田十二法不仅可以用来激发创新创意，还可以用来分析问题，寻找路径。和田十二法在创新物品、平台和项目上、个人成长等方面都可以进行运用，你也不妨去试试吧。和田十二法思维导图如图 3-7 所示。

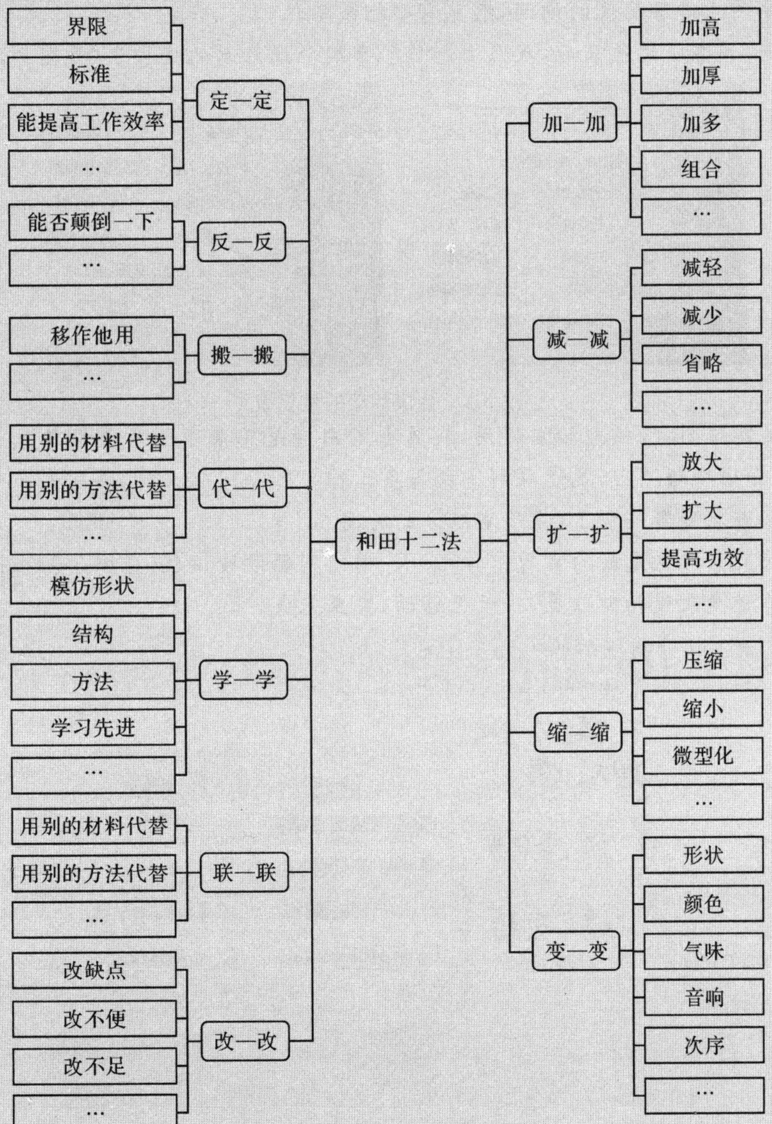

- 和田十二法
  - 定一定
    - 界限
    - 标准
    - 能提高工作效率
    - …
  - 反一反
    - 能否颠倒一下
    - …
  - 搬一搬
    - 移作他用
    - …
  - 代一代
    - 用别的材料代替
    - 用别的方法代替
    - …
  - 学一学
    - 模仿形状
    - 结构
    - 方法
    - 学习先进
    - …
  - 联一联
    - 用别的材料代替
    - 用别的方法代替
    - …
  - 改一改
    - 改缺点
    - 改不便
    - 改不足
    - …
  - 加一加
    - 加高
    - 加厚
    - 加多
    - 组合
    - …
  - 减一减
    - 减轻
    - 减少
    - 省略
    - …
  - 扩一扩
    - 放大
    - 扩大
    - 提高功效
    - …
  - 缩一缩
    - 压缩
    - 缩小
    - 微型化
    - …
  - 变一变
    - 形状
    - 颜色
    - 气味
    - 音响
    - 次序
    - …

图 3-7　和田十二法思维导图

效率手册中的美好未来

根据自身需要，制作了在效率手册中使用的便利贴，和大家分享：

工作检核表

工作几年后，一些常规工作的具体流程早已掌握，但如果记在脑子里，就会占用脑容量，总要想着下一步做什么，特别是有交叉进行的工作时，全凭大脑记忆就会有些困难了。

有一次我同时筹备三项会议，各种会务工作交错进行，材料铺满办公桌，忙得焦头烂额，还要回复领导关于筹备情况的询问，感觉有些招架不住。

痛定思痛，稍微缓过气来后，我马上制作了常规会议活动的检核表(见图 3-8)。

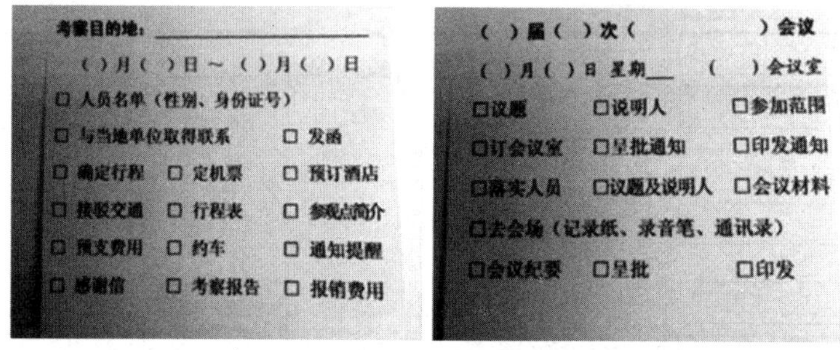

图 3-8　会议活动的检核表

后来的实践证明，检核表非常好用，我再也不用老是想着下一步要做什么了，也不用担心有所遗漏，一项项勾过去，就能顺利完成筹备工作。领导问起来时，我若在忙，可以看看检核表就能知道进展到哪一步了，能节省双方的时间。

整理每月大事记也是我的常规工作之一。用便利贴做检核表(见图 3-9)，好处之一就是可以随着工作进度改变粘贴位置，一天天移动，直至完成。

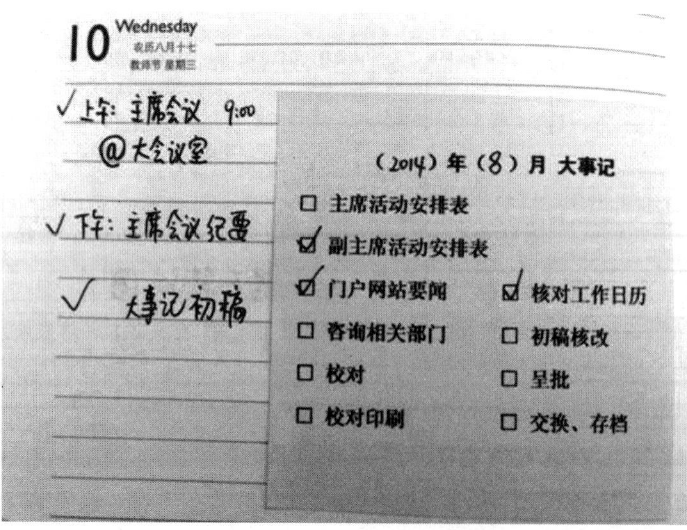

图 3-9　用便利贴做检核表

检核表是项目层面，将一个项目拆分成了很多个下一步行动，这些行动构成了整个项目。而在效率手册上记录的，则都是下一步行动，它们可能来自多个项目，但需要在同一天完成。用这种方法，可以实现纵横交错，同时处理各种不同事件，让自己成为真正的高效能人士。

用便利贴自制检核表的步骤就是构思、测量、新建、制表、填写、排版、打印、粘贴、二次打印、收集，十步做出你想要的检核表！你也来试一试吧。

来源：《简书》，作者：齐言楚羽，2014－10－21。本文对原文有删减。https://www.jianshu.com/p/0cbeed98e5d2

第三节　头脑风暴法

创业故事

大学生创业团队靠卖“创意”收入百万

中北大学大三学生唐帅和同学们组建的一个大学生创业团队逐渐迈入“丰收季”，有2项技术创意项目得到两家公司认可，技术转让后团队收入了130万元。5月初，国家级大学科技园中北大学科技园入股成为团队的股东之一。

在山西中北国家大学科技园，唐帅和他的团队在大楼里拥有一间办公室，办公室地面上堆满了各种电路元件、电子检测设备和手工工具，墙壁上悬挂着很多创意草图。唐帅是中北大学机电工程学院三年级学生，也是这个团队的队长。

及时收集和整理各种创意，并为可实施的创意申请专利，是唐帅创业团队的一条工作守则。包括像防飞溅指甲刀、可拼装式饮料瓶、携带自拍杆式手机壳等创意，团队前后积累了几十项创意。2017年至今，团队先后在校园内转让了8项创意，向校园外转让了2项创意。转让费最高的一个创意，收入5 000元；转让费最低的一个创意，也收入了1 500元。因为未经过专业评估，他们转让创意收取转让费，都是供需双方协商后确定的。

2016年腊月的一天，唐帅和亲友深夜驾车来到路边一个加油站，加油工睡得很熟，唐帅猛敲加油站值班室大门，才把加油工唤醒。这次经历，让唐帅产生了一个灵感——设计一个加油站夜间加油提醒系统。他们为宏盛石油有限公司研发的加油站夜间车辆加油提醒系统，解决了夜间加油的难题。这套系统，采用了红外感应技术和声、光、电提醒仪器。安装后，效果令宏盛加油站投资人十分满意。时隔数月后，宏盛加油站投资人决定收购这项技术，唐帅提出30万元技术转让费的要求，对方没有讨价还价。

今年5月，唐帅创业团队吸收更多成员入队，根据团队规划，他们的创业产业线将延伸至智能家具、纳米消毒产品、创意评估平台搭建等。唐帅说：“我们希望能搭建这样一个平台，它是一个大学生天马行空想象和创意的汇集地。我们将邀请专家，对这些想象和创意进行评估，从中发现那些好创意。”

今年5月,唐帅创业团队延伸事业线,与科技园达成意向:中北国家大学科技园入股唐帅团队,占股5%。这是科技园成立以来,第一次入股大学生创业团队。"我们期望入股后,给这个团队的创业增加压力,让他们的步子走得更扎实。两年后,科技园会无条件退股。"科技园孵化中心主任贾志忠说。

来源:《科技日报》,2018—05—21。http://edu.zjol.com.cn/jyjsb/gx/201805/t20180521_7317376.shtml

一、头脑风暴法概述

所谓头脑风暴(Brainstorming),是以小组的形式,无限制的自由联想和讨论,产生新观念或激发创新设想。其是由美国创造学家奥斯本(Alex Faickney Osborn)于1939年首次提出的一种激发性思维的方法。其具体的运用流程如图3-10所示。

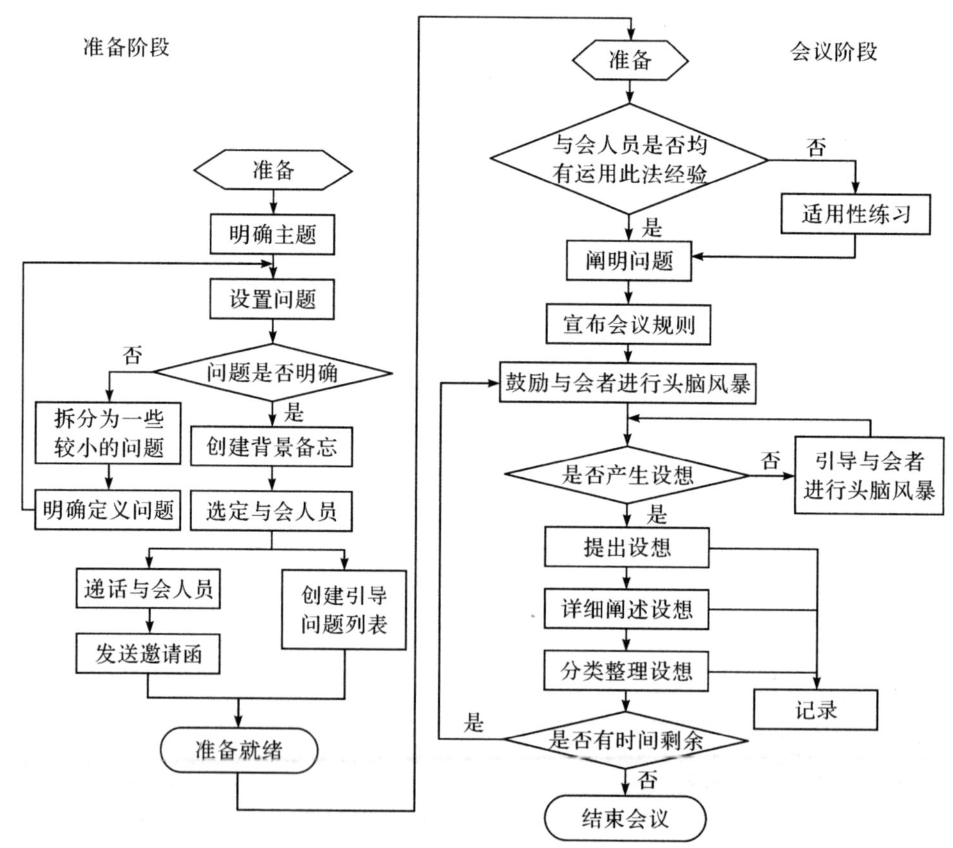

图3-10 头脑风暴法运用流程

1. 头脑风暴法激发创新思维的原因

头脑风暴何以能激发创新思维?根据奥斯本本人及其他研究者的看法,主要有以下几点:

(1)联想反应。联想是产生新观念的基本过程。在集体讨论问题的过程中,每提出一个新的观念,都能引发他人联想,相继产生一连串的新观念和连锁反应,形成新观念堆,为创造性地解决问题提供了更多的可能性。

(2)热情感染。在不受任何限制的情况下,集体讨论问题能激发人的热情。人人自由发言、相互影响、相互感染,能形成热潮,突破固有观念的束缚,最大限度地发挥创造性的思维能力。

(3)竞争意识。在有竞争意识的情况下,人人争先恐后,竞相发言,不断地开动思维机制,力求有独到见解和新奇观念。心理学告诉人们,人类有争强好胜的心理,在有竞争意识的情况下,人的心理活动效率可增加50%或更多。

(4)个人欲望。在集体讨论解决问题过程中,个人的欲望自由,不受任何干扰和控制,是非常重要的。头脑风暴法有一条原则,即不得批评仓促的发言,甚至不许有任何怀疑的表情、动作和神色。这就能使每个人畅所欲言,提出大量的新观念。

2. 头脑风暴法必须遵守的原则

为使与会者畅所欲言,互相启发和激励,达到较高效率,头脑风暴法必须严格遵守下列原则:

(1)推迟判断,禁止批评。对别人提出的任何想法都不能批判、不得阻拦。只有这样,与会者才可能在充分放松的心境下,在别人设想的激励下,集中全部精力开拓自己的思路。

(2)提倡自由发言、畅所欲言、任意思考、任意想象、尽量发挥,因为它能启发人们产生出新的想法。

(3)综合改善。鼓励巧妙地利用和改善他人的设想。这是激励的关键所在。每个与会者都要从他人的设想中激励自己,从中得到启示,或补充他人的设想,或将他人的若干设想综合起来提出新的设想等。

头脑风暴法通常采用专家小组会议的形式进行,其流程分为两个阶段:会前准备阶段和会议执行阶段。在会前准备阶段,会议召集者要在会前明确会议的主题,创建引导问题目录,并选定与会人员。在会议执行阶段,会议开始时,如果与会人员没有头脑风暴的经验,召集者可以带领大家先做一些适应性的练习,以敞开思路,然后阐明该次会议的目标议题,鼓励大家进行头脑风暴。接着由各与会人员提出自己的设想,并详细阐述设想。如果与会者没有提出相关的设想,召集者需做相应的引导,鼓励大家积极思考,最大限度地发挥个人的创造力。与会人员的设想都发表完毕后,将获得的设想进行分类整理,在整个发表、阐述、整理设想的过程中,做好相关的记录工作。如果时间还有剩余,还可再次鼓励大家进行头脑风暴,以获得尽可能多的设想。

二、头脑风暴法的应用

头脑风暴法可分为会前准备、会议过程和创意评价三个阶段。

(一)会前准备

(1)确定讨论主题。讨论主题应尽可能具体,最好是实际工作中遇到的亟待解决的问题,目的是进行有效的联想和激发创意。

(2)如果可能,应提前对提出初始问题的个人、集体或部门进行访谈调研,了解解决该问题的限制条件、制约因素、阻力与障碍以及任务最终目标。

(3)确定参加会议人选,并将这些问题写成问题分析材料,在召开头脑风暴会议之前的几天内,连同会议程序及注意事项一起,发给各位与会人员。

(4)举行热身会。在正式进行头脑风暴会议前,召开一个预备会议。这是因为在多数情况下,小组成员缺乏参加头脑风暴会议的经验,同时,要他们做到遵守"暂缓评价"原则也比较困难。

所确定的讨论主题的涉及面不宜太宽。主持人将讨论主题告诉会议参加者,并附加必要的说明,使参加者能够收集确切的资料,并且按正确的方向思考问题。

在热身会上,要向与会人员说明头脑风暴法的基本规则,解释激发创意基本的方法,并对成员所做的任何有助于发挥创造力的尝试都予以肯定和鼓励,从而让参与者形成一种思维习惯来适应头脑风暴法。

(二)会议过程

(1)由会议的主持人叙述议题,要求小组人员讲出与该问题有关的创意或思路。

(2)与会者申请发言,经主持人指名后开始发表设想,发言力求简单扼要,一句话的设想也可以,注意不要做任何评价。发言者一开始要首先提出由自己事先准备好的设想,然后再提出受别人的启发而得出的思路。从这一阶段开始,就存在着"头脑风暴"的创造性思维方法。

(3)若是头脑风暴法进行到人人都已山穷水尽的地步,主持人必须使讨论发言再继续一段时间,务必使每人尽力想出妙计,因为奇思妙计往往在挖空心思的压力下产生。主持人在遇到会议陷于停滞时可采取其他创意激发的方法。

(4)创意收集阶段实质上是与创意激发和生成阶段同时进行的。执行记录任务的是组员,也可以是其他组织成员。可以根据提出设想的速度,考虑应配备记录员的数量。每一个设想必须以数字注明顺序,以便查找。记录下来的创意是进行综合和改善所需要的素材,所以应该放在全体参加者都能看到的地方。

在小组人员提出设想的时候,主持人必须善于运用激发创意的方法。同时,主持人还要保证使参与者坚守头脑风暴法的基本规则,即任何发言者都不能否定和批评别人的意见,只能对别人的设想进行补充、完善和发挥。一次会议创意发表不完的,可以再次召开会议,直至将各种创意充分发表出来为止。

(三)创意评价

先确定创意的评价和选取的标准,比较通用的标准有可行性、效用性、经济性、大众性等。在头脑风暴会议之后,要对创意进行评价和选择,以便找到最佳解决办法。对设想的评价不要在进行头脑风暴法的同一天进行,最好过几天再进行。

解密温州人的生意经

温州人以善于做生意而著称,他们一定有独特的生意经。温州人做生意有自己的套路、自己的规律、自己的“经”，大致有以下几种。

1. 攻伐之经

温州人多地少，因此也决定了他们只能向外拓展，不断地去寻找一个个新的生存空间。也因此，温州人可能是中国经商者中最多的散布在全国各地的群体，南至三亚，北到漠河，西抵拉萨，东临青岛，到处可见温州人的踪迹。

温州人的攻伐之术的特点是：集中强大“兵力”攻下一座“城堡”，而后从家乡搬来很多愿意经商的“兵勇”，安营扎寨，守住阵地，除非是市场衰落，否则绝不后撤。可以说，这是运动战和阵地战的相结合。

2. 血缘之经

温州人更多地以群体聚合的方式来从事各种工作，特别是生意方面的事情，血缘关系成了重要的因素。

手工作坊和家庭工业就是其典型。楼上住人，楼下聚集了自己家或亲戚家的很多人，印刷、编织、裁缝、做鞋、制眼镜、造纽扣、加工小电器……

如今，血缘在温州人新的经济模式中，仍然起着重要的作用：家庭中的一个主要成员成了厂长或董事长，其他成员分散在各个重要的部门，分头负责。只有凝聚力，而少扯皮、拆墙脚之嫌。对外是一个团体或一只拳头，对内是一个温馨的群体。遇到困难，大家齐心出击；遇到矛盾，开一次家庭式的会议，往往就能解开疙瘩。“血缘”在温州人的企业里成了动力，成了催化剂。

当然，血缘的向心力是无可置疑的，但会不会缺乏广纳百川的可能与胸襟呢？会不会使外来的才俊，看不到彼岸那道最明亮的曙光呢？或许，血缘与非血缘要并驾齐驱才好。如此，温州的企业才能够注入真正具有现代意识的精神。

3. 模仿之经

曾经是温州四大支柱产品的纽扣、皮鞋、服装和打火机，起初无不来自于模仿。

也因此，原先温州人的主导产品大多为具有一定手工技能的东西，而像电脑、手表甚至化妆品等具有较大难度的产品，就不在模仿之列了。

如今，许多温州的企业非常注重建立自己的品牌，形成自己独立的产品意识，将原先的产品结构大大提升了一个或好几个档次。

4. 豪爽之经

凡是到过温州的外地人一致认为，温州人具有北方人的豪爽与义气——这是温州人在残酷的商海拼搏中最具优势的个性特点。

温州人的豪爽来自于他们的自信，他们的友好，他们的诚恳。这是温州人做生意最好的经典！

许多人以为，做生意就是昧着良心，使尽一切手段赚钱就是了，不需要别的什么。其实，做生意不仅需要经商技巧、管理技巧、融资技巧、为人技巧、网络技巧等，商业行为中，更需要想象技巧。这一点，温州人表现得淋漓尽致。

第四节 TRIZ 创新方法

创业背后的点滴故事

每一个创业者背后都有一段不可言说的心路历程，那是风雨寒霜，那是豪情万丈，那是一如既往，那是一个个关于坚持和汗水的故事。

人们习惯把目光聚焦在成功者身上，因为他们被聚光灯环绕。而在通往梦想的道路上，在聚光灯照不到的地方，行走着无数正努力奋斗的创业者。他们默默无闻，目光坚毅。

故事一：一千块起步，从三轮车叫卖到农产品金奖

讲述人：龙游惠军山羊生态养殖合作社 朱彬

当同龄人刚刚踏入社会，憧憬未来人生的时候，二十岁出头的朱彬已经走出校园，担负起养家糊口的重担。

中专毕业后，朱彬进入了当地的一家化工厂，从事一些技术含量低的工作，每个月的收入只有一千多块。那一年，朱彬 22 岁。

对于一个农村青年来说，这样的收入也只能养活自己，想要补贴家用，简直是天方夜谭。仅仅过了一年，2007 年，朱彬从就从化工厂离职，重新回到了老家。

生活在农村，没有一技之长，经过一段时间的思考，他选择了从事农村人的老本行——畜牧养殖业。“以前学过养牛技术，心里有底，心想养羊也可以试试看。”朱彬说。

没有社会背景、更没有贵人相助，有的只是朱彬改变命运的信念，还有对老母亲的一份责任，“辛苦半辈子，她一个人不容易，我想让她过得好一点。”朱彬说。

怀揣着仅剩的一千多块钱，朱彬购买了七只小羊羔，开始了自己的创业之路。养殖过程中一道道难题可想而知，朱彬靠着向农业部门专家请教、翻书找资料、上网查百度，很快对“羊倌”这个行当驾轻就熟。第一桶金来得不算晚，仅仅过了半年，朱彬就卖出了第一只羊，收入 800 元。

尝到了创业的甜头，更坚定了朱彬走下去的决心。在当时的龙游郊区，时常可以看到一辆三轮车走街串巷叫卖羊肉。就是这辆三轮车，陪朱彬夫妻俩走过了最艰难的头三年。

2010 年，朱彬牵头成立了龙游惠军山羊生态养殖合作社；2013 年，创办了“龙游大德家庭农场”；2014 年的衢州市第二届年货节上，“惠军山羊”一炮而红，打响了名气；2015 年，合作社作为龙游县唯一一家商户参加了全国优质农产品（北京）展销周活动；2016 年，被评选为浙江（上海）名特优新农产品金奖产品。

对于自己的创业经历，朱彬也说得很实在：“年轻人经过社会磨炼，能更掂量出自己的斤两，放下身段去做好任何自己想做的事。”

故事二："我知道杭州夜空最亮的星，出现在凌晨两三点的时候"

讲述人：杭州比智科技有限公司副总裁 王畅

有人说，选择了创业，就是选择了一种生活方式。从第一步开始，欣慰和辛酸也注定成为旅途上的伴侣。

身着一件宝石绿色的针织衫，身材微胖，如果不是递上来的名片，记者很难将眼前这名男子与 IT 联系在一起，原因很简单：没有戴眼镜。虽然外表看起来不像典型的 IT 从业者，可他实实在在已经和 IT 打了多年交道。

王畅还有一个花名，叫"率意"，这是他在阿里巴巴工作时起的名字，寓意悉心尽意，越走越远。从阿里巴巴到比智科技，王畅也一直践行着当初对自己的承诺：在 IT 行业越走越远。

2016 年 12 月，王畅从阿里巴巴离职，拉上四五个志同道合的朋友，成立了比智科技。

万事开头难，团队要重新磨合、平台要自己搭建，一切都是从零开始。虽然已经时隔数月，但王畅回忆起创业之初，还是感慨万千。通宵达旦称得上是家常便饭，时常还有同事加班到很晚，直接就睡在了办公室里，"到了后来，干脆买了帐篷，晚上的时候放在办公室里，像露营一样。"

谈话间隙，王畅向记者问起来，杭州的夜空什么时候最美，没等记者回答，王畅自己就给出了答案。"我知道杭州夜空最亮的星，出现在凌晨两三点的时候。"王畅笑着对记者说，"创业是一件孤独的事，加班难免会产生无聊情绪，这个时候抬头仰望夜空，想着还有满天繁星陪伴自己，心里也就没有那么寂寞了。"

创业至今已经过去三个月，白发不知不觉爬上了头顶。知难，行亦难，谈及创业的感受，王畅坦言压力不小，"一方面公司要不断寻找往前发展的动力，另一方面也要考虑资金、市场的情况。"

"功夫不负有心人，好在公司正一步一步走向正轨。"据王畅介绍，下一步，比智科技将同全国数百个特色小镇展开进一步合作。

故事三："工作越来越忙，故乡的距离也越来越长"

讲述人：浙江水马环保科技有限公司 CEO 李渊敏

离家的距离越长，李渊敏越是能体会到"儿行千里母担忧"这句话的真正内涵。

就事业来说，李渊敏无疑称得上是一位成功者。2000 年涉足互联网域名代理，2001 年试水 ERP 业务，2002 年成为全国首批百度代理，2005 年原公司被软银赛富收购，2008 年开始关注新材料，2015 年注册成立浙江水马环保科技有限公司。翻开李渊敏的履历表，用"丰富"一词形容最为合适。

可在事业一步一步走向成功的同时，李渊敏的心里却深藏着一份亏欠。工作地杭州距离老家温州三百多公里，可回家的间隔却从以前的一个星期，到后来的两个星期，逐渐延长到三个星期。如今，重新创业的李渊敏，只能选择一个月回家一趟。"工作越来越忙了，故乡的距离也越来越长。"

随着年龄的增长，特别是自己为人父以后，无法人前尽孝的愧疚在李渊敏心里变得更加强烈。于是，电话便成为他和父母沟通最重要的方式。"问来问去总是那几句，天冷了多穿衣服，工作忙记得吃饭，年龄大了注意身体。母亲总是那样叮嘱，一如我们还是孩子的时候，可就是平凡得不能再平凡的几句话，让我听了感到安心。"

两天前，李渊敏出差到温州，忙完工作已是凌晨，老家留宿一夜，第二天早上六点赶回杭

州，没顾得上吃饭。“身体累不累倒是其次，可如果我不在老家呆一晚上，心会很累。”

“没有一句埋怨，父母也明白我工作比较忙，这让我既感动也更加惭愧。”李渊敏对记者感慨道，欠家人的太多太多，只希望用工作上的成功来回报父母给予的理解和爱！

来源：《浙江在线》，2017－02－27。http://biz.zjol.com.cn/system/2017/02/27/021452341.shtml

一、TRIZ创新方法概述

（一）TRIZ的起源

TRIZ理论是由G.S.Altshuller（根里奇·阿奇舒勒）和他的研究团队在1946年最先提出，他们通过分析来自世界各国的上百万个专利（其中包含二十多万个高水平发明专利）和创新案例的基础上总结出来的。他认为一切技术问题在解决过程中都有一定的模式可循，可对大量好的专利进行分析并将其解决问题的模式抽取出来，为人们进行学习并获得创新发明的能力提供参考。经多年的搜集、分析、比较和归纳，这一研究建立了一整套相对完整的、实用的“发明问题解决方法”，这就是所谓的TRIZ法理论。

（二）TRIZ的简介

TRIZ直译是“发明问题解决理论”，也可称为“新问题解决方案理论”。国内也形象的翻译为“萃智”或者“萃思”，取其“萃取智慧”或“萃取思考”之义。TRIZ，源于俄文单词“TPN3”的首字母缩写，按照国际ISO/R9-1968E的规定，把俄文转换成拉丁字母以后，就成了TRIZ。

发明问题解决理论有两个基本含义，表面的意思是强调解决实际问题，特别是发明问题；隐含的意思是由解决发明问题而最终实现（技术和管理）创新。

TRIZ创新方法成功地揭示了创造发明的内在规律和原理，着力于澄清和强调创造发明系统中存在的矛盾，其目的是完全解决矛盾，获得最终的理想成果。它是基于技术的发展演化规律研究整个设计与开发过程，而不再是随机的行为。实践证明，运用TRIZ理论，可大大加快人们创造发明的进程而且能得到高质量的创新产品。

在分析专利过程中，阿奇舒勒从不同的角度，利用不同的分析方法分析这些专利，总结出了多种规律。如果按照抽象程度由高到低进行划分，可以将经典TRIZ中的规律表示为一个金字塔结构，如图3-11所示。

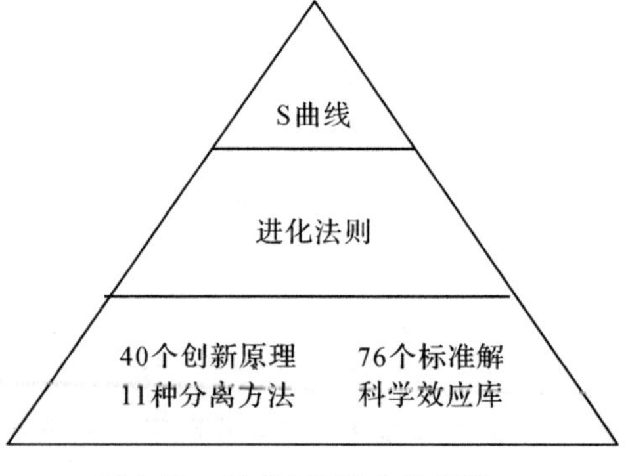

图3-11　经典TRIZ中的规律

（三）TRIZ的核心思想

阿奇舒勒发现，技术系统进化过程不是随机的，而是有客观规律可以遵循的，这种规律在不同领域反复出现。而TRIZ的核心思想有以下三个方面：

（1）在解决发明问题的实践中，无论是一个简单产品还是复杂的技术系统，其核心技术的发展都是遵循着客观的规律发展演变的，即具有客观的进化规律和模式，人们遇到的各种矛盾以及相应的解决方案也总是在重复。

(2)各种技术难题、冲突和矛盾的不断解决是推动这种进化过程的动力。

(3)解决本领域技术问题的最有效原理与方法,往往来自于其他领域的科学知识。技术系统发展的理想状态是用最少的资源实现最大化效益的功能。

阿奇舒勒发现,真正的发明专利往往都需要解决隐藏在问题当中的矛盾。于是,阿奇舒勒规定:是否出现矛盾,是区分常规问题和发明问题的一个主要特征。发明问题指必须要至少解决一个矛盾(技术矛盾或者物理矛盾)的问题。

由于 TRIZ 来源于高水平发明专利的分析,因此通常人们认为,TRIZ 更容易解决技术领域里的发明问题。目前,TRIZ 已逐渐由原来擅长的工程技术领域,向自然科学、社会科学、管理科学、生物科学等多个领域逐渐渗透,尝试解决这些领域遇到的问题。据统计,应用 TRIZ 的理论和方法,可以增加 80%～100%的专利数量并提高质量;可以提高 60%～70%的新产品开发效率;可以缩短 50%的产品上市时间。

二、TRIZ 创新方法应用

TRIZ 理论中的创新思维方法主要有以下 5 个工具:九屏幕法、金鱼法、小矮人法、STC 算子法、最终理想解法。

(一)九屏幕法

九屏幕法,也称多屏幕法,是典型的 TRIZ 创新思维工具之一,即对情景进行整体考虑,这个方法引导我们从系统、子系统、超系统及过去、现在、将来的九个方向打开思维的阀门。

九屏幕法具有可操作性和实用性强的特点,可以更好地帮助使用者质疑和超越常规,克服思维定式,为解决实践中的疑难问题提供清晰的思维路径。按照图 3-12 的顺序填写九屏幕,首先,明确当前系统,填写序号 1 的内容;接着,找当前系统的子系统和超系统,填写序号 2、3 的内容;然后,思考当前系统的过去和未来,填写序号 4、5 的内容;再寻找子系统的过去与未来,填写序号 6、7 的内容;最后,分析超系统的过去与未来,填写序号 8、9 的内容。这是系统思维的一种方法,把问题当成一个系统来研究,关注系统的整体性、层级性和目的性;关注系统的动态性、关联性,即各要素之间的结构。

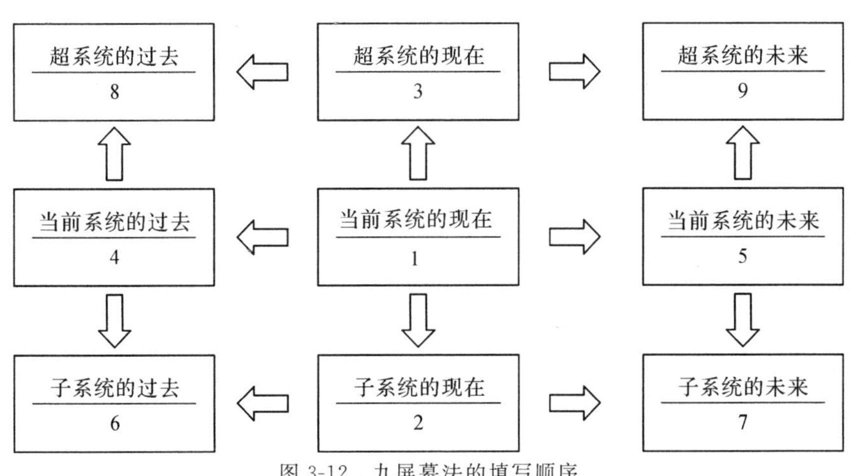

图 3-12　九屏幕法的填写顺序

【案例 3-5】

电风扇的九屏幕法思考

传统电风扇的叶片虽然有隔罩挡住，还是有打伤手指的危险，想改进电风扇，如何入手呢？采用九屏幕法试试。选择电风扇为当前系统，叶片为其子系统，通风系统为其超系统。

然后分析：电风扇的过去为手摇扇，未来为空调；接着寻找叶片与通风系统的过去与未来，叶片的过去为金属片、未来为无叶片；通风系统的过去为自然通风、未来为智能通风，如图 3-13 所示。大家看到，九屏幕法能快速打开思维，协助我们找到解决方案。

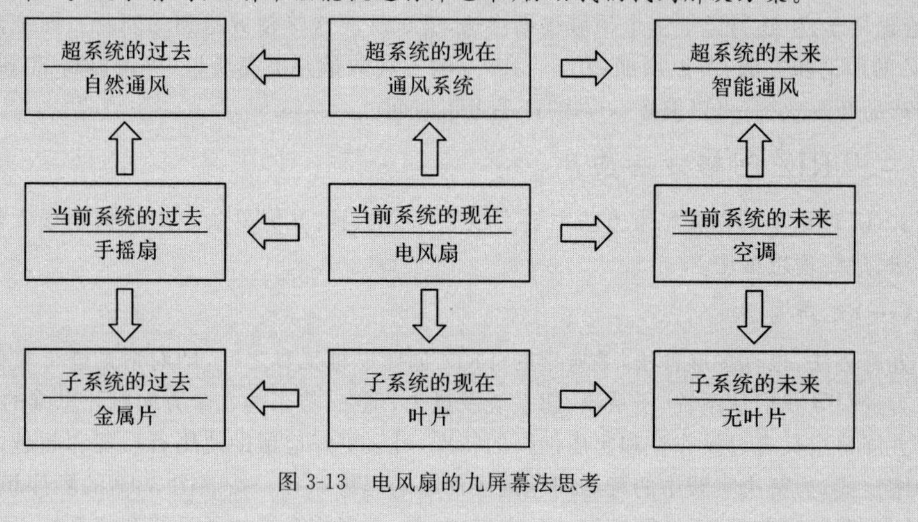

图 3-13　电风扇的九屏幕法思考

(二)金鱼法

金鱼法的基础是将一个异想天开的想法分为两个部分：现实部分和非现实(幻想)部分。接着，把非现实部分再分为两部分：现实部分和非现实部分，这样的划分不断地反复进行，直到确定问题的解决构想能够实现为止。

采用金鱼法，有助于将幻想式的解决构想转变成切实可行的构想。

金鱼法的应用步骤如图 3-14 所示：

第一步：将不现实的想法分为两个部分：现实部分与非现实部分。

第二步：解释为什么非现实部分是不可行的。

第三步：找出在哪些条件下非现实部分可变为现实的。

第四步：检查系统、超系统或子系统中的资源能否提供此类条件。

第五步：如果能，则可定义相关想法，应怎样对情境加以改变，才能实现想法中的非现实部分。

第六步：如果不能，则可将这一“看起来不现实的部分”再次分解为现实与非现实部分。然后，重复以上步骤。

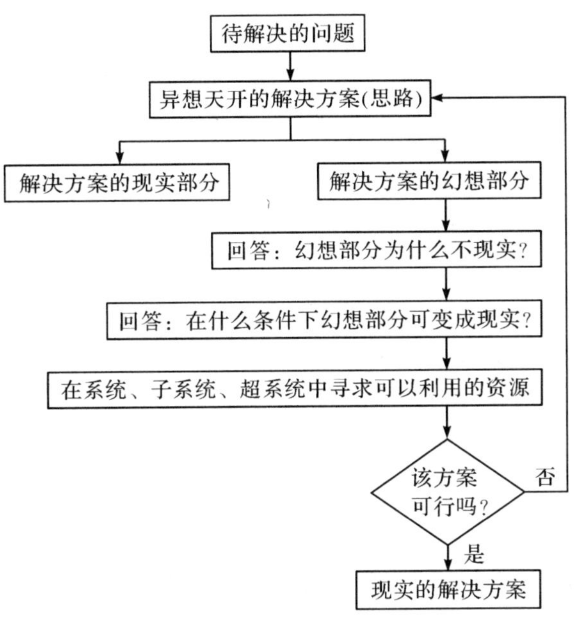

图 3-14 应用金鱼法解决问题的过程

(三)小矮人法

我们遇到的问题,有时无法直接解决,就需要转换一下思路。为了克服工程师在解决问题时的思维惯性,使问题更好地解决,阿奇舒勒创立了"聪明的小矮人法"。当系统内的某些组件不能完成其必要的功能,并表现出相互矛盾,可利用小矮人法解决问题。

小矮人法是用一群小矮人来代表这些不能完成特定功能的部件,通过能动的小人,实现预期的功能。然后,根据小人模型对结构进行重新设计。其有两个目的,一是克服由于思维惯性导致的思维障碍,尤其是对于系统结构;二是提供解决矛盾问题的思路。如图 3-15 所示是小矮人法求解的流程。

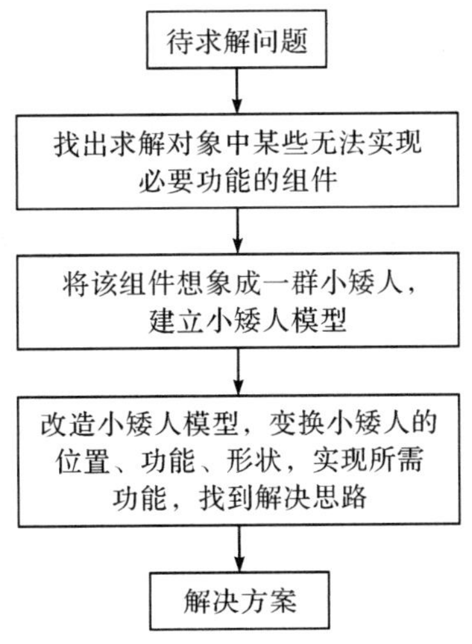

图 3-15 小矮人法求解流程

【案例 3-6】

可移动沙发

当家里客厅需要打扫卫生或重新粉刷时，笨重的实木沙发需要移来移去，而这个沙发要三四个人才能抬动，移动比较困难。怎样才能解决这个问题呢？

我们用小矮人法试一试吧。首先，找到求解对象（笨重的实木沙发）无法实现方便移动的组件——沙发腿如图 3-16(a)所示。将沙发腿看成一群小矮人组成的小矮人模型，建立小矮人模型如图 3-16(b)所示，改变个别小矮人的功能，将底部的小矮人变成圆形如图 3-16(c)所示，根据这个启示就构想出了带轮子的沙发腿如图 3-16(d)所示，这样就方便移动沙发了。如果要继续解决沙发有时需要移动、有时不需移动的功能切换问题，可以继续改进图 3-16(c)所示的小矮人模型，将圆形小矮人上面的小矮人功能变换，使之具有铰接功能，这样就能在不用移动沙发时将轮子折叠，方形沙发腿直接着地，如图 3-16(e)所示。

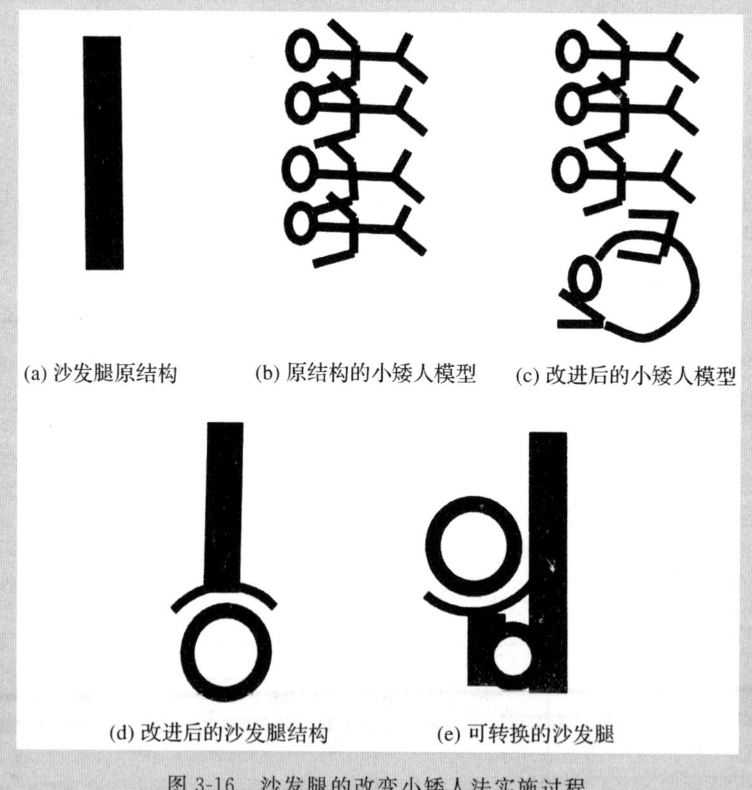

图 3-16　沙发腿的改变小矮人法实施过程

（四）STC 算子法

STC 算子法是指从物体的尺寸(Sise)、时间(Time)、成本(Cost)三个方面扩大或者缩小的扩散思维方法。

它是一种让我们的大脑进行有规律的、多维度思维的发散方法。它比一般的发散思维和头脑风暴，能更快地得到我们想要的结果。

它是将尺寸、时间和成本因素进行一系列变化的思维实验，通过以极限方式想象你的系统，打破思维定式；想象对象的尺寸无穷大或无穷小；想象过程的时间无穷长或无穷短；想象系统的成本无穷多或无穷少。克服由于思维惯性的障碍使得对研究对象最初认识的不准确和误差，重新认识研究对象。

STC 算子法的步骤：

第一步：明确研究对象现有的尺寸、时间和成本；

第二步：想象现有对象的尺寸无穷大，无穷小；

第三步：想象过程的时间或对象运动的速度无穷大、无穷小；

第四步：想象成本（允许的支出）无穷大，无穷小。

【案例 3-7】

尺子的 STC 算子法

尺子太大的话占空间，太小的话又不实用。能否设计一个新型的尺子，用的时候是可以拉得很长，不用的时候收纳起来不占太大空间？不妨用 STC 算子法试试。

以尺子的尺寸为思考对象。首先，考虑将尺子缩小，如缩小可以做成迷你尺子，而将尺子扩大就变成大卷尺（可测量 50 米）；然后，从尺子制造时间的方面思考，增加制造时间就可以打造精美的礼品尺，而减少制造时间就只能制作比较粗糙的简易尺子；最后，从尺子的成本变化方向思考，增加成本，可以用铝合金打造一款耐用的尺子，减少成本，可以用废纸板做一个简易的尺子。通过利用 STC 算子法对尺子的改进，展开发散思维和分析：当尺子缩小尺寸时，可以卷起来。于是，根据这个思路可以设计出一款卷尺，如图 3-17 所示。

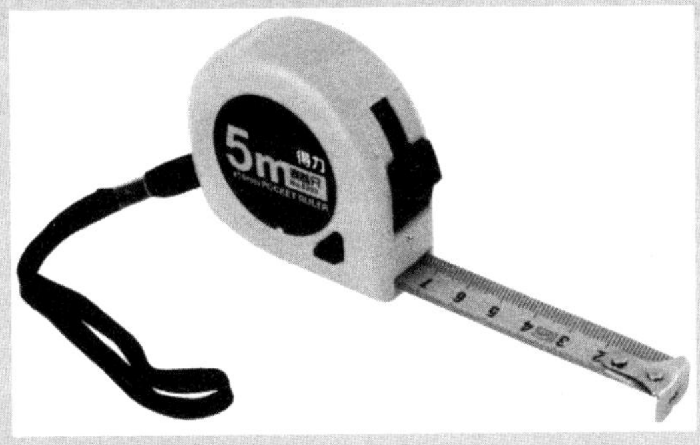

图 3-17 卷尺

（五）最终理想解法

阿奇舒勒在研究中发现，所有的技术系统都在沿着增加其理想度方向发展和进化。技术系统的理想度与有用功能之和成正比，与有害功能之和成反比，理想度越高，产品的竞争能力越强。可以说，创新的过程就是提高系统理想度的过程，因此，在发明创新中，应以提高理想度的方向作为设计的目标。人类不断地改进技术系统，使其速度更快、更好和更廉价的本质就是提高系统的理想度。以理想度的概念为基础，引出了理想系统和最终理想解的概念。

IFR(Ideal Final Result)：最终理想解发明问题解决理论，TRIZ在解决问题之初，首先抛开各种客观限制条件，通过理想化来定义问题的最终理想解，以明确理想解所在的方向和位置，保证在问题解决过程中沿着此目标前进并获得最终理想解，从而避免了传统创新涉及方法中缺乏目标的弊端，提升了创新设计的效率。最终理想解法流程如图3-18所示。

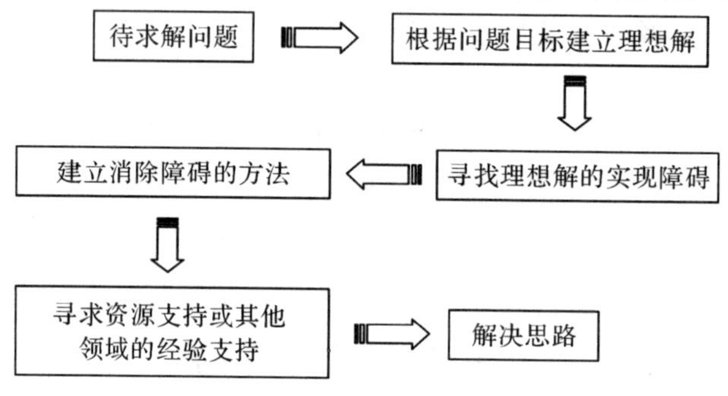

图3-18　最终理想解法流程图

**【案例3-8】**

轮胎放气

有一辆货车在通过一个天桥时，因为司机没有看清天桥的高度标记，结果车正好被卡在了天桥下面。因为当时车上装的货物很重，所以一下子很难把货车开出来。

为了弄出这辆货车，司机和当地交管部门的工作人员用尽各种办法，都无济于事。这时，旁边围观的一个小孩子走了上来，笑着说道："你们为什么不把车胎的气放点出来，不就可以过去了吗？"

大家稍微一想，都觉得小孩子说得有理。于是司机便放了一些车胎气，货车的高度降了下来，最终，汽车顺利地开过了天桥。

解题思路：先建立这个问题的理想解：不搬动车上的物品，而能够通过限高杆。实现这个理想解的障碍：限高杆不能被破坏，车上的物品不必重新装车。建立消除这些障碍的思路：将车上物品整体降低一点或者将限高杆升高点。经过分析，发现可以使用的资源是汽车轮胎，将汽车轮胎的气放点，物品整体高度就会下降，这样就可以通过限高杆了。

（六）TRIZ思维工具的综合运用

前面介绍了TRIZ理论的5个创新思维工具，可以帮助我们打开思维的阀门。面对实际问题，我们该如何选择使用呢？一些有经验的TRIZ专家已经达成了一个共识：先采用最终理想解方法，针对实现理想解的障碍，可以借助金鱼法分析，或者通过九屏幕法、STC算子法寻求可以解决问题的资源；如果某个部件不能达到功能要求，可以利用小矮人法进行重组与变换，得到解决方案。可以参考图3-19中的流程进行选择。

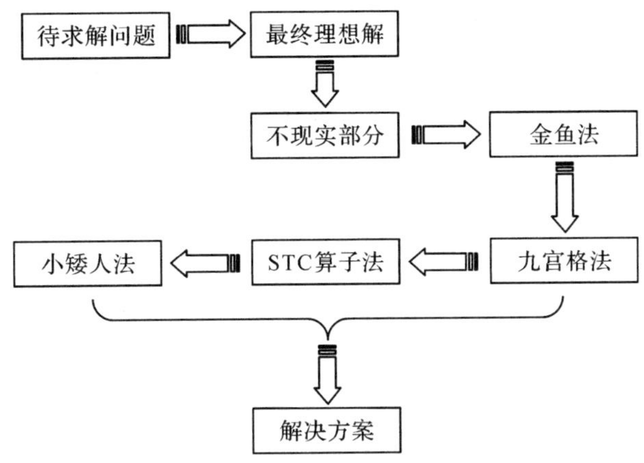

图 3-19　TRIZ 创新思维方法选择流程

TRIZ的核心概念释疑

1. 技术系统

所有运行某个功能的事物可称为技术系统。任何技术系统均包括一个或多个子系统，每个子系统执行自身功能，它又可分为更小的子系统。TRIZ 中最简单的技术系统由两个元素及两个元素间传递的能量组成。

2. 技术系统进化理论

所有技术向最先进的功能进化时，都需要遵循一定的规律与模式。阿奇舒勒通过对专利文献的研究，提出了“S”形曲线，它描述了一个技术系统完整的生命周期。

3. 技术系统进化法则

技术系统进化法则提供了八大基本的技术进化模式，每一种进化模式包含有子模式或子路线。这些模式或路线可以描述技术系统在进化空间的生命曲线，由此就能分析、确认当前产品所处的技术状态，并且能预测未来的发展趋势，以开发出富有竞争力的新产品。技术系统进化法则是 TRIZ 方法论的基础，八大基本进化法则为：①S 曲线进化法则；②提高理想度法则；③子系统不均衡进化法则；④动态性与可控性进化法则；⑤增加集成度再进行简化法则；⑥子系统协调性法则；⑦向微观级和场的应用进化法则；⑧减少人工介入的进化法则。

4. 物理矛盾

TRIZ 理论中，当系统要求同一个参数向两个相反方向变化时，就构成了物理矛盾。例如，一方面我们的手机要求设计得越小越好，以便于携带；另一方面，又要求屏幕设计得越大越好，以便于观看。对体积同时具有大、小两方面相反的要求，就是设计上的物理矛盾。

5. 矛盾分离原理

分离原理主要是为解决物理矛盾而提出的。TRIZ 将矛盾的分离方法划分为四大类：①空间分离：从空间上进行系统（或子系统）的分离，以使在两个不同的空间实现两个相反的需

求；②时间分离：从时间上进行系统（或子系统）的分离，以在不同的时间段实现两个相反的需求；③条件分离：物质为实现一个目的具有一种特殊性，而为实现另一个目的具有相反的特性，利用条件进行分离，使物体矛盾的特性同时共存或交替出现；④向另一个系统转换的层级分离原理：将矛盾双方在不同的层次上进行分离。

6. 技术矛盾

技术矛盾由系统中两个因素导致，这两个参数相互促进、相互制约。当技术系统某个特性或参数得到改善时，常常会引起另一个特性或参数劣化，该矛盾称为“技术矛盾”。

7. 39 个工程通用参数

“工程参数”是表述产品特性的共同语言，是产品设计指标中的一种体现。在系统改进中，将需要提升或加强的特性所对应的工程参数称为“改善的参数”，将需要降低的特性所对应的工程参数称为“恶化的参数”。TRIZ 给出了解决方案过程中 39 个工程通用参数，并将其分为物理和几何的、负向的、正向的 3 种类型。

8. 40 个发明原理

TRIZ 给出了 40 个发明创造原理（见表 3-3），提示最有可能解决问题的方法，成为解决技术矛盾的关键。

表 3-3　40 个发明创造原理

1	分割	11	事先防范	21	减少有害作用时间	31	多孔材料
2	抽取	12	等势	22	变害为利	32	改变颜色，拟态
3	局部质量	13	反向作用	23	反馈	33	同质性
4	增加不对称性	14	曲率增加	24	借助中介物	34	抛弃或再生
5	组合、合并	15	动态特性	25	自服务	35	物理或化学参数变化
6	多用性	16	未达到或过度的	26	复制	36	相变
7	嵌套	17	一维变多维	27	廉价替代品	37	热膨胀
8	重量补偿	18	机械振动	28	机械系统替代	38	加速氧化
9	预先反作用	19	周期性动作	29	气压或液压结构	39	惰性环境
10	预先作用	20	有效作用的连续	30	柔性壳体或薄膜	40	复合材料

9. 技术矛盾解决矩阵

矛盾矩阵显现 39 个工程通用参数与 40 个发明原理建立起的对应关系。如图 3-20 所示，39 项技术特性分别作为 x、y 轴，构成了技术矛盾解决矩阵。图表中的 x 轴表示“恶化的技术特性”，y 轴表示“希望改善的技术特性”。x、y 轴上各技术特性交点处的数字表示用来解决系统矛盾对立所使用的发明创造原理的编号，每个交点处最多有 4 个原理。这些原理既可单独使用，也可组合使用。例如，欲改善“运动物体质量”（表中 y 轴第 1 项），往往会使“运动物体的尺寸”（表中 x 轴第 3 项）特性恶化。为了解决这一矛盾，TRIZ 提供的 4 个解决原理，分别为 15、8、29、34。

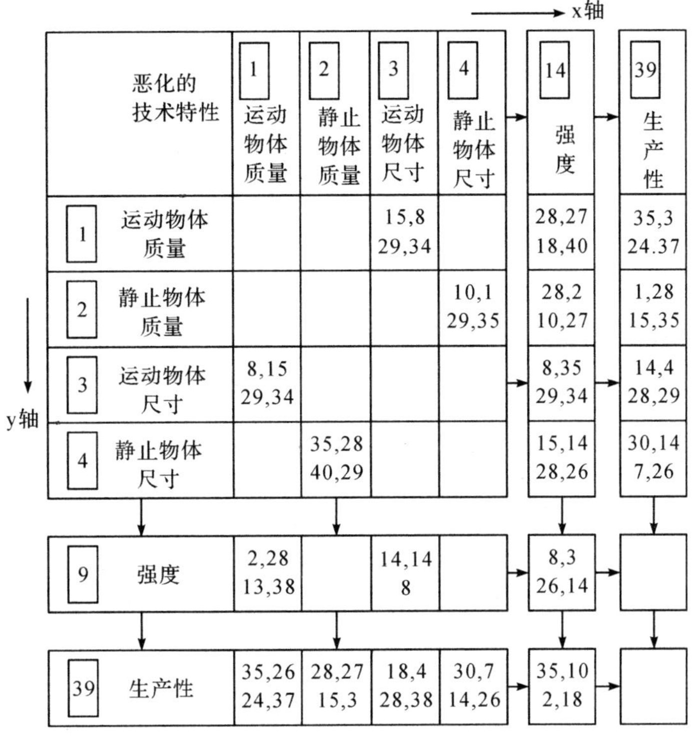

图 3-20　技术矛盾解决矩阵

10. 管理矛盾

在一个系统中，各个子系统已经处于良好的运行状态，但是子系统之间产生不利的相互作用、相互影响，使整个系统产生问题。如一个车间突然接到在油中淬火一批大尺寸零件的订单，但车间没有单独的地方对零件进行淬火，只能在公用的地方进行。这样就形成了车间管理上的矛盾。

11. 39 个管理通用参数

TRIZ 学者叶继豪先生整合研发管理、生产管理、专项任务管理、供应链管理、服务业管理、行销管理与人力资源管理的理论经验，将 39 个工程通用参数转换成具有创新管理内涵的 39 个管理通用参数，用于解决管理创新问题，如表 3-4 所示。

表 3-4　39 个管理通用参数

1. 运动物体的重量	14. 强度	27. 可靠性
2. 静止物体的重量	15. 运动物体作用时间	28. 测试精度
3. 运动物体的长度	16. 静止物体作用时间	29. 制造精度
4. 静止物体的长度	17. 温度	30. 物体外部有害因素作用的敏感
5. 运动物体的面积	18. 光照度	31. 物体产生的有害因素
6. 静止物体的面积	19. 运动物体的能量	32. 可制造性
7. 运动物体的体积	20. 静止物体的能量	33. 可操作性
8. 静止物体的体积	21. 功率	34. 可维修性
9. 速度	22. 能量损失	35. 适应性及多用性
10. 力	23. 物质损失	36. 装置的复杂性
11. 应力或压力	24. 信息损失	37. 监控与测试的困难程度
12. 形状	25. 时间损失	38. 自动化程度
13. 结构的稳定性	26. 物质或事物的数量	39. 生产率

12. 理想解

理想解是一切技术系统的终极目标，发明与创新就是为了创造高度理想化的系统。理想化发明创造是有等级之分的。等级越高，产品市场竞争力越强，但是设计越困难。发明创造的最理想状态是理想解的实现，尽可能让企业的产品趋近于理想状态。

13. 物质—场分析法

阿奇舒勒认为，所有可以完成单一功能的最小技术系统，可以分解为两种物质和一种场，两种物质分别是目标与工具。TRIZ 中具有最小机能、可控技术系统的图形表现就称为物质—场模型。物质—场分析法是 TRIZ 解析工具之一，可以将一些相当复杂的问题构建成和现有技术系统相关的物质—场模型，从 76 个标准解中找到最为接近的解决方案，简单有序地获得最终理想解。

14. 76 个标准解法

76 个标准解法用于解决基于技术系统进化模式的标准问题。按照目标，这些标准解被分为五类，分类中解的顺序反映出技术系统的进化方向。要使用这些工具必须先确定出问题的类别（基于物质—场模型），然后选定一系列标准解。这些标准解会建议采用哪一种系统变换来消除存在的问题。

15. 发明问题解决算法 ARIZ

ARIZ（Algorithm for Inventive Problem Solving）称为发明问题解决算法，是解决发明问题的完整算法。对于某些复杂问题，由于无法分析出明显的矛盾，不能直接依靠矛盾矩阵和物质场分析解决。因此，ARIZ 提供了特定的算法步骤，能够帮助人们将复杂、模糊不清的问题情境转化为明确的发明问题。

经过这一过程，初始问题最根本的冲突被清楚地暴露出来，能否求解已很清楚。如果已有的知识能用于该问题则有解；如果已有的知识不能解决该问题则无解，需等待自然科学或技术的进一步发展。

16. 效应知识库

效应是各领域的定律，它涵盖了多学科领域的原理，可以使物体或系统实现某种功能的“能量”和“作用力”。基于专利研究分析而提炼出的 TRIZ 效应知识库，按照从技术到实现的原则，收集了 1 400 多种效应。发明者只需确定要实现的功能，然后去选择能够实现该功能的效应，就能有效地克服发明者行业和领域知识不足的缺陷。

17. CAI 计算机辅助创新技术

CAI 计算机辅助创新技术，是将发明问题解决理论、现代设计方法学、语义处理技术与计算机软件技术融为一体的一门高新技术，可以用公式表示：

CAI＝创新理论＋创新技术＋IT 信息技术

（1）创新理论：主要是 TRIZ。

（2）创新技术：问题分析、语义处理、知识库、专利查询、方案评价……

（3）IT 信息技术：图形交互技术

CAI 能帮助设计者克服思维定式，从全新的观念出发，在设计初期，就能够朝着理想解的方向，优选出实现功能的最佳方案，指导人们分析问题、发现问题、解决问题，最终实现技术创新。

来源：《南方网》，2011－03－04。本文对原文有删减。http://tech.southcn.com/t/2011－03/04/content_20749712.htm

小　结

“创新”是永恒的话题，面对创新，英雄不问出路，也许开始仅仅是“山寨”，学会复制、粘贴，从而在行动中发现新的微创新点，才能产生颠覆式的伟大创新。

本章介绍了几种常用的创新方法，希望学生能通过对创新方法的学习，能够在实际工作、生活中发现创新、寻找创新有所帮助。

思　考

如何利用创新方法解决实际问题？请与身边的老师、同学分享你的思路吧。

第四章　创业与人生发展

在创业过程中，如果说压力，我认为选择什么不做是非常大的压力。因为在这过程中受到的诱惑太多了，每一个新的概念都可以做很大的东西。在商业上的策略不是决定做什么，而是决定不做什么。

——天使投资人　黄明明

第一节　创业

“三国杀”的创业故事

2012年一款桌面游戏——“三国杀”风靡全球，同年这款游戏的创始人黄恺也一举进入《福布斯》中文版首度推出的“中美30位30岁以下创业者”的名单里，创造这份辉煌的奇迹，他只用了短短的6年。

1986年出生的黄恺从小就喜欢玩游戏和画画，与同龄人不同的是，他从不仅仅满足于只是“玩”游戏，而是更喜欢改造游戏。高考那年，根据自己的爱好，他报考了中国传媒大学互动艺术专业。

大二的那年暑假，他在北京一家外国人开的桌游吧里第一次接触到了桌面游戏。桌游的世界，包罗万象，涉及的题材包括战争、贸易、文化、艺术、城市建设、历史甚至是电影。他非常感兴趣，但同时也有些困惑，当时大多数桌游都是舶来品，背景和角色对于中国的大部分玩家来说都非常陌生。能不能设计一款中国玩家的游戏呢？他产生了创作的冲动，就此展开了大量的探索，开始尝试把游戏的角色替换成身边的人：熟悉的好友、同宿舍的兄弟，甚至在讲台上讲课的老师，并且量身定做了“独门绝技”。

当尝试创作到了一个阶段，黄恺又迸发出了另外一个奇思妙想：为什么不用富有浓郁中国色彩的三国时期的背景来设计呢？在“三国杀”的游戏里，充满了各种可能性。

不到一年，黄恺就设计出了“三国杀”这款游戏。他想：既然国外的桌游都能风生水起，那“三国杀”又何尝不可？于是他和另外两个朋友合伙，成立一个工作室，然后把“三国杀”纸牌放在淘宝网上售卖。当时黄恺并没有意识到这款游戏能给中国桌游带来怎样大的震撼。他笑言:“能赚点零花钱就好。”

焦急的等待后,当第一笔生意提示交易成功时,他兴奋不已。之后销量逐渐上升,半年内更是卖出了上百套。不过,黄恺并没有把卖卡牌当一项大生意来做,直到遇到他最好的合作伙伴——清华大学计算机专业博士生杜彬。

作为国内最早一批桌游爱好者,杜彬敏锐地察觉到了“三国杀”的巨大商业潜力。他主动找到黄恺,两人一拍即合,决定成立一个桌游工作室,专门经营和开发桌游。2008 年 11 月,国内首家桌游公司北京游卡桌游文化发展有限公司正式成立。

为了赶在次年 1 月 1 日前出版“三国杀”的正式游戏,他和伙伴们连续四个月没日没夜地设计绘制卡片,为了将游戏制作得更有趣,同伴也常常争论得面红耳赤。那时候正值毕业,论文毕业设计都是硬关,测试卡牌之余还要不停在各个学校之间来回跑动,熬夜失眠更是家常便饭,但是他都努力坚持。

随着渠道的扩展和口口相传,玩“三国杀”的人越来越多。游卡桌游公司从创立时只有 3 个人、资产仅 5 万元,最终发展成为一家有上百人、资产过千万元的大公司。

来源:《搜狐网》,2016—06—04。https://m.sohu.com/a/80769552_313427

一、创业的内涵

(一)创业的概念

杰夫里·提蒙斯(Jeffry A. Timmons)认为,创业是一种思考、推理和行为的方式,它为机会所驱动,需要在方法上全盘考虑并且拥有和谐的领导能力。

斯蒂文森(H. H. Stevenson)在创业的定义中强调其过程性,认为创业是追踪和捕获机会的过程,这一过程与当时控制的资源无关。同时,他还强调了三个重要的因素,即察觉机会、追逐机会的意愿以及获得成功的信心和可能性。

罗伯特·赫里斯(Robert D. Hisrich)指出,创业就是通过投入必要的时间和精力,承担相应的财力、心理和社会风险并接受金钱的和个人的满足与回报,来创造具有不同价值的东西。

荣斯戴特(Robert C. Ronstadt)认为,创业是一个创造、增长财富的动态过程。财富是由这样一些人创造的,他们承担资产价值、时间、事业承诺或提供产品或服务的风险。

中国学者郁义鸿认为,创业是一个发现和捕捉机会并由此创造出新颖产品或服务,以及实现其潜在价值的过程。创业过程需要付出劳动、承担风险,同时也会收获利益与自我满足。

虽然诸多学者对创业界定的侧重点有所不同,但指出了创业的共同特质:创新与开拓性、利益与价值的创造与满足、创业活动的社会性。

综上所述,我们可以明确创业的基本概念。“创业”是指在兴趣、理想、责任等观念的推动下,由个体或团队开展的,承担一定风险并以价值、财富为创造目的,不拘泥于当前资源约束,寻求商业机会,投入知识、技能、资金开创新企业、新事业的价值创造行为过程。创业具有创新性、开拓性、挑战性、持久性的基本特性。

（二）创业的功能

创业的功能包括个体功能与社会功能。

个体功能是指创业活动对创业者个体自我价值实现的重要作用。创业活动有助于创业者将创业欲望转化为现实。在创业过程中，创业者将学识、经验和能力付诸实践转化为生产力。创业活动有助于提升创业者的个人综合素质；创业活动独有的创新性、开创性特点，使得创业者不得不面对市场调研、经济条件分析、经营策略、领导者素质等方面挑战，需要创业者在生产、策划、销售等环节不断创新，在市场的激烈竞争中不断迎接各方面的挑战；在应对挑战和创造机会的过程中，创业者的能力和素质得到提高。创业活动有助于提升创业者的抗压、抗挫折能力；创业中不可预知的风险，有助于培养创业者的创新意识与挑战精神。

社会功能是指创业活动对社会发展的重要价值。创业是一种多元化、广泛性的社会实践活动，创业使得市场活动的市场主体不断增加，拓宽了就业渠道，创造了就业机会；创业者通过提高技术研发能力、产品更新升级、提高服务水平等方式，满足了消费人群的多种需求；创业活动提高了知识能力转化为生产力的效率，有助于提高市场活力，推动经济结构转型，从而加速经济增长。

【案例 4-1】

牛根生答记者问

记者：我最近对民营企业家的驱动因素很感兴趣，中国的民营企业家当时为什么创业，现在又为什么继续为企业努力奋斗？

牛根生：在伊利，我的工资最多的时候每年拿到 100 万元，所有的生存需要、发展需要足够了。我们跟总书记讲我们当地情况的时候，讲了这样一首民谣："一家一户一头牛，老婆孩子热炕头；一家一户两头牛，生活吃穿不用愁；一家一户三头牛，三年五年盖洋楼；一家一户一群牛，比牛根生还要牛。"所以，当初要做企业，是因为我们背后有 100 万头奶牛，有那么多的农民眼巴巴地盼望着呢。

记者：现在跟创业时候的动机比有什么变化？现在办企业是为了什么？

牛根生：社会责任。一个人活着，如果对社会有点儿用或者有点儿意义，就会觉得比较充实。我在伊利公司的时候有一个习惯，就是将每年的年薪拿出来全给大家分了。

来源：《创业邦》，2010－08－21。本文对原文有删减。https://www.cyzone.cn/article/55090.html

（三）创业的基本要素

创业是艰巨的事业，也是复杂的系统。世界"创业教育之父"——杰弗里·蒂蒙斯（Jeffry A. Timmons），提出了基于创业三要素的蒂蒙斯模型，指出了创业的关键要素包括创业机会、创业团队和创业资源（见图 4-1）。

创业机会是指创业者可以利用的商业机会。从创业过程角度来说，机会是创业的起点，创业过程就是围绕着机会进行识别、开发和利用的过程。

创业团队是指创业初期（包括企业成立前和成立早期），由一群才能互补、责任共担、愿为共同的创业目标而奋斗的人所组成的特殊群体。

创业资源是指创业过程在人力、物力、财力等方面的投入。资源配置得好，可以获得投入少、效益高的效果。尤其是对于新创立的企业，合理有效地利用规模适度、经营灵活、资金有效集中等优势，可以获得更高的效益。

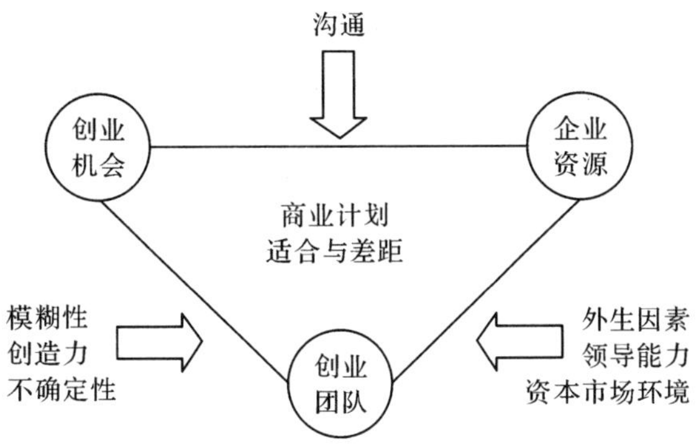

图 4-1　蒂蒙斯模型

在创业活动中，创业机会、创业资源、创业团队三个要素都是不可或缺的。没有机会，创业活动就成了盲目的行动，很难创造实际价值；机会虽然普遍存在，但如果没有创业团队去识别和开发，创业活动也不可能发生；创业团队不仅要把握合适的机会，还需要有资源，否则，机会将无法被开发和利用。

（四）创业的类型

创业活动根据创业主体的性质、创业动机等因素，可以划分为多种类型。

1. 按照创业主体性质分类

（1）个体独立创业。指由创业者个人或者多人组成的创业团队，从资金技术到销售等环节均完全独立的创业。许多青年人资金有限，为节约成本在初次创业时多采用个体独立创业类型。

（2）公司附属创业。指已经投入市场运营的企业投资创立新企业，或是由本企业业务中衍生出的新企业。

2. 按照创业动机分类

（1）生存型创业。指创业者为了谋生不得不创业，属于被动型创业。生存型创业以满足自身目前的生活或精神需求为立足点。大多数偏向于尾随和模仿，常会加剧市场竞争。

（2）机会型创业。指创业者主动把握和利用市场机遇创业，它以市场机会为目标，创造新的需要或满足潜在需求为目标，带动新产业的发展。机会型创业以满足自身愿望、兴趣与价值为出发点。

3. 按照对市场及个人的影响分类

（1）复制型创业。创业者根据已有的职业经历，复制其服务过企业的经营模式而进行的创业。此种创业风险较低，但缺乏一定的创新成分。

（2）模仿型创业。创业者模仿其他企业的创意、经营理念、运行方式而创业。相对于复制型创业而言，模仿型创业者在缺乏相关行业实践经验的基础上模仿他人企业进行创业，使经营风险增大。

(3)安定型创业。即从事自身较为熟知行业的创业,企业内部的衍生创业属于此类型。安定型创业的风险相对较低,强调创业精神的功能与作用的发挥。

(4)冒险型创业。创业者根据自身的创业意愿和能力,把握时机进行新产品、新技术、新管理、新服务的创新活动。此种类型有很强的创新意识与价值,同时面临较高的创业风险。

此外,根据创业的融资形式可分为独资创业、合资创业、引进各类(风险)投资基金创业等;根据创业者与事业的关系可分为个人创业、家族创业、合伙创业、参与创业等;根据创业机遇的选择可分为先学习后创业、先深造后创业、先就业后创业、边学习边创业、休学创业等;根据创业的行业领域又可以分为娱乐、批发零售、广告艺术设计、装饰装潢、信息咨询、法律服务、电子信息技术、金融衍生服务等各行业领域的创业。

大学生在实际创业时,应根据自身的情况,综合考虑各种因素,选择合适的创业领域和创业类型。

二、创业的过程

创业过程是指创业者从产生创业想法到创建新企业或新事业,并获取回报的过程。具体涉及识别机会、组建团队、寻求融资等活动。创业过程可大致分为机会识别、资源整合、创办新企业、新企业生存和成长四个主要阶段。

(一)机会识别阶段

创业者有强烈的创业意愿与兴趣,但这仅仅停留在意识层面,它需要与具体的创业实践相结合。机会识别是创业的前提与重要步骤,创业因机会而存在。识别机会的关键是觉察到别人看不见的、想不到的、难以做到的机会。许多创业者将创业视为需要天时、地利、人和的一项社会实践,其中,天时主要指的是创业过程中的机会。机会有时效性,可能转瞬即逝。机会有广泛存在性,一种机会消失了,另一种机会又会产生,需要发现、挖掘。机会识别不仅仅要看到商机、市场需求等有利于自己创业的因素,更应注重评估创业机会。比如,进行市场评估就是衡量创业机会价值和可行性的一项重要手段,即根据自己的创业想法,评估市场供求状况和竞争对手,预测企业生存的基本状况与发展前景。同时,机会识别也要注意方式方法,要注重换位思考,考虑消费者的需求与想法,透过现象抓住事物本质。

(二)资源整合阶段

资源是企业在向社会提供服务或产品的过程中所拥有的可以实现其发展目标的各种要素的组合,如资金、生产设备与厂房、技术人员等。资源整合是一个动态复杂的过程。根据企业发展战略与市场需求进行资源的优化配置与重构,将不同来源、层次、结构的物力、财力、人力进行适当地调配、激活、合理安排、进退取舍,使其更有系统性、合理性与价值性,必要时可以和其他组织或企业进行资源的互换与互补。资源的掌握与利用关系到创业是否能够顺利发展。资源可分为自有资源与外部资源,自有资源是指创业者拥有自主权的资金、技术、营销手段与网络等;外部资源是指创业者的朋友、合作伙伴、投资者、赞助者,以及社会环境、国家政策等。创业者应以巩固自有资源为主,提升自有资源,有效利用外部资源。

创业者在创业活动初期能够掌握和利用的资源较为匮乏,资源的调配与有效利用能够创造新的核心竞争力,资源整合实际是创业过程中的地利与人和。资金与设备是企业生产与运转的硬件条件，应有效利用设备与技术，集中有限资金进行重点攻关。团队成员应该合理分工、各司其职，发挥个人优势，通过相互合作产生推动资源有效整合的动力。

（三）创办新企业阶段

拥有创业兴趣与意愿，有效地抓住市场商机并进行资源整合后，创业活动可以进入到创办新企业阶段。新企业应有固定的办公场所或者厂房，确定企业名称、法人代表、组织结构形式、经营范围，依照国家相关规定到工商管理部门、税务部门等相关机关申请营业执照、组织机构代码证，办理税务登记，备案公章等。同时，应拟定公司章程，各部门的工作分工，有条件者也应进行相应的广告宣传。

（四）新企业生存和成长阶段

新企业成立后，进入企业生存与发展阶段。此时的企业应该按照正规的企业运行模式进行管理，形成原材料采购、生产经营、市场推销等环节闭合的市场行为链条，不断促进企业形成完整的投入产出机制，并从中获取利润，不断发展壮大。在财务管理、税务管理、人员管理等方面，逐渐步入正轨，发展成为成熟的企业。

三、创业精神

（一）创业精神的概念

创业精神最早出现于 18 世纪，这里创业精神是指创业过程中的重要行为特征的高度概括，主要表现出为勇于创新、勇担风险、团结合作、坚持不懈等。创业精神的基本内涵，从哲学层面看，是人们对创业行为在思想上、观念上的理性认识；从心理学层面看，是人们在创业过程中体现的创业个性和创业意志的心理基础；从行为学层面看，是人们在创业行为中所表现的创业作风、创业品质的行为模式。

创业精神是创业者各种素质的综合表现，他集冒险精神、风险意识、效益观念和科学精神为一体，体现创业者具有开创性的思想、观念和个性，以及积极进取、不畏失败和敢于担当等优秀品质。创业精神让创业者发现别人注意不到的趋势和变化，看到崭新的市场前景，让创业者在新事物、新环境、新技术、新需求、新动向面前，具有较强的吸纳力和转化力，让创业者不断寻找机会、不断创新、不断推出新产品和新的经营方式。

创新是创业精神的灵魂，是新产品、新技术、新市场的表现；创业精神具有冒险的天性表现，古今中外的创业者往往是在市场环境和条件不明晰的情况下，摸索前行，甘冒风险和承担可能的失败，勇于前行；前进的征程中，一个好汉三个帮，创业精神的体现，又对团队合作提出了迫切的要求，合作精神在企业员工中的渗透，激荡出更多的智慧火花。另外，执着追求为创业精神突破企业的艰辛和曲折实现了可能，这都是创业精神本质中难以割舍的重要因素。

（二）创业精神的本质

创业精神是创业者在创业过程中具有开创性的思想、观念、个性、意志、作风和品质等重要行为特征的高度凝练，主要表现为勇于创新、敢当风险、团结合作、坚持不懈等。

(1)创新是创业精神的灵魂。创业活动中的创新包括从产品创新到技术创新、市场创新、组织形式创新等。创新被认为是表现创业精神的具体化。创业者具有创新精神，才可能创建新颖独特的企业，并保持一个企业的特色和可持续发展。

（2）冒险是创业精神的天性。没有敢冒风险和承担风险的魄力，就不能成为创业者。无数创业者的经历证明，创业者虽然生长环境、成长背景和创业机缘各不相同，但无一例外都是在诸多不确定性因素条件下敢为人先、勇于创新的实践者。

（3）合作是创业精神的精华。社会发展到今天，行业分工越来越细，没有谁能一个人完成所有创业需要完成的事情。真正的创业者善于合作，能将合作精神扩展到企业的每个员工。面临困境时，团队成员间能团结一心，奋力拼搏。

（4）执着是创业精神的本色。创业的过程必然伴随着各种艰辛和曲折，因此创业者必须坚持不懈、咬定青山不放松。创业实践表明，往往只有偏执者才能在创业中生存下来。

创业精神是创业的动力，也是创业的支柱。没有创业精神就不会有创业行动，也就无从谈起创业成功。因此，创业精神对创业至关重要。

（三）创业精神的作用

创业精神能够激发人们进行创业实践的欲望，是心理上的一种内在动力机制。它在很大程度上决定着一个人是否敢于投身创业实践活动，支配着人们对创业实践活动的态度和行为，并影响着态度和行为的方向及强度。

创业精神能够渗透到三个广阔的领域产生作用：个人成就的取得（个人如何成功地创建自己的企业）、大企业的成长（大公司如何使其整个组织都重新焕发创业精神，以具有更强的竞争力）和国家的经济发展（帮助人民变得富强）。创业精神的力量能够帮助个人、企业，乃至整个国家或地区在面对 21 世纪的竞争时走向成功和繁荣。当前，世界产业结构正经历着彻底转变，创业精神在我国将发挥更大的作用，它有利于加快转变经济发展方式，促进经济社会又好又快发展。

【案例 4-2】

打不死的小强——美团王兴

一提到王兴，很多人脑海里面第一个想到的词汇就是连环创业者，因为他是校内网、饭否网、美团网这三个中国大名鼎鼎的网站的联合创始人，除此之外，他还有另外一层身份——大学生创业者。

1997 年，王兴由福建龙岩一中保送清华大学，清华大学科技创业者协会无疑是他创业的启蒙。2001 年，王兴拿到全额奖学金，去美国特拉华大学攻读电子与计算机工程博士学位。留学期间，王兴大部分课余时间都给了互联网和图书馆，他对网络的灵感也开始孕育。

1. 创办校内网

2004 年初，他中断学业，返回北京，和 6 个同学凑了 30 万元。他们开发的多多友（中国最早面向大众的社交网站之一），一年多才积累了 2 万用户。另一个游子网可以让游子把数码照片发到国内，通过网络付费冲印寄给父母，但很难聚集有需求的人，也失败了。慌乱沮丧的王兴习惯性地浏览英文网站，无意间发现了 Facebook 社交网站正在走红，但只接受大学生注册。2005 年 12 月，王兴的校内网诞生了，同样面向大学生。到 2006 年 8 月，校内网已经成为国内最大的社交网站。但用户越多，消耗越大，王兴却融不到钱。最终，7人的决策团队决定，200万美元卖掉校内网。然而，千橡集团的陈一舟收购校内网之后，转手从软银融得4.3亿美元，创下了一个互联网融资纪录。2009年8月，校内网更名人人网。

2. 推出饭否网

2007年7月，王兴模仿刚在美国流行的推特，推出饭否网。到2009年7月，饭否成为国内独占鳌头的微博，却因种种原因被关闭。这期间新浪微博风光亮相……

2007年11月，王兴推出海内网，把社交网络从学生向白领拓展。但几个月后，同样面向白领群体的开心网面世，凭借社交加游戏的理念一飞冲天，海内网节节败退。于2009年7月受饭否牵连隐退江湖。

3. 王兴的创业之路再次令人扼腕

有人评价他：从校内、饭否到海内，总是先行一步，却以失败结局，堪称史上最倒霉的连环创业客。他是一个不张扬的高素质人才，但在中国搞互联网，并不能仅仅依靠技术，很多时候，人脉、手腕等都是关键因素。

王兴曾经说过，传统行业创业好比登山，互联网创业好比冲浪，山总是在那里，你总有机会。

4. 美团网创立

不管外界如何评价，王兴还是坚持创业，做打不死的小强。一个同行曾非常赞许地说，王兴或许在国外早就成功了。王兴有敏锐的互联网嗅觉，有着极好的机会问鼎中国互联网的塔尖，像李彦宏、马化腾一样功成名就，然而种种原因都遗憾错过了。团购网站当时在国内还很新鲜，嗅觉灵敏的他又一次赶到了潮流的前列。2010年3月，王兴再次出手，美团上线，被业界公认为内地首批真正意义的团购网站先行者。

与篱笆网、51团购等团购网站相比，美团专注的不是实物，而是针对本地白领阶层的生活消费服务，比如美食、电影、酒店、KTV。于是短短的几个月，美团就成为中国团购行业的第一名。

2011年2月，知名冰淇淋企业DQ与美团网合作不久，公开表示此次团购无效，但此时已经有12 003名网友以29元抢到价值50元的现金券，却因此无法消费，投诉不断。

王兴的选择把消费者放在第一位，他们借机确立美团网的价值排序：消费者第一、商户第二、员工第三、股东第四，还有王兴第五。

在与商家协商无果的情况下，美团网最终决定启动先行赔付机制，以倒贴的方式解决，一次性返还50元至其他美团网账户，再通过司法渠道与商家协调。次月美团网在成立一周内的发布会上发布了一项对其自身及行业影响深远的规定：为付款后未去消费的消费者全额退款。这种自断其臂的手段使得沉淀在美团网银行账户1 000万元资金一下子没了，同行笑其哗众取宠，商家抱怨美团多事，但美团网没有动摇。

最终有利于弱势一方规则慢慢被同行仿效，成为团购特有的一条行规。2011年、2012年第三方对团购网站的消费者满意度调查评分中，美团网连续第一名。

2013年年会上，王兴提出新的目标，2015年达到全年1 000亿交易额，更远的目标是在2020年达到一万亿的交易额。

美团所在的生活服务业和互联网结合得非常紧密，是一个万亿市场。从那个时候，到现在，直到将来，王兴对这个目标都深信不疑。王兴相信在这么大的市场里面，这么好的时代，这么多的商户和用户，大家这么旺盛的需求，而且美团有如此给力的团队，这个目标一定能实现。

美好的时光往往短暂。那一年，市场上团购网址以每天 10 家的速度在膨胀，一度发展到 5 000 家，从百团大战到千团大战，美团也从第一的位子上掉了下来。

"前两次我也非常投入地做事情，但并不是你努力了，就一定会怎么样，要做好一件事情，真的需要万事俱备，但是把事情做砸了，任何一个环节都可以。"正是基于这种考虑，王兴并没有大打广告，而是招聘了许多工程师。更重要的是，王兴花了半年时间挖来了阿里副总裁干嘉伟，出任美团网首席运营官。

2011 年，王兴开始布局未来，开发美团网手机客户端，现在美团近一半的成交发生在移动端。正所谓有所为有所不为，2012 年美团占据 40%的市场份额，成为团购第一名，销售额 55.5 亿元。如果实物是电商 1.0，美团将自己定义电商 2.0 时代的代表，即以提供服务为主。随着 O2O 的深化，电商 2.0 将是一个 10 倍于电商 1.0 的市场。

美团正在遭遇大众点评、百度糯米等强有力的反扑，酒店、外卖领域，携程、去哪儿、饿了么等竞争对手频频发力，而更多来不及扩展的细分领域，阿姨帮、e 代驾等公司迅速崛起。

时至今日，在王兴眼里，美团的对手早已不是拉手、窝窝，甚至不是大众点评、百度糯米。在成为巨头的过程中，如何处理好与其他巨头的，甚至是阿里的关系，变得十分微妙。王兴倒是很坦率，遵循商业规则，该合作时候合作，该竞争时竞争。

2015 年 1 月 18 日下午，王兴对媒体表示，美团已经完成 7 亿美元融资，美团估值达到 70 亿美元。

2015 年 11 月 10 日，美团网 CEO 王兴将担任新公司 CEO，不再担任联席董事长，负责新公司的管理与运营。

（四）创业精神的来源

创业精神的形成与发展受相应文化环境、产业环境、生存环境等的影响。

1. 文化环境

创业本身是一种学习。创业者离不开现实文化环境；作为学习者，其所生活区域的文化就是学习的重要内容之一。因此在一个商业文化氛围浓厚的地方，潜在的创业行动者容易培养创业精神。以温州为例，温州十分发达的商业文化传统孕育了当今温州商人的创业精神。

2. 产业环境

不同的产业环境会对创业精神产生影响。对于垄断行业而言，企业缺少竞争，就容易抑制创业精神的产生。而在一个完全竞争的市场结构中，由于企业间优胜劣汰，竞争激烈，更有可能形成创业精神。

3. 生存环境

常言道："穷则思变。"从生存环境来看，资源贫瘠、条件恶劣的区域往往能激发人的斗志。从创业视角分析，在资源贫瘠的地方，人们为了改善生存状况而寻求发展机会，整合外

界资源，进而催生创业念头，激发创业精神。

（五）创业精神的培育

创业精神的培养不可能在一朝一夕间完成，需要同学们在日常的生活学习中有意识地培养，潜移默化地铸就。

1. 培育创业人格

个性特征对个体的创业来说是非常重要的，尤其是“独立性”“坚持性”“敢为性”等。所以，人格教育对创业精神与创业能力的培养是相辅相成的。高校要依据大学生的心理特点，有针对性地讲授心理健康知识，帮助大学生树立心理健康意识，优化心理素质，增强心理调适能力和社会生活的适应能力，自觉培养坚韧不拔的意志品质和艰苦奋斗的精神，提高承受和应对挫折的能力。此外，还可以采用创业案例剖析创业者的人格特征、进行心理训练等，让学生掌握形成心理素质与优良人格特征的途径。

2. 培养创新能力

创新是创业精神的核心，高校必须突出对学生创新能力的培养。要尊重学生的个性发展，爱护和培养学生的好奇心、求知欲，为学生的禀赋和潜能的充分开发创造一种宽松的环境。鼓励学生勇于突破，有意识地突破前人，突破书本，突破老师。通过开设创新创造类课程、举办主题技能竞赛，让学生感受、理解知识产生和发展的过程，培养学生的科学精神和创新思维。

3. 宣扬创业文化

校园文化是学生成长的外部环境，它对学生具有陶冶功能、激励功能和导向功能。高校应想方设法将创业精神有机地融入学科活动、科技活动等活动中去，以培养学生的创业精神。具体可经常邀请成功的企业家或成功的校友来学校做报告，增强大学生的创业信心，利用他们的创业激情感染学生，成为激励学生创业的榜样。

4. 强化创业实践

创业精神是高度行为特征的集合，需要在多次重复的行为强化中形成。任何与创业相关的实践、实训活动都要求参与者进行付诸实际的行动。良好的创业精神形成于实践训练中，积极的实践可以带来及时的反馈和成就感，并能带来成功的喜悦。切切实实地投入到创业实践中去，定能磨砺出坚强的创业心理品质。

鼓励学生利用课余时间参加一定的创业模拟和社会实践活动，增强学生对企业的了解和对社会的适应能力。如在校内外开展创业竞赛活动、与社会企业联合开展学生的实习见习等。“纸上得来终觉浅，绝知此事要躬行”，让学生在实践中磨炼自己，形成正确的创业认知，孕育创业精神和提升解决问题的能力。

为什么创业？

上周末，在书店遇到海归小苗的时候，他正在捧着一本名为《海归GEEK的创业日记——创业是条不归路》看得如痴如醉。这并不是小苗读的第一本创业类书籍，却让他第一次觉得眼前一亮。“这是一本海归创业者的创业日记，传授技巧之余更注重对当前创业的反思。”小苗用手指摩挲着书名中的“不归路”三个字，“我觉得他对于创业意义的反思很深刻，值得所有人思考。”

1. 理想或赚钱，创业意义不尽相同

中国台湾地区《远见杂志》在2013年公布的创业调查数据显示，超六成的台湾地区受访者表示“想赚更多钱”是最主要的创业动因，接下来依次为：“自己当老板”“追求成就感”“找不到工作”“有新技术或商机”“追求梦想”。

社会化问答网站“知乎”上关于“为什么要创业”的问答中，有356位网友赞同“创业，就是一个更为积极、更为明确的工作态度”；314位赞同“为了不想在回忆过去时一片空白，为了不想因为放弃而后悔，为了不想虚度光阴”；201位赞同“为了帮助别人，帮助社会，甚至改变世界”。也有网友表示“因为不想被老板管制，所以选择自己做老板”。喜欢名片上印着“总经理的感觉”“想要灵活而自由的时间”“只有俩字——赚钱，别的都戒了”。

创业者的动因选择并无高低好坏之分，关键在于这个动因是否能够帮助创业者走得更远。

2. “追求意义的创业者失败概率接近于零”

创业中会遇到无数变量，这是创业者在创业的第一天就会遇到的。几乎没有什么能够完全按照之前规划的轨迹发展，如若没有坚定的信念和执着，创业者也终会和企业一起被现实的洪流吞没。

“（创业者）应当在每天起床后执着于一个理念，并且想让它成为现实，而不是仅仅到处游荡，像是在酒吧与人聊天。”Instagram（一款图片分享应用程序）的创始人之一迈克·克里格在斯坦福大学做公开课时说道：“认为创业只是因为不想有一个老板，这不是一个足够好的创业理由。”

《海归GEEK的创业日记——创业是条不归路》的作者范真是一位留美硕士，他这样描述自己的履历：“待过微软，混过硅谷，做过天使投资人，现在是一名普通的创业者。”范真在记录创业的重重困难时，不断地对企业和社会进行反思。

书中有这样一段话曾让无数读者为之感动：“创业者缺乏很多东西，其中最重要的一种东西就是对意义的追求。有了这个，你就有了为这个社会创造价值的机会；在追求意义、实现意义的过程中，你就能不断学习，超越自己。只要活下去，你就每天都离这个意义更近一步。这样的创业者，失败的概率接近于零。”

3. 社会环境影响创业精神

创业是在创新中进行资源的优化整合。创业者思考创业的意义，不仅体现了创业者的个人价值追求，还反映出社会大环境对创业个体的影响和期望。

社会中的文化气氛和价值导向会影响创业者的创业精神、创业方向乃至创业结果。“设立新兴产业创业创新平台”“大力发展节能环保、新材料、生物医药、先进制造等产业”和“以创新引领创业，以创业带动就业”等是持续多年的国家政策。“坚持以人为本”“支持慈善事业”“提倡文化传承”等，在近年来的国家政策和媒体报道中被不断强化。

2007年唯一入选“绿色中国”年度人物的留美海归企业家施正荣抓住“太阳能光伏”这个绿色新能源契机，只用了两年便完成了从小人物到富豪的转变。施正荣认为，“环保就是最大的慈善”。

医疗巨头蒲忠杰在留美期间研习生物材料和医疗器械研制，他的创业格言是："一切产品的开发首先是更好地为人服务，以人为本，尊重人的人格。"

United Stack 创始人程辉在网上写道："心里有一颗自由的种子，在特定的环境下生根发芽了，为了让这个种子生长，我做了我应该做的事情：给予更自由的环境、更干净的空气和水。"

大学科研成果的高失败率，其中72%的失败率集中在"设想论证阶段"和"实验室原型阶段"，43%的失败率集中在"投放商业化阶段"。

来源：《人民网》，2014－03－20。http://edu.people.com.cn/n/2014/0320/c1006－24684453.html

第二节 创业与人生发展

创业故事

追"茶"到底：李前华与"茶"的故事

创业名片：温州市瑞堂草茶业有限公司

李前华，2014年毕业于温州科技职业学院，市场营销专业。家族世代事茶，茶香浸润，如茶一般成长。在自主创业成为温州市瑞堂草茶业有限公司总经理后又出任国家高级茶艺师，国家初级评茶员，农产品经纪人同时也是温州市青少年活动中心特聘茶道老师，来传播茶艺"修身养性，开慧益智"的正信之道。

艰难险阻，破茧成蝶

"我热爱家乡的茶文化，也热衷于茶行业。"带着这样的初衷，毕业之后的李前华决定放弃舒适的高薪职位，走上了茶行业的道路，做起90后茶老板。

每年坚持义卖茶叶，推广家乡的茶文化，用自己的积蓄钱做起了公益，除此，他还与温州青少年活动中心开展了免费培训茶文化知识的授课活动，为了自己心中的那份热忱，每天劳累奔波，风雨无阻。创业四年的时间里，努力地投身于茶行业，进行钻研和学习。

"一到假期，我会参加各种茶博会的活动，和有经验的人交流。放长假就去各地找茶商和茶农，向他们讨教。那段时间里，我没有任何的盈利，资金一直在投入，回报却少之又少。但是每天充实且给我带来满满的能量。"

不忘初心，砥砺前行

这些困难，李前华在创业之初就预料到了，"困难并不能磨灭了我向上攀登的勇气。只要一有机会，我就会讲起自己的家乡茶文化，这是令我特别骄傲的事。"他说。

从大一开始参加各种大大小小的比赛，每一次比赛项目都离不开家乡茶，他利用市场营销的专业知识结合自身对安溪茶文化的了解，将安溪传统城镇茶文化、现代都市茶文化、现代农场茶文化、传统乡村茶文化等展现得淋漓尽致，赢得了学院领导以及老师们的关注与支

持。在班主任徐良林老师的帮助下，李前华渐渐步入正轨，开始面向温州进行销售。

除此之外，温州科技职业学院开设淑女学院茶艺表演课程，李前华担任主讲。值得一提的是，浙江省第五届大学生职业生涯规划大赛上，李前华的香橼红袍发布会项目脱颖而出，荣获大赛一等奖及最佳创业规划之星，香橼红袍受到了专家学者的一致好评。在代表参赛选手发表获奖感言时，他说道："比赛带给我的不仅仅是一套规划方案，更重要的是对自己全面的剖析、人生的思考和对未来的展望，更要感谢家乡的茶文化带给我无比的力量与丰富的内涵。身在异乡，也从未忘记家乡。"

四年战绩，硕果累累

为了更好地将产品进行推广，赢得更加广泛的市场，李前华在2014年创立品牌——"传工"茶业。意为：传统制作，工夫好茶！

早在2013年的寒假，他带着团队成员来到金华，研究佛手市场。金华佛手与武夷大红袍双剑合璧，成为一种新型茶——香橼红袍，荣获国家发明专利，同时也受到福建省安溪县人民政府的专项资助，成为当地唯一一个受到政府资助的大学生企业家。

在经过多方考察后，李前华发现金华佛手和家乡的佛手品种不同，从金华运回佛手苗尝试种植。后来，他又找到老家40位茶农商量成立佛手种植合作社，茶农负责种植和管理，他负责资金投入和技术培训，双方根据销售额七三分成。

一万株佛手苗，100亩佛手种植基地，耗去了李前华此前创业的大部分财富。但他乐此不疲，除能保证香橼红袍品质外，佛手干还可入药、做成盆栽观赏用等；把金华佛手引回家乡，出产的茶叶又在温州销售，在农户和电商之间搭起一座无形桥梁，也实现了为家乡茶叶打开市场的目标。

功夫不负有心人，他的故事也被中国高职高专教育网、温州商报、温州都市报、温州广播电视台、安溪报等媒体关注报道。2018年，已拥有两家茶叶实体店，电商的营业额也蒸蒸日上。李前华，成为一名新温州商人。

来源：《搜狐网》，2018－05－17。https://www.sohu.com/a/231950295_355980

一、创业与就业

创业与就业，是大学生选择出路的两种完全不同的方式。对于我们的职业发展之路来说，两种选择都可能是暂时的，而且是可以修正的。但在需要做出选择的当下，创业与就业，分别代表了两种完全不同的职业发展道路，甚至是不同的人生。

就业者和创业者在企业中的地位、肩负的责任和使命均有较大差异。就业者通常处于企业的中低层，到达高层需要一个过程，也不需要对企业的成长负责，只需要做好本职工作就可以了。创业者通常处于新创企业的高层，在企业实体的创建过程中，创业者始终是负责人，始终参与其中。就业很大程度上依靠企业实体，但创业更多的要考虑自身的经验、学识与财力，以及各种需求和各种资源占有等条件。就业者通常具备一项专业技能即可开展自己的工作；创业者通常身兼多职，既要有战略眼光，也要有具体的经营技能，要具备相当全面的知识和技能。这也意味着，就业者和创业者，在职业成长的空间、速度、可能性方面都存在着较大的差距。

就业的主要投入是数年的教育成本，而创业除了教育成本外，还包括前期准备中投入的人力、物力和资金成本。一旦失败，就业者并不会丧失教育成本，但创业者会损失在创业前

期投入的几乎一切成本；而一旦成功，就业者只能获得约定的工资、奖金及少量的利润，创业者则可能获得较多的经营利润。

时代对创业素质和能力的要求并不限于自主创业者，而是对未来劳动者的共同要求，因为即使就业，也会面临原有企业的内部创业，以及个体的职业转换。因而，当代大学生必须具有就业和创业的双重能力，具备全面的职业转换能力和自主创业能力，才能适应未来的社会经济环境。这既是社会进步对人的要求，也是人自身发展的必然趋势。

二、创业与职业发展

从事业的角度去看，创业可以理解为一个人根据自己的性格、兴趣、所学专业、能力等选择适合自己的事业（可以是创办企业，也可以是创办非营利的事业，还可以是就业），并把握机会，为这个事业的成功整合资源、付诸努力，最终实现自己人生目标的过程。因此创业能力中所包括的捕捉机会、整合资源的意识，以及领导、沟通等能力，具有普遍性与时代适应性。无论你从事什么样的行业或职业，创业能力都将在个人职业生涯中发挥巨大的作用。如果说创业比就业对我们个人能力的要求更高，那么当我们以创业为目标来提升自己的能力时，显然可以轻松地驾驭更多的职业。良好的创业能力将为我们的职业生涯发展提供源源不断的精神动力和智力支持，给人以百折不挠的毅力和坚定的信心，帮助我们在个体职业生涯的发展中走得更高更远。

既然创业只是职业发展的形式之一，那么不做职业生涯规划就选择创业是很危险的。从做好规划这一点来看，创业与职业发展都有规划的必要性和重要性。没有个人职业发展的目标，就会让创业者迷失在公司的烦琐事务中，没有时间深入思考职业发展的长远规划，更不会主动去培养自己创业成功所必备的素质，这就会造成企业成长没有后劲、个人发展缺少方向。所以，创业者有必要认真做好自己的职业生涯规划，并有意识地接受创业教育，培养创业者的素质与能力。

一个真正的创业者不仅要努力实现个人价值，更要考虑社会价值的实现。这就要求我们处理好创业与职业发展的关系，把专业知识和职业技能创造性地运用到经济社会发展中去，让自己的创业产生最大的社会效益。创业教育就是要培养我们的社会责任感，如创造价值、服务国家、服务人民等信念：培养我们自尊、自爱、自强、自信的精神；培养我们迎难而上、坚持不懈、勇于创新的意志品质，以及遵纪守法、诚实守信、善于合作的职业操守，从而保障我们创业的正确方向。

【案例 4-3】

那些教师出身的企业家们

马云：阿里巴巴集团主席

创业前曾在杭州电子科技大学担任英语老师，教龄 7 年。

在大学里任教时，讲台上的马云总是充满激情，让台下的人热血沸腾，并顺着他的方向思考。马云今天为业界称道的绝佳口才，正是在那段激情“表演”的岁月中练就的。1995 年，30 岁的马云凭着出色的工作表现被评为“杭州十大杰出青年教师”之一。然而，在那个知

识分子急需重新证明自身价值的年代，马云放弃了教师的坦途，随着当时的“下海”大潮往一个全新的方向走去。

刘永好：新希望集团董事长

创业前是四川省机械工业管理干部学校老师，教龄4年。

1982年，刘永好放弃了每日与粉笔、黑板打交道的教师职业，跟着几个同伴一起创业。刘永好这样解释当年的动机：“1982年下海前，我是一个普通的教师。当时不敢奢望挣多少钱，只是想怎么做都会比我当时每月38元的收入高吧。”1989年与“正大”的一场血战，刘永好开始惊动商界，这次争斗为他赢得了中国饲料大王的头衔。

郭广昌：上海复星集团实业有限公司董事长

创业前是复旦大学教师，教龄3年。

1989年，郭广昌从复旦大学毕业后留校任教。3年后他和4个同学用借来的3.8万元创业，靠一种乙肝诊断试剂获得第一桶金。许多人认为，郭广昌是一个稳健谨慎的决策者，这与他大学教师的经历，尤其是哲学系的背景多少有点关联。

谦虚、稳健、智慧——郭广昌的资本运作理念似乎也透着三分哲学味。

当集团快速扩张之后，郭广昌的个人财富也跟着膨胀，在这一点上，这位前大学教师展现出与众不同的态度：“我不入地狱，谁入地狱？”从医药到地产，郭广昌举着复星的旗帜，一路高歌猛进。

俞敏洪：新东方教育集团有限公司董事长

创业前是北京大学教师，教龄6年。

对于俞敏洪以前是老师的身份，大家都不陌生。俞敏洪现在也经常说：“其实我最想做的还是老师。到现在为止，我还是老师。真正让我选身份的话，我想企业家的身份仍是放在第二位的。”

冯仑：万通控股董事长

创业前是中央党校老师，教龄不详。

从中央党校毕业后，冯仑先是当教师，这也就是他说的“说话写字受过专业训练”的时期。冯仑曾经当着记者的面说：“做生意的人都特别能‘说’，而且你会发现，尤其是创业者，他们会就一件事情不停地说，说过之后，当着你的面还可以重新讲给别人听，一点心理障碍都没有。要没有心理障碍地对某一件事情反复地讲，讲到最后连你自己都相信了，然后你才能让别人相信。我原来当过老师，老师就是在不停地讲一些重复的内容。”

段永基：四通集团董事长

创业前是中学老师，教龄8年。

有“中关村村长”之称的段永基一直以老谋深算的形象在中关村呼风唤雨。段永基有两个有分量的头衔：一个是民营高科技企业四通集团董事长，另一个是中关村科技发展股份有限公司总裁。

董事长加总裁的头衔与教师的身份似乎有些风马牛不相及，但是段永基确实在北京176中学当了8年中学教师，直到1978年党的十一届三中全会的春风吹进校园，段永基才被这股暖风“刮”出了校园。段永基在中关村不断提出新概念而且亲历实现之，成为别人的榜样。

孙为民:苏宁云商集团副董事长

创业前是南京理工大学老师,教龄10年。

孙为民在成为苏宁云商集团副董事长之前,曾在南京理工大学当了10年老师。其间,孙为民像杂家一样,教过很多种课程。

一个偶然的机会,孙为民和空调行业结缘,后又认识了苏宁电器董事长张近东,自此开始了在苏宁的征战岁月。孙为民"态度温和、衣着整齐、有绅士风度",喜怒哀乐不形于色,好像任何时候,他都在静静地用金边眼镜后那双深邃的目光洞察着身边的一切。

夏华:依文集团董事长

创业前是中国政法大学老师,教龄不详。

夏华毕业于中国政法大学,后留校任教。一次偶然去沿海地区做课题的机会,她迈入服装领域。1994年,她走进时尚圈,彩色格子西装在现在看来也许已经很普通,而在那个时代,帮夏华赚到了依文的第一桶金。同年,夏华创办依文集团。经历了17年的发展,成就了今天的男装帝国。

王树彤:敦煌网 CEO

创业前是清华大学软件开发和研究中心教师,教龄不详。

王树彤曾是清华大学软件开发和研究中心的教师;在微软任市场服务部经理和事业发展部经理时,她是微软最年轻的中国区高管;在思科担任市场营销部经理时,作为高管中唯一的女性,她管理着"思科亚洲最佳团队";在卓越网当CEO时,她领导卓越网成为中国最大的网上音像店。2004年,她创立了电子商务网站敦煌网,六年后,交易额达到20亿元。

来源:《搜狐网》,2015-09-10。https://www.sohu.com/a/31266544_202655

三、创业与人生

我们可以从就业的角度去思考创业,也可以从职业的角度去看待创业,还可以从创业人生的角度去体味创业。创业是一段精彩纷呈的旅程,是一个包罗万象的舞台,是时空无限延展、蕴藏无限可能的别样世界。很多创业者吐露心声,描述创业对其人生的影响,总结起来无外乎两个维度:广度和高度。

(一)创业极大丰富了人生体验

创业意味着你要走出象牙塔、走出格子间,走到更广服的社会环境中,寻找团队、寻找资源、寻找机会,不断突破固有的屏障,推动创业的进程。这种人生体验的丰富程度,只有创业能够给予。创业者选择创业项目,通常都会从个人感兴趣的领域着手,将其与自己的知识技能、专业特长等结合起来。而做自己喜欢做的事本身就是一种享受。创业充满机会和风险,同时也充满克服种种挑战的无穷乐趣。在创业过程中,可以感受到无穷的变化、挑战和机遇,这是一个令人兴奋的过程。创业者可以通过征服创业过程中的重重困难来丰富自己的人生体验。

(二)创业极大体现了人生价值

无论是物质财富,还是精神感悟,创业都提供了极大的想象空间。工薪阶层的收入有高有低,但都是有限的,极少能与创业成功者的收入相比。许多年轻人脑袋里充满奇思妙想,

但苦于怀才不遇。给别人打工，受于种种约束和限制，很难充分施展自己的才华。而创业则完全可以摆脱各种框架、甩开羁绊，挖掘自己的最大潜能。创业者创造的企业为社会提供了产品或服务，同时也为社会创造了价值。企业融入社会再生产的大循环之中，从多个环节为国家和社会做出了贡献。这种贡献使得创业者个人能够从中收获巨大的成就感。总之，创业是实现人生理想和价值、获得自身全面发展的有效途径。

小 结

创业是一个创造新事物，实现价值增值的过程，需要付出极大的努力，也必须承担一定的风险。不同的创业类型有着不同的活动特点，机会、创业者及创业团队、资源，是任何创业活动都不可或缺的。创业过程按照时间顺序，可具体划分为机会识别、资源整合、创办新企业、新企业生存和成长四个阶段。创业精神是创业者在创业过程中重要行为特征的高度凝练，是创业者各种素质的综合体现。创业精神一经形成就会对人一生的发展产生重要影响，它是经济发展的原动力，是解决就业问题最有效的措施，也是促进科技成果产生和转化的根本动力。

思 考

1. 在众多的创业活动中，你喜欢哪种类型的创业，为什么？

2. 创业过程包括不少具体的活动，但创业者从识别创业机会到创建新企业的时间一般都很短，这是为什么？

3. 为什么创业精神对于创业成功与否起着至关重要的作用？

第五章　创业者与创业团队

创业者需要动机、激情和鼓励来开发一个商机。为了将创意变成可行的商业机遇，创业者将面临很多困难和阻碍。

——美国哥伦比亚商学院创业研究副教授　杰克·M.卡普兰

第一节　创业者

创业故事

"饿了么"的创业故事

"饿了么"的主要创始人张旭豪和他的几个伙伴康嘉、汪渊、叶峰、曹文学全都来自上海交通大学。2009 年 4 月，他们看中了餐饮外送行业，并准备开发网络订餐系统，使餐饮业逐步走向信息化。正巧，上海交通大学软件学院的叶峰也看好这个创业"突破口"。于是，"饿了么"网络订餐系统的"交大帮"就这样初步形成了。创业伊始，大家还讨论过公司名称问题，最终，"饿了么"这句学生间的点外卖口头禅最终胜出，以它的亲切顺口成了公司的响亮大名。最初的启动资金全靠几个人东拼西凑，连学费都没能幸免。为了全情投入，张旭豪主动放弃去香港理工大学深造的机会，与康嘉一起选择休学。而叶峰则在 2010 年本科毕业后，放弃了进入微软的机会，和大家一起奋斗创业。

最初的创业是快乐而又艰辛的，大家并肩奋战，尽情挥洒青春的激情，却也有碰壁、资金缺乏时的困惑。"饿了么"团队刚开始时承包过一家餐饮店的外卖业务，用来熟悉行情。作为团队的领头人，张旭豪几乎连续几个月每天只睡四到五个小时，经常亲自"披挂上阵"送外卖，狂风暴雨也从不间断。

就这样一点一点地积累信誉和人气，今天的"饿了么"已成为订餐的流行语，人们只要轻轻一点手机，外卖自动送货上门。

一家大学生创业公司，在遭遇了烧钱竞争、巨头碾压和资本追逐之后，一跃成为中国最受瞩目也最有价值的初创公司之一。它是时代精神高度凝聚的符号：创业热潮、O2O 风口、残酷竞争与补贴大战、巨头格局下的合纵连横以及一个成功的创业故事。当然，你我皆知，

故事仍没有结束。因为所有这些造就故事的因素都没有消失或静止。

当问到张旭豪：今天如果要排序的话，你觉得公司摆在你眼前最重要的3件事情是什么？

他回答说：第一件事是团队，因为每一个 idea 都是要靠人去实现的；第二件事情是整体的产品；第三件事情是战略跟业务。

来源：《感悟人生网》，2017－07－01。本文对原文有删减。http://www.xin022.com/baikezhishi/19683.html

创业互动的实施主体是创业者，以及他所带领的创业团队，创业者和创业团队的素质、能力、个性等因素决定了创业过程的发展方向。在决定创业前，创业者必须对自身的整体状况合理评价，对创业团队能否共同奋斗充分了解，基于高效的创业团队，充分发挥人的要素对创业过程的推动力。

一、创业者的概念

创业者的概念经历了一个演变过程，1755年法国经济学家坎蒂隆首次将“创业者”的概念引入经济学的领域。1880年，法国经济学家萨伊将创业者描述为将经济资源从生产率较低的区域转移到生产率较高区域的人，并认为创业者是经济活动过程中的代理人，首次给“创业者”做出定义。美籍奥地利经济学家熊彼特认为创业者应该是创新者，具有发现和引入更好的能赚钱的产品、服务和过程的能力。

我们认为，创业者首先是一个有梦想的追求者，他追求的是未来的回报，而非现在的回报。如果未来的回报低于预期，或者低于现在的回报，一个人不可能有创业的动力。因此，创业者进行创业活动是为了获得更大的价值，这种价值的实现，有物质上的诉求，而更多的是人生价值的实现。创业者的未来收益是一种投资性活动的收益，这些投资既可能是实际的资本投入，也有本人和团队的时间和精力的投入，而收益也就不只是金钱上的收益，还应包括价值的收益、理想的实现等。

“创业者”(entrepreneur)一词来源于17世纪的法语词汇，表示某个新企业的风险承担者，早期的创业者也是风险承担的“承包商”(contractor)。在欧美的经济学研究中，将创业者定义为一个组织、管理生意或企业并愿意承担风险的人。

创业者一般被界定为具有以下几点的人：创业者是一种主导劳动方式的领导人；创业者是具有使命、荣誉、责任能力的人；创业者是组织、运用服务、技术、器物作业的人；创业者是具有思考、推理、判断能力的人；创业者是能使人追随并在追随的过程中获得利益的人；创业者是具有完全权利能力和行为能力的人。

在实际生活中，与一般人的观念不同，创业者所谓高度的商业才能，不仅仅是创办一个企业，而且是在企业的整个发展过程中，都能够做出正确的决策，及时解决面临的问题，修正企业的发展方向，使企业长期保持活力，不断发展壮大，成为具有影响力的企业的才能。同时，界定一个创业者，还应该从社会发展的角度，那些建立了新的商业模式并获得了好的发展的企业，并且为其他企业的发展提供样板，为社会提供就业，不断带来财富的企业创立者通常也被称为创业者。

二、创业者的类型

创业的开始往往是基于一个好的想法或者创意，这样的创业被称为机会拉动型创业。一个好的创业者可以敏锐地发现创意后面暗含的商机，将创意转变成创业机会并建立起赢利模式。一些创业者在企业发展之初就能够为企业制定未来的发展战略。但是也有些创业者是在企业发展过程中与企业一起成熟的，他们随着企业的发展不断地修正发展方向并为企业带来持续的利润。

另外一些人的创业首先是从有创业的想法开始的，这些人怀着强烈的创业梦想，被创业热情驱动，梦想着自己可以成为自己的老板。尽管目前这些人还无法摆脱自己当前的职业束缚，但是他们总会寻找机会建立起属于自己的企业，并且取得相当高的成功率。这些人被称为热情驱动型的创业者(aspiring entrepreneur)。

不管基于何种驱动力，创业者的共同特征是都会将创业作为自己的人生愿景。愿景是指希望永远为之奋斗并达到的前景；它是一种意愿的表达，表明未来的目标、使命及核心价值，是人生最核心的内容，是最终希望实现的图景。我们分析创业者的共同特质，就会发现创业者的愿景一般可以概括为：①赚取更多的利润；②获得更多的人生发展空间；③体会成功的快乐；④从事自己喜欢的事业；⑤满足自我价值的提升。

创业愿景与实际情况之间有时会存在较大差距，不是每一个创业者都能获得成功或者有较大的收益，金钱的失去只是创业者要面对的最普通的问题之一。创业者在创业过程中还需要面对更多的困难，解决没完没了的难题。例如资源的短缺，市场的开拓不利，合作伙伴的突然撤资等。如果创业失败，创业者可能面临一无所有甚至负债的局面。这也造成很多人在是否创业的问题上犹豫不定。但是创业的过程本身充满不确定性，又是一个创造的机会，这会给创业者带来许多创造的乐趣和丰富的生活体验，使创业者获得享受。因此，一个成功的创业者必定是一个乐于接受挑战，喜欢自己创造未来的人；即使失败，他们仍然能从中学习，并且很快调整自己的创意，重新找到创业机会，我们称这些人为主动创业者。选择创业就意味着一生的选择，因此坚定目标、充满勇气应该是创业者的人生第一课。

三、成功创业者的素质与能力

在创业的诸多要素当中，创业者的素质往往是决定创业能否成功的最关键要素，它的重要性甚至远远超过创业项目本身和创业资金的状况。一个成功的创业者一般需要具备以下四个方面的素质特征。

（一）创业意识

1. 强烈的创业欲望

成功的创业者往往在创业之前和创业的过程中具有强烈的创业欲望。著名的房地产商人冯仑曾经有过这样一段非常精辟的论述，他说：“企业家的预期和他的努力相互作用，预期越高努力越大，努力越大预期越高，这两个作用力交替起作用，逼着企业家往前冲。”创业者的欲望决定着创业开始与过程中的斗志与动力。

2. 坚定的创业信念

坚定的创业信念是指创业者在创业行为中所持的坚定不移的态度和坚决执行下去的观

念，是认识、情感和意志三者的有机融合与统一。既然选择了创业，就要保持自信、坚定果敢地走下去。美国成功学家罗宾说过："面对人生逆境或困境时所持的信念，远比任何事情都来得重要。"日本企业家松下幸之助也说过："在满是荆棘的道路上，唯有信念和忍耐能开辟出康庄大道。"

3. 积极的创业心态

创业的过程很可能不是一帆风顺的，遇到困难与挫折在所难免，消极的心态必然会成为创业成功的巨大阻力。大学生要想创业成功，必须保持积极向上、锐意进取的乐观心态。积极的心态是创业成功的催化剂，而消极的心态将决定失败的必然。

（二）创业品质

1. 勤奋

勤奋是所有成功的创业者的共同特征。李嘉诚曾经说过："事业成功虽然有运气在其中，主要还是靠勤奋，勤劳苦干可以提高自己的能力，能力提高了就会有很多机会降临在你的身上。"《2006 胡润百富榜》中国首富张茵认为："勤奋和厚道是创业者第一要素。"

2. 诚信

诚信是企业的立足与发展之本。在 2003 年的中国财富品质论坛上，有 100 位中国内地企业家将诚信列为十大财富品质之首。诺贝尔经济学奖得主弗里曼曾明确指出："企业家只有一个责任，就是在符合游戏规则的前提下，运用生产资源从事营利的活动，亦即，须从事公开和自由的竞争，不能有欺瞒和诈欺。"

3. 承受力

承受力是创业者的必备品质。无论遇到何种逆境，只有勇敢面对并坚强忍耐，才能越战越勇。美国苹果公司联合创办人史蒂夫 · 乔布斯曾在斯坦福大学的演讲中讲过他的经历："董事会站在他那边，炒了我鱿鱼，公开把我请了出去。曾经是我整个成年生活重心的东西不见了，令我不知所措。有几个月，我实在不知道要干什么好。我觉得我令企业界的前辈们失望——我把他们交给我的接力棒弄丢了。我见了创办 HP 的 David Packard 跟创办 Intel 的 Bob Noyce，跟他们说我很抱歉把事情搞砸得很厉害。我成了公众的负面示范，我甚至想要离开硅谷。但是渐渐的，我发现，我还是喜爱着我做过的事情，在苹果经历的事件丝毫没有改变我爱做的事。我被否定了，可是我还是爱做那些事情，所以我决定从头来过。"

4. 踏实

创业是需要全身心投入的事业，只有脚踏实地才能成功，任何凭空想象和一蹴而就都将使创业现实成为海市蜃楼。马云曾经说过："这个世界没有优秀的理念，只有脚踏实地的结果。"

5. 敢于冒险

创业是一项富有风险的活动。史玉柱在深圳开发 M-6401 桌面排版印刷系统时，身上只剩 4 000 元钱，他却向《计算机世界》定下了一个 8 400 元的广告版面，唯一要求就是先刊广告后付钱。他的期限只有 15 天，可前 12 天却分文未进，直到第 13 天才收到了汇款，一收就是三笔，总计 15 820 元，完全足够支付 8 400 元的广告费。两个月后，他赚到了 10 万元。史玉柱又将这 10 万元全部投入做广告，4 个月后，史玉柱成了百万富翁。

（三）创业知识

1. 通用性知识

通用性知识主要包括社会政治和经济发展的相关知识、商业活动的相关规则，企业经营和管理的知识和方法、法律法规、人文知识等。

2. 经验性知识

经验性知识包括自身参与实践所获得的直接经验以及亲人、专家等传授的间接经验。有些成功的创业者，通过课余时间参加的社会实践活动积累了很多的直接经验，也有些创业者是家族式创业，从亲人的身上耳濡目染地接受了很多间接的经验，还有一部分人受周围人的影响或某个导师的影响，激发了自己的创业热情。

3. 专业性知识

专业性知识是指与所要从事的创业活动密切相关的本行业的相关专业知识。每个行业都有其自身的规律及特殊性，具备了本行业的专业性知识，将在创业中事半功倍。

创业链接

创业者的5种人格特征

美国的唐·多曼在《事业革命》一书中提出了创业者的5种人格特征：

(1)愿意冒风险；

(2)能分辨出好的商业点子；

(3)决心和信心；

(4)壮士断腕的勇气；

(5)愿意为成功延长工作时间。

（四）创业能力

1. 创新能力

创业就是创造一个新事物的过程，其本身就是一项创新活动。在激烈的市场竞争中，改革和创新永远是企业活力与竞争力的源泉。企业的发展不仅需要产品和服务的创新，更需要创业者具有很强的创新能力。有专家指出：新经济的本质就是创新，就是促使个人的潜能得到充分的发挥。要鼓励所有人在一切可能的方向上创新，创新与速度是新经济的真正内涵，是市场竞争的不败法则。

2. 决策能力

创业是需要不断决策的过程，任何一个阶段都离不开创业者的决策，包括创业项目的选择、创业机会的识别、企业产品的定位、企业的运营模式、企业的发展战略、企业的用人模式等，都需要进行准确的判断。创业者的领导决策能力直接关系着企业的生存与发展。

3. 经营管理能力

经营管理能力是指根据企业内外部环境、社会发展趋势、社会需求对自身及社会资源的有效利用、合理配置、统筹规划，对企业所拥有的资源、企业经营活动的各个方面、各个环节进行有效管理的能力。创业者的经营管理能力是创业成功的核心能力。

4. 人际协调能力

人际协调能力是创业者发展和巩固其人脉资源的重要保障。在社会分工日益细化的今

天，创业者很难只靠个人取得成功，而是需要大量的人脉资源。人际协调既包括处理与政府部门、新闻媒体和客户之间的关系，也包括处理与企业成员之间的关系。企业与外界的联系越多，对企业发展越有帮助，同时对创业者的人际协调能力的要求也越高。

5. 可持续学习能力

可持续学习能力是贯穿于人生各个历程，涵盖个人发展各个方面的一种积极、主动、自觉的自我学习、自我完善的能力。人类已进入知识经济时代，终身可持续学习，将成为一种重要的生存方式和生活方式，将成为个人可持续发展的重要手段。可持续学习的价值就在于培养终身学习的习惯，使得人生的各个阶段都能获得相应的学习机会，不断提升自身能力和素质，应对知识经济和信息时代的挑战，实现成功创业。

值得注意的是，在头绪繁杂的创业初期，即便是成功的创业者也不可能完全具备以上所有的素质。创业意识是保证创业开始进行的前提基础，创业品质是创业成功的最重要保障，创业知识和创业能力是可以在创业的过程中得到不断完善和逐渐提升的。

【案例 5-1】

松下幸之助的成长经历与创业传记

松下幸之助(1894—1989)的传奇生涯开始于他的学徒之旅。1894 年 11 月，松下幸之助出生于日本和歌山县海草郡的一个小山村——和佐村。松下这个姓，就是来自于当地的一颗大松树。在这棵松树的荫庇下，松下幸之助度过了快乐的童年。在他出生时，他的家境还算可以，加上幸之助是八个孩子中年龄最小的，上面有哥哥姐姐罩着，童年生活无忧无虑，充满阳光。幼童时期的优渥，是一个人心灵健康的重要条件。

但是，童年的快乐是短暂的。在幸之助五岁那年，他的父亲做大米投机生意失败了，家境逐渐落魄，连祖传的土地和房子都变卖了，全家搬出了和佐村的老宅，父亲开了一家木屐店维持生计，已经上中学四年级的大哥不得不辍学。两年后，木屐店倒闭了，幸之助的大哥、二哥、二姐也因流感而去世，全家陷入了困顿之中。尽管家境如此破败，幸之助依然还能上学，可见这个家庭对幸之助的关爱。

当幸之助读小学四年级时，他在外打工的父亲来信，让幸之助到大阪当学徒。于是，年仅 9 岁的幸之助，于 1904 年 11 月来到大阪，开始在宫田火盆店中做小学徒的生涯。这种小店的学徒，什么杂务都得干。幸之助的主要工作是看孩子和磨火盆，他开始尝到劳作的艰辛，更感到少小离家的孤独。

真正的学徒生涯开始于自行车店。松下幸之助在火盆店只干了三个月，这个店就倒闭了。店老板有个朋友五代音吉，刚刚开了一家自行车店。好心的店老板推荐幸之助去了这个店。在这里，松下幸之助干了六年，奠定了他后来在商界大显身手的基础。尤其是老板娘的仁慈，对幸之助无形中产生了巨大的影响。

尽管幸之助只是一个小学徒，但他父亲一方面出于对自己破产的内疚，另一方面出于对天灾人祸变故之后家中唯一男孩的期望，一直给幸之助讲“天将降大任于斯人也”的道理。告诉他，日本历史上的名人，最初都是从当仆人，当家臣开始的。按幸之助的回忆，他的父亲常常鼓励他：“会有出息的。从前的伟人，小时候都在别人家做工，下苦功夫。所以

不要觉得辛酸，一定要忍耐……”在幸之助11岁时，他的姐姐看到弟弟过于辛苦，更重要的是辍学会造成文化上的不足，想让他上夜校补上辍学的遗憾。然而，学徒是无法上夜校的，因为学徒没有上下班的概念，从早上5点多起床打扫卫生，到晚上11点打烊关闭店门，学徒都不能离开。当时，姐姐工作的储蓄所要招募勤杂工，姐姐同母亲商议后，就想让幸之助来应募，白天干勤杂，晚上读夜校。然而，他父亲得知后断然否定了这种想法。这位倔强的家长认定，只有当学徒才会有出息，将来一定能发迹。他要求幸之助不要改变志向，即便不识字，也可以取得辉煌的成就。所以，幸之助后来感慨地说，如果没有父亲指引道路，他就不会有今天。他虽然因辍学在知识上受到损失，然而却在经商实践方面更早得到了开悟。

1910年，电能的应用给日本带来了光明的前景。大阪市开通了电车。幸之助尽管只有17岁，但他看到了电气的未来。当时他单纯地认为，有了电车后，自行车的需求就会减少。于是，他决定改变自己的人生轨迹，投身电气业。在他离开自行车店时，有一个很有意思的插曲。他以一个青年对未来的大胆想象，把自己的事业定位在电器上，求他的姐夫帮忙去刚刚成立不久的电灯公司工作。然而，自行车店的老板对幸之助那么好，使他又无法面对老板说出离开的理由。于是，幸之助采取了一个孩子气的做法——偷偷离开。可以想见，年轻的幸之助这时已经遇到了人生常见的矛盾。他对未来的幻想和信念，支持着自己的追求；而对老板的信任和关怀，又使他难以启齿告别。正是这种憧憬未来的坚定信念和无法割舍的丰富情感，成为后来松下事业的主旋律。

离开自行车店的松下幸之助，并未能立即到电灯公司上班。于是，他开始在姐夫工作的水泥厂打零工，干起了劳动强度非常大的搬运水泥的工作。这三个月，他承受了以前从来没有过的重体力活磨炼，使他对生活的艰辛有了刻骨铭心的感受。三个月后，他被招进电灯公司，成为一名室内布线的电工助手。幸之助以前受过的磨炼，使他很快就在这个行当脱颖而出。又是三个月之后，他由助手提升为工头。他后来的回忆中对此不无得意，强调这种提升属于特例。日本是一个等级森严的国家，工头和助手之间的距离，不亚于主人和仆人。比如说，干完工作，助手马上要给工头打水洗手，甚至工头的木屐坏了，也会交给助手去修理。日本这种独有的社会等级，给松下幸之助打下了深刻的思想烙印。从被人吆三喝四的水泥搬运工，到颐指气使的电工工头，幸之助从中既看到了日本企业经营的特色，又看到了其中蕴含的问题。到24岁时，他已经被提升为电灯公司的检查员，每天巡视十多个工作项目。但他对这种受到别人羡慕的监控工作没有多大热情，而是对自己的工作成就十分看重。自己安装的海水浴场彩灯，剧院中耀眼的照明设施，都给幸之助带来了强烈的满足感。这个时候，他同井植梅野结婚了，也开始考虑独立创业了。

在电灯公司的工作中，幸之助琢磨发明了一种新型的灯头插座。凭借直觉，他深信这种插座有广泛的用途，但是遭到了上司的否定。于是，年轻气盛的幸之助辞了职，下决心自己打出一片新的天下。正是这一决定，使他没有停留在小发明的层次上，而是很快进入了经营实战。

松下幸之助的“下海”，完全靠的是对这个小发明的信念。他当时手头只有不到100元的积蓄，且单枪匹马。他向原来同事的朋友借了100元，招来了自己的内弟井植岁男，拉了几个想做一番事业的年轻人，就在自己狭小的住处（长四张半榻榻米，宽两张榻榻米）开了个小作坊，开始实践自己的梦想。

万事开头难。幸之助有了灯头插座的设计，却没有实际制造过。一开始，他连灯头外

壳的原料是什么都不清楚，经过多方请教好不容易才弄清了灯头的制作方法，用了 4 个月时间，总算制造出了产品。没有周转资金，他把能当的东西都送进了当铺。

然而，再好的发明，没有市场的承认也是白搭。拿出产品后，如何销售出去，给幸之助上了结结实实一课。他们拿上自己的灯头插座，到各个电器店去推销，很少有店家看好这种新产品，费尽口舌，走遍了大阪的店铺，只卖出去 100 多个。初战受挫，使幸之助明白了经营的艰难。他只得自谋生路，小作坊只剩下他和井植岁男两人。天无绝人之路，正当松下幸之助一筹莫展时，他接到了一笔制作电风扇底座的订单，而且商家承诺只要做得好还会后续订货。松下和井植两人，开始没黑没明地赶做这个底座。这次终于成功了，一个月时间内，他们完成了首笔订单。此后，持续做这种电风扇底座，使松下的生意慢慢有了发展。正是这种经历，给幸之助后来的经营思想带来了极大的影响。初出道的第一笔生意，使他明白了市场承认和用户满意的重要性。任何发明，哪怕发明家本人怎样呕心沥血，只要市场和用户不买账，就意味着没有生路。然而，灯头插座的努力也没有白花。没有插座的努力，就不可能带来电扇底座的订单。而电扇底座的收益，又盘活了灯头插座，使这一发明也真正投入生产并逐渐在市场上推广开来。

站住脚以后，松下幸之助开始计划“从事真正的电器设备的研究和生产”，靠卧室兼作坊不是长久之计。于是，1918 年幸之助在大阪市租了一处房子，创立了松下电气器具制作所。后来闻名天下的“松下产品”，就从这里起航。

这一制作所，靠灯头插座积累了自己的“第一桶金”，业绩稳步发展。倾注了幸之助心血的灯头插座，以其质量取胜，终于得到了市场的承认。大阪的一家名为吉田的商店，还以 3 000 元保证金来独家代理这一产品的销售。同时，产品也打进了东京市场。

在东京，幸之助又经受了一次新的考验，这次考验来自商家的竞争。当松下的灯头插座开始在东京销售后，却遭遇到东京店家的抵制。同行是冤家，面对松下质量上乘的灯头插座，东京的店家采取了不正当的竞争手段，他们压价甩卖，试图把实力尚不雄厚的松下产品挤出市场。在东京店家的压力下，大阪的吉田商店解除了总代理合同。员工增加了，负债增加了，产能扩大了，销售却出问题了。对任何一个企业来说，这都是令人头疼的。尤其是在东京，原来是由吉田商店一手总代理的，松下自己从来没有同东京的商家打过交道。对此，幸之助决定，自己到东京，拿着地图，一家一家找商家谈。为了节省经费和时间，他都是坐早班车到东京，奔波一天，再坐夜班车返回大阪。终于，幸之助渡过了这一难关。从这时起，他对经营中间的竞争有了自己的看法。他后来特别强调以质量竞争和以服务取胜，十分厌恶压价倾销和排斥同行的不正当竞争手段，都同这一经历有关。

到 1922 年，松下已经有结余，有了比较坚实的经营基础，也得到了社会的认可。随着经营的扩大，幸之助开始开发新的产品，这就是使松下打出声望的自行车灯。1923 年，幸之助用新型干电池灯来取代过去的煤油灯，制造出可使用 30～50 小时的弹头型自行车灯，价格便宜。松下深信这种车灯能够流行，但批发商并不看好。为了促销，他采取了一个商界前所未有的方法，把产品寄放在自行车店，开着灯演示，看看到底能亮多长时间，此举吸引了大量购买者。这样，先有了最终端的顾客需求，然后由自行车店发起订货，销路好了，批发商反过来找松下订货。原来的销售顺序是“制造商→批发商→零售商→顾客”，现在变成了“顾客→零售商→批发商→制造商”。由此，新的经营方式诞生了。

第二节 创业团队

创业故事

马云和他的“十八罗汉”

阿里巴巴目前是全球最大的电子商务平台。然而，阿里巴巴的成功也是马云从 18 人的小团队开始的：1999 年春，阿里巴巴刚成立时，在杭州湖畔花园马云家，马云妻子、同事、学生、朋友共 18 个人围着马云，听马云慷慨陈词：“从现在起，我们要做一件伟大的事情。我们的 B2B 将为互联网服务模式带来一次革命！”

关系再好的团队，由于朝夕相处，不免有磕磕碰碰的地方。从创业一开始，马云团队就定下了一些原则，从某种意义上说，这些原则是马云团队最终并肩走得足够远的保证。这些原则中，与团队有关的最重要的一条是解决矛盾的原则：从一开始，马云和他的创业伙伴就定下原则说，团队中任何两个人发生矛盾，必须由他们自己互相面对面地解决。只有在双方都认为对方无法说服自己的情况下，才引入第三者作为评判。

简单、开放议事原则的提出和确立，对于阿里巴巴团队的建设至关重要。它使阿里巴巴杜绝了“办公室政治”，大大减少了交流沟通成本，减少了内耗，增强了团队的凝聚力和战斗力。

成功拿到高盛等 500 万美元资金后，阿里巴巴从拥挤的居民楼搬到华星大厦宽敞的办公楼，随之公司正规化建设开始：划分部门、明确分工。在 18 个创始人中，分成了两拨：4 个官和 14 个兵。马、张、孙、彭之外的十几个创始人来到一家咖啡馆聚餐，楼文胜倡议：“说了这么多，屁股一拍就走，于事无补，我们应该写出来送给马云。”大家纷纷响应。楼文胜将这份东西整理成一封长信，发给了马云。马云收到后立即把 18 位创始人召集到一起，马云说：“今天大家不用回去了，既然你们有那么多怨恨，很多人有委屈，现在当事人都在，都说出来，一个个骂过来，想哭就哭，所有都摊在桌面上，不谈完别走！”

那天的会从晚上 9 点开到凌晨 5 点多。那是一次彻底的宣泄，也是一次彻底的灵魂洗礼。会上许多人情绪激动，许多人痛哭失声。整整一夜，这些跟随马云浴血奋战了少则两年、多则 5 年的老战友，吵过、喊过、哭过之后，一切疑虑都已消散，一切误解都已消除，疙瘩都已消解。

事后 18 罗汉之一的吴泳铭说：“我们能写出来告诉马云，说明我们是一支很好的团队。”如果那 14 位创始人不这样做，而是任其发展，让误解和矛盾蔓延下去，那么 18 位创始人团队的分崩离析是早晚的事儿。

点评：选择创业，就是选择一种生活方式，选择一种人生旅行的道路。创业，需要一个强大的创业团队，而不能仅靠某个人的打拼。创业团队的组建和管理，需要考量很多因素。创业团队打造往往需要很长的一个过程。在创业实践过程中的充分磨合与历练，才能最终形

成一支有战斗力和凝聚力的团队。

新创企业初始的形式有多种，可为个体展开，可由团队推动。通常的情形多为先由一人实施，在发展的过程中感觉到需要之后再招兵买马，组建团队，但专业的建议是：“先组建创业团队，再谋创业。”

一、创业团队的概述

创业团队是指有两个或两个以上具有一定利益关系，彼此通过分享认知和合作行动，以共同承担创建新企业的责任，处在新创企业高层管理位置的人共同组建形成的有效工作群体。

(1)创业团队是一种特殊群体。创业团队由两人或两人以上组成，具有创建新企业的共同目标，成员技能互补，相互依存，共同承担企业成败与否的责任。

(2)创业团队工作绩效远超个体独立工作绩效之和。

(3)创业团队把握创业机会，充分利用创业资源，对创业成功起着重要的平衡和掌控作用。

(4)创业团队是高层管理团队的基础和最初组织形式。随着新创企业的不断发展，创业团队逐步晋升为高层管理团队，把握企业发展方向和关键岗位工作。

(5)创业团队成员专业互补，相互负责，为共同的目标和任务努力。

二、创业团队的构成要素

创业团队，就是由少数具有互补技能的创业者组成的团队，创业者为了实现共同的创业目标和一个能使他们彼此担负责任的程序，共同为达成高品质的结果而努力。

团队创业有利于分散创业的失败风险；通过团队成员之间的技能互补可提高驾驭环境不确定性的能力，从而降低新创企业的经营失败风险；更为重要的是，团队创业具有更强的资源整合能力，能同时从多个融资渠道获取创业资金等资源，保证创业企业的成功。

没有团队的创业企业也许并不注定失败，但是要建立一个没有团队仍具有高成长潜力的企业却是十分困难的，一般而言，个人创业型的新企业成长较慢，因为风险投资者在投资新企业时，都会将团队因素列为重要的评估指标，而不愿意考虑这种个人创业型的投资。

现代企业活动已经是非纯粹的追求个人英雄的行为，事实上成功的创业个案大都与是否有效发挥团队作用密切相关。虽然每一个创始人可能都有完全掌握新企业发展的欲望，并希望所有成员都能在他的指挥下行事。不过许多调查显示，团队创业成功的概率要远远高于个人独自创业。

团队有几个重要的构成要素(见图 5-1)。

1. 目标(Purpose)

目标是指团队应该有一个共同的既定目标，为团队成员导航，知道要向何处去，没有目标，这个团队就没有存在的价值。作为创业团队，应将目标分为长期与短期，长期目标即公司的愿景，短期目标则是长期目标的分解。目标的完成过程，应当是所有团队成员共同努力的过程，而不能成为创业者自己奋斗的辛酸史。

2. 人(People)

人是构成团队最核心的力量，2 个(包含 2 个)以上的人就可以构成团队。目标是通过人员具体实现的，所以人员的选择是团队中非常重要的一部分。一般来说，创业者都愿意选择那些技能最优、经验丰富的人员作为创业团队成员。当这些人员进入团队时,如何留住他们就成为摆在创业者面前的一个难题,如果处理不得当,就会造成人才的流失,这是创业过程中的普遍现象之一。

3. 定位(Place)

定位通常包含两个层次:团队在企业中的定位,是指团队在企业中所扮演的角色以及团队内部的决策力和执行力;成员在团队中的定位,是指团队成员在团队中扮演的角色及团队内部决策的制定和执行。

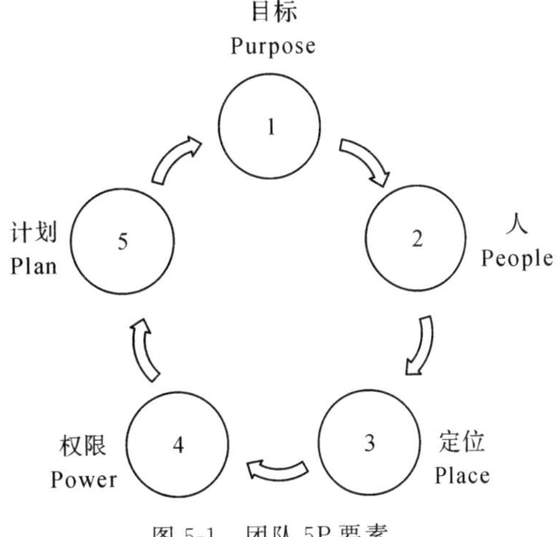

图 5-1　团队 5P 要素

4. 权限(Power)

权限是指新企业中职、责、权的划分与管理。一般来说,团队的权限与企业的大小、正规程度相关。在新企业的团队中,核心领导者的权力很大,随着团队的成熟,核心领导者的权限会降低,这是一个团队成熟的表现。

5. 计划(Plan)

计划有两层含义:一方面是为保证目标的实现而制订的具体实施方案;另一方面计划在实施中又会分解出细节性的计划,需要团队共同努力完成。

以上是团队构成的要素,但是创业之初,创业者往往会面临很多困难,团队的建设并不像想象中的那样简单,这需要创业者有心理准备。有时创业过程会与团队组建一起完成,由于创业活动的特殊性,创业团队不必具备每一个因素。随着企业发展逐步成熟,团队建设也应该逐步完善,"三个臭皮匠,顶个诸葛亮",这正说明创业团队在创业过程中的重要性。

创业团队通常是在创业初期通过不断寻找得到的,团队成员共同参与从新企业的创建到发展的整个过程并做出贡献。作为创业团队成员,共同参与创业过程,他们的思路会影响创业者的战略决策,在经济上占有一定的股权,因此也承担一定的风险。虽然每个创业者的创业过程各不相同且具有不可复制性,但是我们在研究了中外众多的创业活动后仍然可以得出以下结论:一个人单打独斗的创业要比团队创业的成功率低得多。

三、创业团队组建的方法

组建创业团队一般要经过以下六个步骤(见图 5-2)。

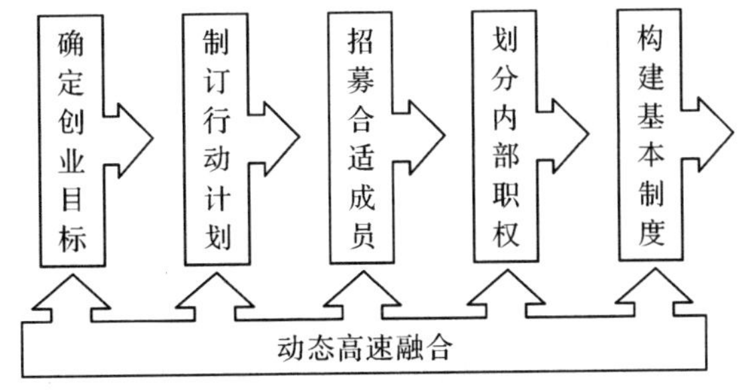

图 5-2　团队组建方法

1. 确定创业目标

创业团队的总目标就是要通过完成创业阶段的技术、市场、规划、组织、管理等各项工作实现企业从无到有、从起步到成熟。总目标确定之后，为了推动团队最终实现创业目标，再将总目标加以分解，设定若干可行的、阶段性的子目标。

2. 制订行动计划

在确定了一个个阶段性子目标及总目标之后，紧接着就要研究如何实现这些目标，这就需要制订周密的创业行动计划。行动计划是在对创业目标进行具体分解的基础上，以团队为整体来考虑的计划，行动计划确定了在不同的创业阶段需要完成的阶段性任务，通过逐步实现这些阶段性目标来最终实现创业目标。

3. 招募合适成员

招募合适的人员也是创业团队组建最关键的一步。关于创业团队成员的招募，要注意规模适度、精简高效。适度的团队规模是保证团队高效运转的重要条件。团队成员太少则无法实现团队的功能和优势，而过多又可能会产生交流的障碍，团队很可能会分裂成许多较小的团体，进而大大削弱团队的凝聚力。一般认为，创业团队的规模控制在 2～12 人最佳。过多的成员也会加重创业成本上的负担，所以还是要尽可能地保持组织的精简，把较少的人放到适当的位置，发挥最高的效率。

4. 划分内部职权

为了保证团队成员执行行动计划、顺利开展各项工作，必须预先在团队内部进行职权的划分。创业团队的职权划分就是根据执行行动计划的需要，具体确定每个团队成员所要担负的职责及相应所享有的权限。团队成员间职权的划分必须明确，既要免职权的重叠和交叉，也要避免无人承担造成工作上的疏漏。此外，由于还处于创业过程中，面临的创业环境又是动态复杂的，会不断出现新的问题，团队成员可能不断更换，因此创业团队成员的职权也应根据需要不断进行调整。

5. 构建基本制度

创业团队制度体系体现了创业团队对成员的控制和激励能力，主要包括团队的各种约束制度和各种激励制度。一方面，创业团队通过各种约束制度（主要包括纪律条例、组织条例、财务条例、保密条例等）指导其成员避免出现不利于团队发展的行为，对其行为进行有效的约束、保证团队的稳定秩序。另一方面，创业团队要实现高效运作要有有效的激励机制（主要包括利益分配方案、奖惩制度、考核标准、激励措施等），使团队成员看到随着创业目标的实现，其自身利益将会得到怎样的改变，从而达到充分调动成员的积极性、最大限度发挥团队成员作用的目的。要实现有效的激励，首先就必须把成员的收益模式界定清楚，尤其是关于股权、奖惩等与团队成员利益密切相关的事宜。需要注意的是，创业团队的基本制度应以规范化的书面形式确定下来，以免带来不必要的混乱。

6. 动态调整融合

完美组合的创业团队并非创业一开始就能建立起来的，很多时候是在企业创立一定时间后随着企业的发展逐步形成的。随着团队运作起来，团队组建时在人员匹配、制度设计、职权划分等方面的不合理之处会逐渐暴露出来，这时就需要对团队进行调整与融合。由于问题的暴露需要一个过程，因此团队调整融合也应是一个动态持续的过程。如图 5-2 所示，团队的调整与融合工作是针对运行中出现的问题不断地进行调整直至满足实践需要为止，特殊情况下也需要对创业目标做出适当的调整。在进行团队调整融合的过程中，最为重要的是要保证团队成员间经常进行有效的沟通与协调，强化协作效果，推动团队的建设与完善，保障创业活动的进行。

四、创业团队管理的策略

与成熟企业相比，创业团队的管理有一定的特殊性。虽然有统一的目标，但由于创业的未知性比较大，风险性比较高，导致创业团队的稳定性相对较差，关系比较脆弱。所以从管理策略的角度看，可以侧重从以下几个方面进行创业团队的管理。

1. 凝聚核心价值观，强化共同使命

创业团队只有在价值观上凝聚在一起，才能向着共同的使命团结奋进。我们不能要求团队成员在创业一开始就达到统一的认识，但应该不断强调、强化创业的目标，尽可能使之得到每一位成员的认同。

价值观的内化，首先在于团队领导者或核心成员的以身作则、言行一致，还要不断把价值观向其他成员输送，同时建立、健全和完善必要的规章制度，特别是相应的激励和约束机制，使团队既有统一价值观的导向，又有制度化的规范。

2. 树立团队精神，共忧患共进步

团队精神往往是一个创业团队的核心竞争力。团队精神可以使每一个团队成员自发地、热情地参与到创业的活动中，并主动把个人的发展与团队的未来捆绑在一起，这样成员就会热烈期望团队、真心关心团队，并与团队组成利益共同体，甚至是命运共同体。

危机和忧患意识是团队精神形成的外在客观环境。不管我们承认与否，没有压力的创业活动是不存在的，世界 500 强每年排名的变化就说明了这点。“我们的公司离破产只有 12 个月”，这是著名的微软公司总裁发出的声音。

3. 用沟通化解矛盾，用制度约束行为

通常情况下，创业企业由于人员少，下属和领导的沟通是比较方便的，沟通不应该成为薄弱环节。事实上，一些创业企业领导的思想并不开放，以“一家之主”自居，因此也就不注重与员工沟通，久而久之，员工认为既然自己的意见不被采纳，也就没有沟通的必要了。我们应该意识到：集体的创造力往往比个人的创造力要强得多。要想让员工说出真心话，真心为企业付出，前提是要保持上下级的沟通顺畅，用开放的心态去听取意见和建议，平等对话，及时反馈，才能解决工作中产生的矛盾，保障团队协作力的正常运转。

对于创业团队人员分工，管理的架构一般都比较粗放，很多事情都是一起决策，共同实施，但一定要注意落实责任，权责明确，必要时打破部门分工，协同作业。在实践中不断优化创业团队的运行机制，解决好决策权限分配问题，做好激励机制，以及建立绩效评估体系，并且要不断依据企业的发展和环境的变化做出调整。

4. 营造归属感，合理分享财富

对大多数管理者来说，缺少的不是理智，而是情感。员工归属感就如同企业的生命，对创业团队来说，尤其如此。凭借归属感，员工不仅可以释放出潜在的巨大能量，而且还可以发展出一种坚强的个性；凭借归属感，员工可以把枯燥乏味的工作变得生动有趣，使自己充

满活力；凭借归属感，可以感染周围的同事，让他们理解你、支持你，拥有良好的人际关系；更重要的是，凭借归属感，可以感染顾客，实现更出色的业绩。人们工作的目的不仅仅是生存，而是通过工作获得成就感。员工工作的目的包括一份满意的薪水、快乐的工作状态和一个好的工作环境。其中最重要的就是在企业中能快乐地工作。环顾四周，总是对员工们板着面孔、高高在上的创业者越来越少，而“远景规划者”“煽情高手”“团队的服务者”却大受欢迎。

创业团队应该具有这样的意识：与帮助企业创造价值和财富的人一起分享财富。关于如何分配创业收益的问题，往往很难在创业活动的初始阶段就被确定下来并加以实施，不过团队成员应该达成共识，即在创业活动的一定周期内，根据贡献程度分配利益。在衡量每一位团队成员的贡献率时，需要充分考虑创始地位、所起作用、所供资源、岗位职责等多种因素，更重要的是，团队成员之间要多沟通、多协商，努力达成对各项贡献价值的一致意见，并且保持充分的灵活性，以适应今后的变化。

【案例 5-2】

马化腾五兄弟：难得的创业团队

腾讯的马化腾创业 5 兄弟，堪称难得，其理性堪称标本。1998 年，马化腾与他的同学张志东“合资”注册了深圳腾讯计算机系统有限公司。之后又吸纳了三位股东：曾李青、许晨晔、陈一丹。这 5 个创始人的 QQ 号，据说是从 10001 到 10005。为避免彼此争夺权力，马化腾在创立腾讯之初就和四个伙伴约定清楚：各展所长、各管一摊。马化腾是 CEO（首席执行官），张志东是 CTO（首席技术官），曾李青是 COO（首席运营官），许晨晔是 CIO（首席信息官），陈一丹是 CAO（首席行政官）。

之所以将创业 5 兄弟称之为“难得”，是因为直到 2005 年的时候，这五人的创始团队还基本是保持这样的合作阵形，不离不弃。

都说一山不容二虎，尤其是在企业迅速壮大的过程中，要保持创始人团队的稳定合作尤其不易。在这个背后，工程师出身的马化腾从一开始对于合作框架的理性设计功不可没。

从股份构成上来看。5 个人一共凑了 50 万元，其中马化腾出了 23.75 万元，占了 47.501 0的股份；张志东出了 10 万元，占 20%；曾李青出了 6.25 万元，占 12.5%的股份；其他两人各出 5 万元，各占 10%的股份。

虽然主要资金都由马化腾所出，他却自愿把所占的股份降到 47.5%。“要他们的总和比我多一点点，不要形成一种垄断、专制的局面。”同时，他自己又一定要出主要的资金，占大股。

“如果没有一个主心骨，股份大家平分，到时候也肯定会出问题，同样完蛋。”

保持稳定的另一个关键因素，就在于搭档之间的“合理组合”。

据《中国互联网史》作者林军回忆说，“马化腾非常聪明，但非常固执，注重用户体验，愿意从普通用户的角度去看产品。张志东是脑袋非常活跃，对技术很沉迷的一个人。马化腾技术上也非常好，但是他的长处是能够把很多事情简单化，而张志东更多是把一件事情做得完美化。”

许晨晔和马化腾、张志东同为深圳大学计算机系的同学，他非常随和且有自己的观点，但不轻易表达，是有名的“好好先生”。而陈一丹是马化腾在深圳中学时的同学，后来也就读深圳大学，他十分严谨，同时又是一个非常张扬的人，他能在不同的状态下燃起大家的激情。

如果说，其他几位合作者都只是“搭档级人物”的话，只有曾李青是腾讯 5 个创始人中最好玩、最开放、最具激情和感召力的一个，与温和的马化腾、爱好技术的张志东相比，是另一个类型。其大开大合的性格，也比马化腾更具攻击性，更像个拿主意的人。或许正是这一点，导致了他最早脱离团队后单独创业。

后来，马化腾在接受多家媒体的联合采访时承认，他最开始也考虑过和张志东、曾李青三个人均分股份的方法，但最后还是采取了 5 人创业团队，根据分工占据不同的股份结构的策略。即便是后来有人想加钱、占更大的股份，马化腾说不行，“根据我对你能力的判断，你不适合拿更多的股份。”因为在马化腾看来，未来的潜力要和应有的股份匹配，不匹配就要出问题。如果拿大股的不干事，干事的股份又少，矛盾就会发生。

最后他们上市所持有的股份比例只有当初的 1/3，但即便是这样，他们每个人的身价都还是达到了数十亿元人民币，是一个皆大欢喜的结局。

可以说，在中国的民营企业中，能够像马化腾这样，既包容又拉拢，选择性格不同、各有特长的人组成一个创业团队，并在成功开拓局面后依旧保持着长期默契合作，是很少见的。而马化腾的成功之处，就在于其从一开始就很好地设计了创业团队的责、权、利。能力越大，责任越大，权力越大，收益也就越大。

拓展阅读

周鸿祎：怎样组建创业初期的优秀团队？

中国有句古话，叫作铁打的营盘流水的兵。

创业初期，当团队里有人离开的时候，肯定有不少创业者拿这句话来安慰自己。但我觉得这句话其实有误导，因为它把营盘（公司）和兵（员工）的关系完全视为单纯的雇佣关系。

对于创业团队来讲，如果每个员工都把自己做的事情仅仅当作一份工作，当作一种养家糊口、解决财务问题的工具，那么这个营盘绝对不会是铁打的，而是纸糊的，稍有风吹草动，就会坍塌。

从另一个角度来看，创业开始，最宝贵的资产不是那个 idea，更不是那个宏大的规划。创业就是一场马拉松式的接力赛，是一个长期、艰苦的过程，没有七八年达不到目标；同时又要求创业者必须以百米冲刺的速度去竞争。这一切都需要优秀的创业团队来执行，前赴后继。改变世界的精神不变，捆绑个人利益与企业利益的激励机制永在。所以，营盘是铁打的，还是纸糊的，归根结底在于你是否有一支优秀的团队。

建设一支优秀的团队，这是整个创业过程中都必须要面对的问题。如何建立一支优秀团队，仁者见仁，智者见智，但我认为万变不离其宗，关键是把握三个要点。

1. 不能以发财为目标，一定要有某种程度的理想主义情怀

我在互联网行业里拼了这么久，从来没有看到一个为了解决财务问题而凑在一起的团队能够最终走向成功的。相反，这样的团队一旦遭遇到了挫折，就容易悲观失望；或者一旦外面有更大的现实利益诱惑，团队便容易分崩离析。

前不久，我找人力资源的人帮我统计了一下，看一看跟我合作在十年以上，八年以上，五年以上的到底有哪些同事。在这一批人里，有我第一次创业时开始就跟着我一起打拼的；有的在方正时是同事，后来我离开创业的时候加入进来；还有的是加入到我在雅虎时的团队，中间离开几年，后来又加入到360来的。

看了这个名单，我很感慨，如果那时候我跟他们说，出来跟我干吧，到时候发财了咱们大碗喝酒，大口吃肉，大秤分金，我估计他们也不会跟我合作这么长时间。相反，我们的目标是要做出好的互联网产品来，让人们的互联网生活更方便、更安全，有了这个目标，大家才能持之以恒地走下去。

2. 财散人聚，要有激励机制

要把大家的利益捆绑在一起。

建团队，我不希望我的员工单纯是奔着钱来的，因为这样投机分子太多。但是我一定要替员工考虑财务问题。在今天这样一个社会，谁都不能免俗。就算是一个理想主义者，也总要养家糊口，要在社会上过一种体面的、有尊严的生活。而且，创业是一个耗人健康、燃烧青春的事。对于这些愿意跟着企业去打拼的人，不能光在嘴巴上对他们说好，而是要签协议，让这些燃烧青春的人也能一起分享未来的收益。否则，财聚人散，也没什么未来了。

正因为这样，360从一开始就做了员工持股计划，最初员工持股比例达到40%，最后几轮稀释后在上市前降低到22%。这个比例在今天互联网公司中算是最高的了。我觉得，用西方证明是有效的股权期权制度，把团队的利益和公司的利益捆绑在一起。这些做好了，讲理想主义才好讲，做思想工作才好做。

3. 解决新老交替的问题，留一部分利益给未来

企业在成长过程中，走弯路、遭遇挫折，那是肯定的。这个时候，会有团队成员因为不认同未来发展方向，或者因为有更大的现实利益诱惑而离开。同样，不同的阶段需要不同的人才，需要不同的专业技能，只有新人不断进来，企业才有未来。我从来没有见到过一个团队一成不变地走向成功，即使桃园三结义的刘备、关羽、张飞，打天下还得需要赵云、黄忠、诸葛亮等。新老交替，最好的解决方式，我认为还是通过激励制度。

比如，在360里面，老员工技术能力强，做事风格踏实，不骄不躁，是新人的榜样。他们不是管理层，走的是技术专家路线，也受新人的尊重。对新人来说，他们也不是单纯的打工者。按照常青树计划，360每年都会维持总股本5%的比例，为有突出贡献的员工发放期权。维持5%的比例，就意味着需要稀释其他投资人的比例，但我对投资人说，设计这样一个蓄水池，就在于吸收人才，把新人的利益与企业的未来紧紧捆绑在一起，这样大家做事才会有积极性。这种积极性产生出来的价值，要远远大于被稀释掉的价值。投资人都是熟悉互联网这个行业的明白人，没几句话就同意了。这就是我说的"留一部分利益给未来"。

马斯洛已经讲得很明白了，人的需求分层次，不同阶段有不同阶段的需求，所以，我在这里讲的建团队、设计激励机制、完成新老交替，以这种方式建立"铁打的营盘"，其实也没啥新鲜的。我建议大家多读、多看，不违背人性，自然在建设团队方面会事半功倍。

来源：《搜狐网》，2016—01—08。https://business.sohu.com/20160108/n433862580.shtml

小 结

本单元介绍创业者与创业团队两部分内容。创业者模块主要介绍了创业者概念，什么样的人能成为创业者；创业成功者的创业意识、创业知识结构、创业能力和人格特征。创业团队模块，探讨了创业团队的概念和构成要素；组建创业团队的方法以及创业团队管理的策略。本单元难点是，什么样的人能成为创业者。

思 考

1.叙述一位创业者的创业经历。

2.创业成功者通常具备什么样的人格特征和能力结构？

3.组建创业团队有哪些方法？可以采用哪些管理策略？

4.企业不同的发展阶段如何激励创业团队成员？

第六章　创业机会

最坏的创业是没有选择的机会，最有希望的创业是有较多机会可供的创业，但若不能识别和选择机会，创业者又必会陷入最坏的境地。

——Facebook 创始人　马克·扎克伯格

第一节　创业机会的概念与特征

从打工妹到身价百亿，她用20年成为“快递女王”

自从20世纪90年代开始，浙江省杭州市桐庐县就与中国民营快递画上了等号，今天占据中国民营快递半壁江山的“三通一达”（申通、中通、圆通和韵达），都发迹于桐庐。所以，中国只有两家快递，一个是顺丰，一个是桐庐人快递。

据统计，全国桐庐籍创办和管理的快递企业多达2 500余家，桐庐县的快递从业人员超过20万，年营业额超过3 500亿，占整个中国快递行业5 500亿的60%。而这位名叫陈小英的女人，却串起了“桐庐系”快递行业的整个链条。她的身份是申通快递的董事长，同时也是天天快递的董事长夫人。陈小英自幼丧父，只念完了初中，就去了杭州，在哥哥陈德军给介绍的一家印染厂做工人，结识了很多同乡，包括她的丈夫聂腾飞。1993年5月，印染厂接到了20个美国的货柜订单。需要次日就把报关单送到上海码头。不过，当时的邮政要3天才能邮到上海。聂腾飞当晚9点坐夜车从杭州出发，次日凌晨3点就到了上海。夫妻俩一算账，杭州到上海的火车票价是15元，如果每单收费100元，一单就能赚到70元左右。顺着这条线，陈小英夫妻俩和同事詹际胜一起果断辞职，做起了快递搬运工，帮贸易公司把报关单次日送达目的地。陈小英的哥哥陈德军，还有聂腾飞的弟弟聂腾云（韵达创始人），5人一起成立了盛彤实业有限公司，也就是申通快递的前身。4个男人外出送货，陈小英1人在家。到了年底一算账，公司赚了2万多，相当于打工10年的工资。因为上海的业务最多，就选取上海的一个别称“申”字，再加上有“四通八达”寓意的“通”字，把快递的名字改为“申通”。随着业务越做越大，陈小英就回老家招兵买马。1995年，申通的业务已经覆盖整个浙江省，隔年,又扩展到了江苏,1997 年,业务遍及北京、广州、武汉、成都和青岛等一、二线城市。到 1998 年,在长三角地区的申通网点就已经达到 50 多个,公司员工已将近 2 000 人,成为长三角的快递业老大。1998 年秋,聂腾飞却遭遇离奇车祸去世。

早在 1994 年,詹际胜离开"申通",创办了"天天"。1999 年,聂腾云离开"申通",成立"韵达"。2000 年,陈德军的初中同学、"申通"财务张小娟和丈夫喻渭蛟创办"圆通"。2002 年,申通快递分公司经理桑学兵和陈德军的朋友赖梅松成立"中通"。紧要关头,陈小英站了出来,正式接管了"申通"的全部业务。她很快推出"网点承包制",快递员只需交上几百元的押金就可以获得授权,拥有一个属于自己的网点,可以承包一条街道甚至一个区。极大地调动了一线快递员的积极性,申通从此搭上了快车道,1998 年到 2003 年 5 年间,申通业务每年递增 50%以上。这个时候,快递业发展的风口来了。在 2009 年,《新邮政法》颁布,为快递公司正名。也是在 2009 年,阿里首创了"双十一"购物节。陈小英认为这是一个巨大的商机,"申通必须不惜一切代价挤进淘宝配送的大军"。靠什么呢?陈小英决定打价格战,结果在当年的"双十一"中,申通一下子抢下 40%的市场份额。薄利多销让申通大赚了一笔,申通的名号一炮打响。现在每 6 个包裹中,就有 1 个是由申通负责寄送的。有意思的是,陈小英还在 2012 年以 1.6 亿元收购了"天天快递",参股 60%,而当时"天天快递"的董事长是奚春阳,一年以后,两个人亲上加亲,走到了一起。在 2014 年 9 月"天天快递"的誓师大会上,陈小英以董事长夫人的身份出席了大会。2015 年 12 月 2 日,申通借壳上市,股价连续收获了 13 个涨停,从 13.7 飙涨到 47.33,13 天涨了 245%,并由此开启了快递公司的上市潮。自 2015 年申通借壳上市成功至今,除中通快递在纽约证券交易所上市外,圆通、顺丰、韵达都相继借壳上市。如今 43 岁的陈小英,身价逾百亿。2019 年 3 月 11 日,马云也成为陈小英的粉丝,一举带着 46.6 亿入股申通。也许陈小英不是最身先士卒的一个,也不是身价最高的一个,但是细数每一个"桐庐系"快递,都与陈小英有着千丝万缕的联系。从印染厂的打工女孩到今天身家百亿的"快递女王",她无疑是最大的人生赢家。

一、创业机会的概念与特征

(一)创业机会的概念

创业机会也被称为商业机会,它是一切创业活动的基础和根源,商业机会是指存在于某种特定经营环境条件下,企业可以通过一定的商业活动发现、分析、选择、利用,并为企业创造利润和价值的市场需求。创业机会必然是商业机会,但商业机会就未必是创业机会。创业机会和商业机会之间并不存在必然的界限,这两者比较而言,创业机会更强调独有的价值或者利润创造特征,突出创新性、变革性。创业者由于商业机会的驱动来进行创业。

我们常说机会无时无处不在,然而,创业机会的最初状态是未精确定义的市场需求或未得到充分利用的资源和能力,真正具有商业价值的机会,它首先不仅是机会,而且还要看是否有适宜其价值产生和转化的土壤和条件。所以,创业机会是富有创业精神的创业者在纷繁复杂的商业机会中,用心发现、挖掘和培育出来的。正如拿破仑所说的这样一类创业者,他们"有一种天赋,能够在惊鸿一瞥下就发现局势所造之诸多可能"。

那么,什么是创业机会呢?熊彼特、柯兹纳等认为,机会就是通过创造性的资源组合,传递更明确的市场需求的可能性,是未明确的市场需求或者未充分使用的资源或能力;卡塞把

那些新的产品、服务、原材料和管理能够被应用或者出售以获得高于其成本的情况称为机会；蒂蒙斯则指出，创业机会的特征是具有吸引力、持久性和适时性，并可伴随着为购买者或使用者创造或增加使用价值的产品和服务。核心的观点在于如何满足市场需求或如何利用资源，包括产品或服务（提供什么）、市场（提供给谁）、供应链、市场营销、经营管理等。

综上所述，创业机会指的是社会、政治、科技、经济以及人口环境等发生了变化，使新产品、新服务、新材料和新的组织方式出现了新的情境和状况。它包括以下三层含义：

(1)创业机会表现为一种有利的环境。它是由于市场环境中存在着某种空缺，产生了通过以更好的方式提供新理念、新产品、新服务来弥补这种不足，并获取盈利的可能性。

(2)创业机会是一个过程。是新的产品、新的服务、新的原材料、新的市场和组织方法通过新的途径被介绍的过程，它存在于为顾客或消费者创造价值或增加价值的产品或服务中。

(3)创业机会是指具有很强吸引力、较为持久性、适时性、立足消费者和可识别等特点的创业活动空间。

【案例 6-1】

瓜果书创意源起与发展

瓜果书最早起源于日本，日本最早致力于农业高新技术产业化研发推广，瓜果书的设计和制作发轫于无土栽培技术的勃发。在日本农产省和日本有机农业研究会的共同推进下，瓜果书应运而生。瓜果书，通俗讲来，就是一种“书本里能长出花花草草，瓜瓜果果的有机书”。这种看得见摸得着吃得到的实物在书本里长出是不是一件很神奇的事。

这个美丽的童话也有着坚实的科学基础和依据。瓜果书，本质上是结合了工业设计的先进理念和园艺栽培技术的成熟技术，从而打造出的极具创新意识的工业产品。瓜果书是一项革命性的产品，颠覆了人们对于养花配土的认识。这些外貌似书本的产品表面包装有防水纸，瓜果书里边含有膨化剂，高效营养介质以及迷你种子。它通过精确的配比，满足植物生长所需营养成分但又不过量，同时运用高科技手段对营养物质进行固化并控制其释放速度，使得植物在生长过程中恰到好处地获得养料。通过这些方法植物所需土壤体积达到最小即使是一本书内的方寸空间也足以满足庞大植株的需要，其附带的温度计等附件也大大降低了操作管理的难度，只要按照指南上的简单步骤去培养，人人都能获得繁花硕果。同时，它也是一本活的植物科普读物，有详细而有趣的介绍说明，寓教于乐，良师益友。

现在世界各地的商场和书店均有“瓜果书”出售，诸如“番茄书”“黄瓜书”“茄子书”等。人们购回后按照其附赠的种植说明，只要每天浇水，便能长出如手指粗细的黄瓜、弹丸似的番茄、拳头大的番茄等。一般情况下，一本“番茄书”经培育可长出 150～200 个迷你果，一本“黄瓜书”可结出 50～70 条袖珍瓜。这种时尚新颖的创意产品一度在全世界成为畅销的工艺创意产品。瓜果书的未来充满诱惑，瓜果书的未来就是“书本开花结果”的童话成真。

(二)一个好的创业机会的特征

(1)真实的需求。即那些具有购买力和购买欲望的消费者有未被满足的需求。

(2)能够收回投资。即在承担风险和努力工作之后,可以带来回报和收益。

(3)具有竞争力。即消费者认为购买你的产品或服务比购买其他的产品或服务能获得更大的价值。

(4)实现目标。即能满足那些冒险的人和组织的愿望。

(5)有效的资源和技能。即在创业者所具备的资源、能力、法律等必备条件范围内。

【案例 6-2】

海底捞董事长张勇的传奇创业经历

张勇的创业经历颇有些传奇色彩。1994 年,身为拖拉机厂电焊工的他,在街边摆起了 4 张桌子,开始卖麻辣烫,这就是海底捞的前身。张勇当时并不会做火锅,只能照着书本摸索。“想要生存下去只能态度好些,别人要什么就快一点满足他,有什么不满意就多陪笑脸。”张勇回忆道,“你什么都不懂,如果连最基本的谦虚和对客人友好的态度都失去的话,你还做什么生意?”

创立之初,冷冷清清几天过后,终于迎来了第一批客人。让他没想到的是,结账时客人竟然一致评价:“味道不错。”张勇品尝了一下自己的火锅,简直难以入口。这样的火锅也能得到客人的好评?张勇反复思忖后恍然大悟:原来是优质的服务,弥补了味道的不足。

认定了这一点,张勇更加卖力,帮客人带孩子、拎包、擦鞋……凭借一腔热情和体贴入微的服务,几年之后,海底捞在当地已经是家喻户晓。之后,海底捞的名声越来越大,通过连锁发展,开出了 40 家门店。其服务也越来越好,在海底捞,顾客能真正找到“上帝的感觉”,甚至会觉得“不好意思”。海底捞的服务已经征服了绝大多数的火锅爱好者,顾客会乐此不疲地将在海底捞的就餐经历和心情发布在网上,越来越多的人被吸引到海底捞,一种类似于“病毒传播”的效应就此显现。一个流传甚广的故事是,一位顾客结完账,临走时随口问了一句:“怎么没有冰淇淋?”5 分钟后,服务员拿着“可爱多”气喘吁吁地跑过来:“让你们久等了,这是刚从超市买来的。”“只打了一个喷嚏,服务员就吩咐厨房做了碗姜汤送来,把我们给感动坏了。”毫无疑问,这样贴身又贴心的“超级服务”,自然让人流连忘返,一次又一次不自觉地走进这家餐厅。

二、创业机会的来源

当然,一个好的创意可能会成为一个好的创业机会,也可能不会。创业机会是创业者用创意开发出来的,创意数量远比机会要多。而相比新创企业,现有企业有其相应的优势,比如,它们具有经营企业和市场方面的经验;已经与供应商、经销商和顾客建立了稳定的合作关系;拥有好的信誉、实力和品牌,能够更容易融资且成本较低,从而风险也低;在建立规模经济和高效率生产等方面也具有成本优势。尽管如此,面对复杂多变的环境,现有企业仍可能存在需要改进的地方。这就为创业者提供了建立新事业的机会,通过发现和开发创业机会,与现有的企业,甚至是已确立市场地位并且实力雄厚的企业展开有效的竞争。

那么,创业机会来源于何处?创业者如何才能从众多的机会中寻找并开发具有商业价值的创业机会呢?如前分析可知,创业者要发现商业机会,首先需要把握形成特定创业机会

的原始动力。只有这样，才能随时关注到存在于这类原始动力中的变化，并对它们进行系统的分析，及时发现现有的创业机会，及时辨识潜在的、利己的创业机会，及时预期未来的创业机会。

一般而言，大多数创新或创业的成功主要是利用了环境和技术各种变化后达到的。创业机会存在于社会与经济的变革过程之中，有的来自对现有产品的改良设计，有的来自机缘巧合。但是这并不是说创业机会的寻找是无章可循或毫无规律的，管理大师德鲁克认为，通过系统的分析研究，可以产生大量的创业点子或创意，经过一系列的评估、选择来发掘创业机会。他将创业机会的来源主要概括为以下七个方面。

1. 意外事件

人们总会期望一切尽在掌握，然后，不确定的偶然总会发生。出现偶然，找到积极对应的解决方法，就会产生创业机会。意外事件包括意外成功、意外失败、意外变化。这都是一些特殊事件，创业者通过对这些特殊事件的分析，可以发现创业机会。意外成功是一种偶然的成功，它与企业一贯的做法不同，也与原有的判断不一样，是在非常规的做法中取得的成功，完全超出意料的范围。而意外失败有两种：一种是由于决策失误而造成的失败；另一种是经过认真计划、执行后，仍然出现的失败。第二种失败可能存在创业机会，要认真对失败的原因进行分析，找出失败的根源，在寻找失败原因的过程中，机会可能就会出现。意外变化是指出现人们意料之外的各种变化，这些变化可能带来意想不到的创业机会。

2. 不一致的状况

不一致的状况是指实际情况与预期情况的不一致。例如经济现象的不一致：当某种产品的设计并不先进，但产品的成本较低和质量较好；或产品的产量增加了，但利润却下降了。如果对经济现象的不一致进行研究，找到原因，就有可能成为创业机会。又例如，一般生产者都认为自己的产品对消费者是有价值的，实际上可能并不如此，其原因主要是生产者对市场的把握不准确，这样也就存在创业机会。

3. 基于程序的欠缺

对作业程序进行认真分析，从中找到存在的缺陷，然后从技术上找到切实可行的解决方案。如果能找到切实可行的解决办法，那么这种解决办法本身就是一种机会。

4. 基于行业与市场结构的变化

当某个行业在经历导入期、成长期、成熟期或衰退期四个阶段时，市场结构也随之变化，这必然会创造许多创业机会。例如，当在某个行业内，对不同的技术进行改进或整合时，可能会导致市场结构的变化，这样就会形成新的市场机会。也就是说，不论是新兴产业、成熟产业、衰退产业、全球产业等，都存在工业结构或市场结构的变化，也必定存在许多创业机会。

5. 人口的变化

如果对人口统计资料进行分析，可以发现人口发展变化的具体情况及其变化趋势，从中就能发现许多潜在的市场机会。例如，我国单亲家庭的快速增长、老龄化社会现象、国民受教育程度的普遍提高、由于农民工而产生的人口转移、妇女就业的风潮、留守老人和儿童等人口变化及其趋势中都蕴藏着创业机会。

6. 基于价值观与认识的改变

人们由于价值观或认识的不同，对同一事物的认识和看法就会不同，得出的结论也不一样。当人们的价值观与认识发生了改变，就意味着，人们随之对某些产品或服务的需求也产生了改变，这些改变了的需求中就潜藏着大量的市场机会。

7. 新知识的涌现

新知识包括科学的和非科学的。由于新技术或新知识的出现，会产生许多市场机会。例如，计算机技术的出现，就迅速形成了一个巨大的IT产业，也产生了如计算机硬件、计算机软件、计算机网络等许多市场机会。在新技术、新知识转化为产品时，有时只要你的产品足够超前、新颖、时尚，即使不进行大量的营销，也会吸引人们的眼光，产生很大的商业价值。

可以说，德鲁克所提出的七类创业机会来源得到了普遍认可。此外，我国学者丁栋虹还从外在配合条件和个人能力条件等角度将奥尔姆、熊彼特、蒂蒙斯等学者的研究进行了概括，认为外部配合条件的机会来源于：市场存在不均衡、环境变动、提供新技术或新服务、现有厂商效率不佳等；而个人能力条件的机会来源于：相关领域的知识、先前工作经验、创业警觉、策略思考、学习能力、社会网络等。由此看来，虽然通过系统研究来发现机会是重要的途径，但是创业者长期的观察和生活体验也很重要。

【案例 6-3】

小小神童洗衣机的成功

在激烈的家电商品竞争和价格大战中，海尔洗衣机依靠产品创新占领市场，从而不断创造商机，颇能给其他企业以启迪。一般来讲，每年的6～8月是洗衣机销售的淡季。每到这段时间，很多厂家就把促销员从商场里撤回去了。张瑞敏纳闷儿：难道天气越热，出汗越多，老百姓越不洗衣裳？调查发现，不是老百姓不洗衣裳，而是夏天里5公斤的洗衣机不实用，既浪费水又浪费电。于是，海尔的科研人员很快设计出一种洗衣量只有1.5公斤的洗衣机——小小神童。小小神童投产后先在上海试销，因为张瑞敏认为上海人消费水平高又爱挑剔。结果，上海人马上认可了这种世界上最小的洗衣机。该产品在上海热销之后，很快又风靡全国。在不到两年的时间里，海尔的小小神童在全国卖了100多万台，并出口到日本和韩国。张瑞敏告诫员工说："只有淡季的思想，没有淡季的市场。"

三、创业机会的类型

目前我们能认识的商机大致可归结为14种。

(1)短缺创业机会。物以稀为贵。短缺是经济市场中谋利的第一动因，在高原或在密封空间里，新鲜空气也会是商机。一切有用而短缺的东西都可以是创业机会，如科学技术、自然资源等。

(3)时间创业机会。远水解不了近渴。在需求表现为时间短缺时，时间就是商机。飞机比火车快，激素虽不治病却能延缓生命，它们身上都有创业机会存在。

(3)价格与成本创业机会。水往低处流，"货"往高价走。在需求的满足上，能用更低成本满足时，低价替代物的出现也是创业机会，如国货或国产软件。

(4)方便性创业机会。江山易改，惰性难移。花钱买个方便，所以"超市"与"小店"并存。再比如手机比固定电话贵得多，可实时性好，手机就是好的创业机会。

(5)通用需求创业机会。通用需求周而复始,永续不完。人们的生存需求,如吃、穿、住、行,每天都在继续,有人的地方就有这种创业机会。

(6)价值发现性创业机会。天生某物必有用。一旦司空见惯的东西出现了新用途,定会身价大增。板蓝根能防"非典",醋能消毒,这些曾经习以为常的东西瞬时成为市场新宠,价格飙涨,新用途让这些平凡的东西拥有了超常的价值。

(7)中间性创业机会。螳螂捕蝉,黄雀在后。有些人喜欢急功近利,为盯住最终端不择手段。比如挖金矿时,不会计较水的价格,结果黄金不一定能挖着,却富了卖水的。

(8)基础性创业机会。引起所有创业机会的创业机会。对长期的投资者来说,这是重要的。如社会制度、基础建设、商业规则等。

(9)战略创业机会。未来一段时间必然出现的重大创业机会。20 多年以前,中国人曾面临着这种创业机会,今天出现的"下岗"和"致富"的天壤之别,就是因为后者主动"下岗",利用了这个创业机会。

(10)关联性创业机会。一荣俱荣,一损俱损,这主要由需求的互补性、继承性和选择性决定。我们可以看到地区间、行业间、商品间的关联创业机会情况。

(11)系统性创业机会。发源于某一独立价值链上的纵向创业机会。如电信繁荣,IT 需求旺盛,众多配套商增加,增值服务商出现,电信消费大众化等。

(12)文化与习惯性创业机会。由生活方式决定的一些创业机会,比如各种节日用品、宗教仪式用品等。

(13)回归性创业机会。当人们追随的时尚经过一段时间之后,过去的东西又成为"短缺"物,回归心理必然出现。至于多久回归,取决于商家的理解。

(14)灾难性创业机会。由重大的突发危机事件引发的创业机会,如新冠肺炎疫情影响下,导致口罩、额温枪、防护服、消毒液等产品需求的大幅增长。

拓展阅读

你会叫一辆免费的无人驾驶出租车吗?

叫一辆无人驾驶出租车,这个在未来畅享中的场景,已经离我们越来越近了。

2020 年 4 月 27 日,聚合打车平台高德打车宣布即日起,将在上海接入自动驾驶公司 AutoX 的自动驾驶网约车。前期主要为体验活动,上海市民使用高德地图,搜索"无人车"即可进入报名页面,成功之后,即可在上海市政府指定许可自动驾驶范围内免费体验。

就在一周前,百度 Apollo Robotaxi 无人出租车服务也开始向公众全面开放,用户通过百度地图、百度 App"Dutaxi"小程序即可一键呼叫并免费试乘。

百度和高德相继开放无人出租车服务,这是高等级无人驾驶技术在具体商业场景中的落地。问题来了,你会去叫一辆无人驾驶出租车吗?

1. 阿里系的高德联手 AutoX

高德打车是国内首个宣布推出聚合打车服务的出行平台,其已相继接入了全国 40 多家网约车平台,日活用户也已经超过 1 亿。目前,高德打车可提供租车、舒适、经济、商务、豪车等多种车型。此次上线无人网约车,可以说是实现了一键全网打车。

据悉，用户在高德上呼叫无人车与呼叫普通网约车操作相同，在高德打车内，输入起点和终点，在“舒适”车型中勾选“AutoX”即可完成呼叫。接到订单后，自动驾驶汽车会在乘客的起点位置附近安全停车，这一点与其他自动驾驶汽车只能在固定地点停车有很大不同。

之后，在行驶过程中，自动驾驶汽车可智能识别前方红绿灯、周边的车辆和行人，以及道路两侧的设施等，并根据订单行程合理规划路线。通过车辆的摄像头和雷达等设备，车内的大屏幕也准确还原了车辆周边的状况，也会提示当前车速、交通信号灯状态、转向提醒等，以供乘客实时了解。

当然，也是最重要的一点，虽然自动驾驶汽车行驶过程中无须人为干涉，但根据相关法规需求，在无人车示范应用的第一阶段，每辆车内均会配备安全员。

为什么高德会选择 AutoX 合作？

在车云看来，一方面，AutoX 虽然是一家初创公司，但不管是技术，还是资源，其在国内的地位都不一般，毕竟，其是国内具有最广泛车企资源、唯一具有央企车企大规模投资的创企。另一方面，则在于 AutoX 与高德地图同属阿里系。去年 9 月份，AutoX 宣布完成总额 1 亿美元的 a 轮融资，由东风汽车领投，阿里巴巴创业者基金、Plug and Play、香港 HKSTP 科技发展基金等跟投。

值得注意的是，阿里巴巴创业者基金是由阿里在 2015 年设立，其投资标准专门提到了对阿里生态的提升和补充。当时，AutoX 方面也表示，获投资后，将加入到阿里巴巴的生态中。基于此，此次高德联手 AutoX，我们可以将其看作是阿里系内的联合，同时，也是阿里在出行领域与其他公司的对抗。

2. 出行平台无人网约车之争

高德打车不是第一个上线无人网约车的出行平台，当然，也不会是最后一个。

百度在国内自动驾驶领域掌握着充分的话语权。其在 2019 年 3 月份，就与厂商当地机构合作成立了湖南阿波罗智行科技有限公司，以求将 Robotaxi 自动驾驶出租车规模化运营。同年 9 月，百度曾测试首批红旗 EV Robotaxi，开放给当地的种子用户。

到了 2020 年 4 月 20 日，百度正式在长沙开启了 Apollo Robotaxi 自动驾驶出租车服务，普通市民也能免费试乘。值得注意的一点是，百度的自动驾驶出租车服务也是在百度地图打车页面上实现。

除了百度之外，国内最大的出行平台滴滴自然也不会放过自动驾驶这一发展趋势。

2019 年 8 月 5 日，滴滴正式拆分自动驾驶部门，升级为独立公司，CTO 张博兼任自动驾驶新公司 CEO。月底，在“2019 世界人工智能大会”上，张博表示，滴滴将很快在上海嘉定推出自动驾驶车辆打车服务。此外，滴滴出行 APP 还会上线“混合派单”模式，更具用户路线需求，滴滴将会安排自动驾驶车辆提供服务。

相比于百度和高德，滴滴对于自动驾驶网约车落地应用的需求要更加迫切，毕竟，作为目前国内最大的网约车平台，现有司机运力难以满足日益增长的打车需求，自动驾驶，则将为现有的司机运力提供补充。

而就在前不久，有消息人士称，吉利汽车旗下的曹操出行将在今年下半年测试无人驾驶网约车服务，自动驾驶车队数量将扩大到 10 辆左右，并接入曹操出行 APP。同时，在 2020 年第二季度，曹操出行将完成自动驾驶路测牌照的申请，并完成至少两辆曹操自动驾驶车的常态化路测。

不过，在具体面向公众试乘时间上，消息人士称可能要到明年，原因是涉及扩展车队规模，“两年后杭州亚运会期间，计划运行范围覆盖杭州主要区域”。不过，针对这些内容，曹操方面并未给予回应。

对于自动驾驶，中国交通运输协会共享出行分会秘书长荣建表示，随着技术的逐渐成熟，自动驾驶可大幅提升出行的安全和效率，为乘客提供统一、优质的出行服务。

事实上，在业内看来，网约车或许会成为自动驾驶率先落地的应用场景之一。而对于出行平台来说，布局自动驾驶网约车，不仅仅是抢占自动驾驶赛道，更重要的，还在于通过自动驾驶解决当前存在的实际问题。

相较于其他的自动驾驶研发企业，出行平台所具备的优势，则在于基于平台既有的数百万网约车每日生成的数据量，他们能够在更短时间内拿到更多真实路测和交通数据。

此前，滴滴张博也曾透露，为了高度配合自动驾驶技术的研发，团队在持续通过庞大的车队规模进行高精地图的采集与制作工作。

在此方面，不得不说高德地图本身就具备的高精地图优势，同时，其通过聚合模式，链接的 40 多家网约车平台，也能够为其自动驾驶的研发提供大量的真实数据。如今，其又联合 AutoX 启动无人驾驶网约车的用户体验，无疑开启了无人驾驶技术商业化进程的重要一步。

第二节 创业机会识别

一、创业机会的识别过程

创业机会的识别过程是一个不断调整反复权衡的过程。不同的创业者可能会关注不同的创业机会，即使是同一个创业机会，不同的人的对其评价也不一定相同。发现创业机会的方法是不是有固定的流程？是创业者的灵光一闪还是可以标准化可复制的模板？直到 IDEO 公司的设计思维流程诞生，才有一个相对确定的答案，创业机会可以遵循一定的流程标准来进行。创业机会的识别过程一般都需要经过创业环境分析和创业市场调研。

（一）创业环境分析

创业环境是指创业者周围的境况，围绕着创业企业生存和发展变化，对其产生影响或制约创业企业发展的一系列外部因素及其组成的有机整体。

1. 创业环境的内容

(1)政府政策。这包括对创业活动和创业企业成长的规定、就业的规定、环境和安全的规定、企业组织形式的规定、税收的规定等，还包括政策的执行情况、落实情况和事实上的效率情况等。

(2)政府项目。提供项目支持是政府政策的具体化。这种支持，既包括提供服务支持和建立扶植创业企业的相关组织和机构，以及通过这些组织和机构举办和开发的大量创业项目。

(3)金融支持。创业的金融支持最主要的来源是私人权益资本、自有资金、亲戚朋友投资或其他的私人股权投资。

(4)教育与培训。教育培训是创业活动得以开展的必要条件，也是创业者将潜在商机变为现实商机的基础。

(5)研究开发转移。研究成果的转移过程是否顺利，不仅表明我国商业化的步伐，而且表明创业研发和研发后转化为生产力的效率和水平，更反映出创业者是否能抓住创业机会，很好地通过创办企业向市场转化。

(6)切入时机。我国的市场现正处于市场增长率高、市场变化率高的阶段，对创业企业来说，是个难得的机遇，创业企业进入成本相对较低。

(7)商务环境和有形基础设施。我国整体环境正在朝着有序、规范的方向发展。诚信意识在增强，硬件环境在改善，服务意识在提高。消费者的理性消费意识和消费观念有了明显变化。

(8)文化和社会规范。我国目前的文化和社会规范鼓励创业和创业者，鼓励人们通过个人努力取得成功，也鼓励创造和创新的精神，更鼓励通过诚实劳动致富，让创业者勇敢地承担和面对创业中的各种风险。

2. 我国创业环境的特点

(1)法律、政策、社会环境持续改善

我国目前私营经济发展的法律环境逐步具备，创业门槛不断降低、资本市场日趋活跃，创业载体和创业服务机构发展加快，创业者的后顾之忧将会越来越少。

(2)创业扶持政策不断推出

为了促进创业，国家和地方各级政府纷纷出台了相关政策，给予创业者更多的支持。例如，人力资源和社会保障部已经在全国百家创业试点城市搭建创业平台，通过开展免费创业培训、强化创业指导、优化创业环境、培育创业文化、进行创业激励等途径进行重点扶持。

(3)提供了广阔的发展空间

知识经济时代最根本的变化是资金让位于知识，知识成为最宝贵的资源、最重要的资本，这为受过良好教育并具有相应专业知识的人才提供了无限的机会。其次，第三产业投资少、见效快，十分适合普通大众创业，成为我国一个极具魅力的投资领域，可以为创业者提供大显身手的舞台。

3. 创业环境分析的方法

(1)PEST 分析法

PEST 分析法是战略外部环境分析的基本工具，它是通过对政治、经济、社会和技术四个方面的因素分析，从总体上来把握宏观环境，并评价这些因素对企业战略目标和战略制定的影响。

P:政治(Political System)，是指对组织经营活动具有实际与潜在影响的政治力量和相关的法律、法规等因素。

E:经济(Economic)，是指一个国家的经济制度、经济结构、产业布局、资源状况、经济发展水平以及未来的经济走势等。

S:社会(Social)，是指所在社会中成员的民族特征、文化传统、价值观念、宗教信仰、教育

水平以及风俗习惯等因素。

T:技术(Technological),不仅仅包括那些引起革命性变化的发明,还包括与企业生产有关的新技术、新工艺、新材料的出现和发展趋势以及应用前景。

(2)SWOT 分析法

SWOT 分析法又称为态势分析法,它是由旧金山大学的管理学教授海因茨·韦里克于 20 世纪 80 年代初提出来的,是一种能够较客观而准确地分析和研究个体或者企业的现实情况的方法。

SWOT 四个英文字母分别代表:优势(Strength)、劣势(Weakness)、机会(Opportunity)、威胁(Threat)。从整体上看,SWOT 可以分为两部分:①SW,主要用来分析内部条件;②OT,主要用来分析外部条件。利用这种方法可以从中找出对个体(企业)有利的、值得发扬的因素,以及对个体(企业)不利的、要避开的东西,发现存在的问题,找出解决办法,并明确以后的发展方向。

(二)创业市场调研

1. 创业市场调研的内容

创业市场调研的目的就是为创业项目的相关决策提供依据或者为验证创业决策中的相关推断和策划而进行的各种市场信息的收集、整理、分析和应用的过程。因此,市场调研对创业项目的前期规划和设计有着关键性的支持作用。

(1)政策调研。

创业者只有熟悉政策,利用好政策中对自己有利的因素,规避不利因素,才能少走弯路,从而更快地让企业启动起来,事半功倍地打好创业这场战役。

(2)行业调研。

创业者对自己即将从事的行业,需要有一个全面、充分、系统细致的考察与评估。比如,你即将进入的行业是属于成长型行业,还是属于已经成熟,甚至达到饱和状态的行业? 主要的合作商和客户是谁? 未来的发展趋势如何? 只有对此类问题有了深入的了解,你才会知道如何更好地进入特定的市场。

(3)产品和服务调研。

对同类产品的调研,主要解决以下问题:如这些同类产品的外观、色彩等都有什么特点? 其产品具有什么样的特点和优势,是质量取胜,还是功能取胜? 同行业中失败的产品存在什么样的问题? ……对这些问题的答案都是你创建未来产品特色和优势的有效依据。对目标消费人群的调研分析,着重需要了解:哪类人群可能是你的长期客户? 他们更看重同类产品的什么功能和服务? 他们期望得到什么样的服务?

(4)客户调研。

进行客户调研就是了解客户需求的过程,了解即将开发的产品和服务能否满足客户和市场的需求。客户调查包括对客户的消费心理、消费行为等特征进行调查分析,研究社会、经济、文化等因素对购买决策的影响,同时还要了解潜在顾客的需求情况,影响需求的各因素变化的情况,消费者的品牌偏好等。

(5)商业模式调研。

商业模式,就是企业通过怎样的模式和渠道来盈利,商业模式是企业生存的根本,因此,在企业启动之前，需要去了解成功企业的盈利模式是怎样的，失败企业的盈利模式又是怎样的。只有这样才能在确立自己企业的盈利模式时能够有所借鉴、扬长避短。

2. 市场调查的方法

创业者收集市场信息的方法有以下两种。

(1)间接调查法。

间接法收集市场信息就是收集已存在的、别人调查整理的二手信息、情报、数据或资料。这些间接的信息可以从各个渠道得到，如报纸、杂志、互联网、行业协会、研究机构、政府部门、统计机构、银行财税、咨询机构等。

(2)直接调查法。

收集市场信息最直接的方法就是直接观察或者调查相关人员有关问题或感受，根据得到的答案或信息整理出有用的市场信息。

通常直接收集信息的方法有问卷调查法、面谈访问法、电话询问法、观察调查法、实验法。

二、影响创业机会识别的因素

外在因素：

(1)项目：首先要考察项目在行业领域中的时机，不能太早，也不能太晚。

(2)市场：创业的市场方向在哪里？面对什么样的群体？这个群体消费习惯是什么？消费痛点和盲点在哪里？创业项目是否弥补了市场消费盲点或者戳中了市场消费痛点？等等。

(3)团队：是否有一帮愿景相同、志趣相投的创业伙伴？

(4)竞争：你的竞争对手在哪里？竞争对手的短板是什么？你自身具备什么竞争优势？

(5)自我：创业是一个艰苦的历程，也是风险很高的人生选项，你是否做好了心理准备？是否做好了失败预案？是否安排好了家庭生活？

(6)借力：是否选择合适的孵化机构，加速企业成长，建议选择创新创业行业中优秀的“领跑者”——双创街，从空间到服务，从政策到技术转化，让创业更轻松。

内在因素：

(1)先前经验。在特定产业中的先前经验有助于创业者识别机会。有调查发现，70%左右的创业机会其实是在复制或修改以前的想法或创意，而不是全新创业机会的发现。

(2)专业知识。拥有在某个领域更多专业知识的人，会比其他人对该领域内的机会更具警觉性与敏感性。例如，一位计算机工程师，就会比一位会计师对计算机产业内的机会和需求更为警觉与敏感。

(3)社会关系网络。个人社会关系网络的深度和广度影响着机会识别，这已是不争的事实。通常情况下，建立了大量社会与专家联系网络的人，会比那些拥有少量网络的人容易得到更多机会。

(4)创造性。从某种程度上讲，机会识别实际上是一个创造过程，是不断反复的创造性思维过程。在许多产品、服务和业务的形成过程中，甚至在许多有趣的商业传奇故事中，都能看到有关创造性思维的影子。

【案例 6-4】

方便面的发现过程

日本人是喜欢吃面的民族,因此拉面的生意特别好,每天总是会看到很多人排队等着吃拉面。但随着生活节奏的加快,人们需要更快速、更方便的面食。日本的料理师父安藤百福联想到"如果面条只用开水冲泡就可以食用,该有多方便、多好。这种面食肯定会有市场。"于是,他开始了研制用开水冲泡就可以食用的方便面,经过三年的奋斗与研究改进,终于研制成功,方便面一上市,广受消费者的喜爱,成为市场上的抢手货。

三、识别创业机会的技巧

创业是发现市场需求,寻找市场机会,通过投资经营企业满足这种需求的活动。创业活动的本质体现在:创业活动的显著特点是机会导向,创业往往是从发现、把握、利用某个或某些商业机会开始的;创业活动的机会导向表现为创造价值,创业意味着要向顾客提供有价值的产品和服务,透过产品和服务使消费者的需求得到实质性的满足;创业活动的机会导向决定了创业活动必须突出速度,并做到超前行动;创业活动是在资源不足的情况下把握机会,创业者必须创造性地整合资源;创业的实质是创新和变革,没有创新的创业活动就难以生存和发展。如何识别与把握创业机会并成功创业,是创业者亟待解决的问题。好的创业机会,必然具有特定的市场定位,专注于满足顾客需求,同时能为顾客带来增值的效果。创业需要机会,机会要靠发现。创业难,发掘创业机会更难。而往往创业机会的识别是建立在对创业机会概念、特征、来源、类型及影响因素等了解的基础上,对创业机会的内涵认识得越深入,就越容易抓住创业机会。要想寻找到合适的创业机会,创业者应该从以下这些层面进行思考和探索,逐渐明晰合适的创业机会。

(一)通过市场对比识别创业机会

1. 现有市场机会和潜在市场机会

市场机会中那些明显未被满足的市场需求称为现有市场机会,那些隐藏在现有需求背后的、未被满足的市场需求称为潜在市场机会。现有市场机会表现明显,往往发现者多,进入者也多,竞争势必激烈。潜在市场机会则不易被发现,识别难度大,但往往蕴藏着极大的商机。例如,金融机构提供的服务与产品大多是针对专业投资大户,而占有市场大量资金的普通投资者未受到应有的重视,这种矛盾显示出为一般大众投资提供服务的产品市场极具潜力。

2. 行业市场机会与边缘市场机会

行业市场机会是指出某一个行业内的市场机会,而在不同行业之间的交叉结合部分出现的市场机会被称为边缘市场机会。一般而言,人们对行业市场机会比较重视,因为发现、寻找和识别的难度系数较小,但往往竞争激烈,成功的概率也低。而在行业与行业之间出现"夹缝"的真空地带,往往无人涉足或难以发现,需要有丰富的想象力和大胆的开拓精神,一旦开发,成功的概率也较高。比如,人们对于饮食需求认知的改变,创造了美食、健康食品等新兴行业。

3. 目前市场机会与未来市场机会

那些在目前环境变化中出现的市场机会称为目前市场机会，而通过市场研究和预测分析它将在未来某一时期内实现的市场机会称为未来市场机会。如果创业者提前预测到某种机会出现，就可以在这种市场机会到来前早做准备，从而获得领先优势。

4. 全面市场机会与局部市场机会

全面市场机会是指在大范围市场出现未满足的需求，如国际市场或全国市场出现的市场机会，着重于拓展市场的宽度和广度。而局部市场机会则是在一个局部范围或细分市场出现的未满足的需求。在大市场中寻找和发掘局部或细分市场机会，见缝插针，拾遗补缺，创业者就可以集中优势资源投入目标市场，有利于增强主动性，减少盲目性，增加成功的可能。

【案例 6-5】

着眼于问题的解决，发现创业机会

美国"牛仔大王"李维斯的故事多年来为人津津乐道。19 世纪 50 年代，李维斯像许多年轻人一样，带着发财梦前往美国西部淘金，途中一条大河拦住了去路，李维斯设法租船，做起了摆渡生意，结果赚了不少钱。在矿场，李维斯发现由于采矿出汗多，饮用水紧张，于是，别人采矿他卖水，又赚了不少钱。李维斯还发现，由于跪地采矿，许多淘金者裤子的膝盖部分容易磨破，而矿区有许多被人丢掉的帆布帐篷，他就把这些旧帐篷收集起来洗干净，做成裤子销售，"牛仔裤"就这样诞生了。李维斯将问题当作机会，最终实现了他的财富梦想。

(二)探寻创业项目的常见路径

所有的创业行为都要落实在一个个具体的创业项目之上。创业项目的寻找和选择至关重要，在探寻、选择创业项目时需要有以下五种方法。

1. 在解决他人困难的基础上选择创业项目

"解决他人的困难通常是企业成功的商机。"企业通常为他人解决工作和生活中的困难，为他人提供有用的服务从而制造商机，获得正当合法的盈利。

2. 分析已有商品存在的问题，选择创业项目

凡事都有两面性，市场上的各类商品同样有各种各样的问题。例如功能不完善、结构不够合理、样式和颜色不够好看和丰富，等等。创业者经过调查分析，针对这些商品存在的问题，进行改进、完善、提高，以此作为创业项目往往成功率很高。

3. 分析热门产品或服务背后的隐藏商机，选择创业项目

从热门产品或服务出发，进行相关的市场分析，摸清背后隐藏的市场商机，再选定创业项目进行实践。当看到市场猪肉热销时，我们可以进行的相关分析是：马上会兴起养猪热潮，当养猪热兴起后，猪饲料会供不应求。因此，我们既不去卖猪肉也不去养猪，而是跳过这两个阶段去生产猪饲料或卖猪饲料。这样，当养猪热潮到来时，自然会成为财富的来源。

4. 基于市场供求差异分析，选择创业项目

从整体上看，商品和服务的需求量和供给量之间会有一定的差距。我们可以通过市场调查分析，找到目前一些供给不足的商品或服务，在其中寻找创业商机，选定创业项目。市场需求不仅是多样化的，而且是不断变化的。因此，即使有时市场供求总量平衡，但结构也会出现不平衡，这样就会有需求的空隙存在。通过分析供求结构的差异，企业家也可以找到创业机会，选择创业项目。

5. 了解市场细分，选择创业项目

市场细分是指营销人员在进行市场调查后，根据整个市场上消费者的需求和愿望、购买行为和购买习惯的差异性而进行的市场分类方法。将某一产品的市场作为一个整体，划分为许多消费群体的市场类别的过程。一个部分由多个消费者群体组成，每个部分是具有相似需求倾向的一组消费者。进行科学的市场细分有利于发现市场机会，选定目标市场，确定创业项目。

利用以上方法并结合个人能力、市场分析、国家政策，可以让我们在创业项目的选择上有更大的优势。

把握创业机会有六招

创业者不仅要善于发现机会，更需要正确把握并果敢行动，将机会变成现实的结果。

1. 着眼于问题把握机会

机会并不意味着无须代价就能获得，许多成功的企业都是从解决问题起步的。所谓问题，就是现实与理想的差距。比如，顾客需求在没有满足之前就是问题，而设法满足这一需求，就抓住了市场机会。

2. 利用变化把握机会

变化中常常蕴藏着无限商机，许多创业机会产生于不断变化的市场环境。环境变化将带来产业结构的调整、消费结构的升级、思想观念的转变、政府政策的变化、居民收入水平的提高，等等；人们透过这些变化，就会发现新的机会。在国营事业民营化的过程中，创业者可以在交通、电信、能源等产业中发掘创业机会。私人轿车拥有量的不断增加，将产生汽车销售、修理、配件、清洁、装潢、二手车交易和陪驾等创业机会。任何变化都能激发新的创业机会，需要创业者凭着自己敏锐的嗅觉去发现和创造。许多很好的商业机会并不是突然出现的，而是对"先知先觉者"的一种回报。聪明的创业者往往选择在最佳时机进入市场，当市场需求爆发时，他已经做好准备等着接单。

3. 跟踪技术创新把握机会

世界产业发展的历史告诉我们，几乎每一个新兴产业的形成和发展，都是技术创新的结果。产业的变更或产品的替代，既满足了顾客需求，同时也带来了前所未有的创业机会。比如，电脑诞生后，软件开发、电脑维修、图文制作、信息服务和网上开店等创业机会随之而来。任何产品的市场都有其生命周期，产品会不断趋于饱和达到成熟直至走向衰退，最终被新产品所替代，创业者如果能够跟踪产业发展和产品替代的步伐，通过技术创新则能够不断寻求新的发展机会。

4. 在市场夹缝中把握机会

创业机会存在于为顾客创造价值的产品或服务中，而顾客的需求是有差异的。创业者要善于找出顾客的特殊需要，盯住顾客的个性需要并认真研究其需求特征，这样就可能发现和把握商机。时下，创业者热衷于开发所谓的高科技领域等热门课题，但创业机会并不只属于“高科技领域”，在金融、保健、饮食、流通这些所谓的“低科技领域”也有机会。有为数不少的创业者追求向行业内的最佳企业看齐，试图通过模仿取得成功，结果使得产品和服务没有差异，众多企业为争夺现有的客户和资源展开激烈竞争，企业面临困境。所以，创业者要克服从众心理和传统习惯思维的束缚，寻找市场空白点或市场缝隙，从行业或市场在矛盾发展中形成的空白地带把握机会。

5. 捕捉政策变化把握机会

中国市场受政策影响很大，新政策出台往往引发新商机，如果创业者善于研究和利用政策，就能抓住商机站在潮头。如 2006 年国家出台了新的汽车产业政策，鼓励个人、集体和外资投资建设停车场。停车场日益增多的同时，对停车场建设中的智能门禁考勤系统、停车场系统、通道管理系统等的需求也随之增多，专门供应停车场所需的软硬件设备就成为一个重要商机。事实上，从政策中寻找商机并不仅仅表现在政策条文所规定的表面，随着社会分工的不断细化和专业化，政策变化所提供的商机还可以延伸，创业者可以从产业链在上下游的延伸中寻找商机。

6. 弥补对手缺陷把握机会

很多创业机会是缘于竞争对手的失误而“意外”获得的，如果能及时抓住竞争对手策略中的漏洞而大做文章，或者能比竞争对手更快、更可靠、更便宜地提供产品或服务，也许就找到了机会。为此，创业者应追踪、分析和评价竞争对手的产品和服务，找出现有产品存在的缺陷，有针对性地提出改进方法，形成创意，并开发具有潜力的新产品或新功能，就能够出其不意，成功创业。

第三节　创业机会评价

创业故事

创业五次，成功五次，然而你真的也想成为这样的创业者吗？

历经“大师炒茶累坏”风波后，小罐茶悄然修改官网内容，将产品介绍中的“大师制作”改为“大师监制”。与此同时，小罐茶创始人、幕后推手杜国楹的履历也引发热议。有网友称杜国楹为“营销天才”“智商收割机”，调侃“如果你上小学时背过背背佳，上中学时用过好记星，工作后使用过 E 人 E 本，现在开始喝小罐茶，然后用 8848 钛金手机刷到这条新闻，那么恭喜你，你被同一个人用五种产品赚了五次钱。”从 1998 年创立“背背佳”后，到如今的“小罐茶”，创业五次，每一次的创业都给他带来了不小的回报。上文中提到的这些产品，其实统统存在问题。

1998年，杜国楹创立“背背佳”品牌，开启了全新的“矫姿带”品类市场，并获得巨大成功，“背背佳”至今仍是矫姿带产品的代名词。当时杜国楹瞄准了中小学生姿势不端正、家长们又为了孩子敢砸钱的社会现象。宣传这款神奇的产品——矫正坐姿、远离近视，甚至在当时找了明星做代言，广告自然也少不了，为了能够矫正孩子坐姿，很多家长依然愿意购买高价产品。一时间，杜国楹名声大噪，成为亿万富翁！然而紧接着，出现了不少关于背背佳的负面新闻，不仅没有矫正作用，甚至会对身体产生危害。但负面新闻并没有影响杜国楹第二次创业。随着国家对学生英语教育的重视，杜国楹发现了学生学习英语面临的痛点问题——记不住单词。为了“解决”这一现象，杜国楹推出了一款名为“好记星”的产品，号称“五维记忆法”，帮助学生快速记单词。接着使用“背背佳”相同的营销套路——找明星代言。当时杜国楹找的是唐国强和英语明星大山，紧接着再利用广告轮番洗脑轰炸，自然也有不少家长愿意买单。与“背背佳”的情况一样，“智商税”产品总会被揭发，当时有新闻曝出，好记星广告涉嫌虚假宣传。也许杜国楹良心发现，于是将目标转向另一个群体——商务人士。2009年，杜国楹创立“E人E本”品牌，在2010年1月7日推出了全球首款平板电脑E人E本T1。当时“E人E本”的广告是“E人E本，领导者”，似乎拥有了这款产品，就可以顺利当上领导！只是一款平板电脑，当时的火热程度就连当今的苹果iPad也甘拜下风。依然是老套路，杜国楹找到了冯小刚和葛优进行代言，有了知名人物支持，产品自然拥有“公信力”。价格上，6 000块！也许杜国楹也觉得商务老板们都不差钱吧。这个价格依然没能阻止老板们去拥有它。E人E本在平板电脑市场上销售额达到16亿。随后，E人E本也被曝出涉嫌虚假宣传。“E人E本”赚足了老板们的钱，接下来，老板们既然用上了“高端平板”，就差一部高端手机了。2015年，杜国楹创立了“8848”品牌，发布了首款8848钛金手机，由著名企业家王石担任品牌代言人。使用钛合金打造，超长待机，并且拥有私人定制的安全系统，最低一万多，上市一年，创下了销量10万部的成绩。“智商税+噱头”，杜国楹又成功了。不过随后有新闻曝出，8848钛金手机涉嫌虚假宣传，甚至被质疑是又一个“好记星”。也许很多人都不明白，杜国楹推出的四款产品，每一款都被新闻曝出涉嫌虚假宣传，为啥当今的“小罐茶”还能这么火。小罐茶号称是“八位制茶大师手工制作”，然而根据其全国销量来看，这句话显然不攻自破。杜国楹却因此赚了20亿。不得不说，杜国楹确实是一个成功的创业者，更是一位精通营销的人物。

能把一款普通产品完美包装，杜国楹也确实有两把刷子。但对于创业者来说，这种成功真的是每个人都想要的吗？创业本身就不容易，很多创业者在创业过程中如履薄冰，背负了很大压力。杜国楹五次创业，五次成功，每一次都给他带来了不小回报。无论是背背佳、好记星，还是E人E本、8848，又或者是当今的小罐茶，每一个产品背后都有着不少负面消息。若没有这些夸张的宣传，又会有多少人买单呢？

一、蒂蒙斯创业机会评价框架

从设计思维的角度看创业，从逻辑思维的角度看可行性，创业是左右脑结合的事业。创业机会评估的意义在于，让无意识的偶然行为，通过理性的归纳和清晰的梳理，成为有意识的过程，从而提高创业成功的概率。

所谓特征是指某事物区别于其他事物所具有的征象和标志。创业机会特征则反映了作为具有商业投资价值的潜在机会的标志。当一个创业机会出现后，如何才能判断这个机会到底好不好呢？或者当同时遇到几个创业机会时，如何才能判断出哪一个创业机会更加好呢？这就涉及对创业机会进行评价的问题。

创业机会评价就是通过一系列方法对创业机会进行全面考察和综合分析，最后做出一个比较科学的结论。世界上并不存在百分百好的创业机会，对于创业者来说，任何创业机会都各有利弊，而且都存在一定的风险。创业者在利用创业机会之前一定要对创业机会进行科学分析与评价，然后做出选择。只有这样才能最大限度地避免创业的盲目性和随意性，增加创业成功的概率。

一般认为，这些能够描述创业机会的独特的标志才是创业者真正地应该把握机会的本质。关于创业机会的特征问题，目前尚未出现一个权威的学术界定，蒂蒙斯把商机看成一幅三维的地貌图，在商机的地貌中有山谷、山脉和其他显示在上面的地貌特征。创业者在识别创业机会的过程中，必须在拒绝很多机会后抓住少数的机会，拒绝或抓住机会的依据是机会的重要特征。蒂蒙斯给定了一个共同的机会特征的锁定目标，即机会能够：①为顾客或最终用户创造或增加极大的价值；②能够解决一项重大问题，或者满足了某项重大需求或愿望，因此某些人愿意多支付一些；③有需求旺盛的市场，利润很高；④与当时的创始人和管理团队配合得很好，也很适合市场状况和风险、回报平衡。因此，蒂蒙斯提出了一个被广泛应用的机会筛选模型为我们进行有效的创业机会特征提供了良好的素材。他认为，新企业的起点是商机，从另一层隐含的意义来讲，其实是客户、市场和行业。在吸引力等级上，一个有潜力的商机究竟可以放在一个多高的位置上？该标准提供了一些量化方式，使创业者可以对行业和市场问题、竞争优势问题、经济性问题、收获问题、个人标准问题、致命缺陷问题等做出判断，以及这些要素加起来是否组成一个有足够吸引力的商机。曾有人言："机会之中蕴含着商业利润，发现具有吸引力的商业机会是创业成功的基石。"一些创业者的经验表明，固然抓不住机会无法创业，但抓错了机会则有害于创业。因此，该评价模型隐含了作为创业机会的关键特征。蒂蒙斯创业机会评价框架如表 6-1 所示。

表 6-1　蒂蒙斯创业机会评价框架

评价项目	评价指标
行业与市场	1. 市场容易识别，可以带来持续收入
	2. 顾客可以接受产品或服务，愿意为此付费
	3. 产品的附加价值高
	4. 产品对市场的影响力高
	5. 将要开发的产品生命长久
	6. 项目所在的行业是新兴行业，竞争不完善
	7. 市场规模大，销售潜力达到 1 000 万～10 亿元
	8. 市场成长率在 30%～50%甚至更高
	9. 现有厂商的生产能力几乎完全饱和
	10. 在五年内能占据市场的领导地位，达到 20%以上
	11. 拥有低成本的供货商，具有成本优势

评价项目	评价指标
经济因素	1. 达到盈亏平衡点所需要的时间在 1.5～2 年
	2. 盈亏平衡点不会逐渐提高
	3. 投资回报率在 25%以上
	4. 项目对资金的要求不是很大，能够获得融资
	5. 销售额的年增长率高于 15%
	6. 有良好的现金流量，能占到销售额的 20%～30%
	7. 能获得持久的毛利，毛利率要达到 40%以上
	8. 能获得持久的税后利润，税后利润率要超过 10%
	9. 资产集中程度低
	10. 运营资金不多，需求量是逐渐增加的
	11. 研究开发工作对资金的要求不高
收获条件	1. 项目带来的附加价值具有较高的战略意义
	2. 存在现有的或可预料的退出方式
	3. 资本市场环境有利，可以实现资本的流动
竞争优势	1. 固定成本和可变成本低
	2. 对成本、价格和销售的控制较高
	3. 已经获得或可以获得对专利所有权的保护
	4. 竞争对手尚未觉醒，竞争较弱
	5. 拥有专利或具有某种独占性
	6. 拥有发展良好的网络关系，容易获得合同
	7. 拥有杰出的关键人员和管理团队
管理团队	1. 创业者团队是一个优秀管理者的组合
	2. 行业和技术经验达到了本行业内的最高水平
	3. 管理团队的正直廉洁程度能达到最高水平
	4. 管理团队知道自己缺乏哪方面的知识
致命缺陷	是否存在任何致命缺陷
创业者的个人标准	1. 个人目标与创业活动相符合
	2. 创业家可以做到在有限的风险下实现成功
	3. 创业家能接受薪水减少等损失
	4. 创业家渴望进行创业这种生活方式，而不只是为了赚大钱
	5. 创业家可以承受适当的风险
	6. 创业家在压力下状态依然良好
理想与现实的战略性差异	1. 理想与现实情况相吻合
	2. 管理团队已经是最好的
	3. 在客户服务管理方面有很好的服务理念
	4. 所创办的事业顺应时代潮流
	5. 所采取的技术具有突破性，不存在许多替代品或竞争对手
	6. 具备灵活的适应能力，能快速地进行取舍
	7. 始终在寻找新的机会
	8. 定价与市场领先者几乎持平
	9. 能够获得销售渠道，或已经拥有现成的网络
	10. 能够允许失败

通过这种量化的方式，创业者可以利用这个体系模型对八个方面53项指标作出判断，来评价一个创业企业的投资价值和机会。该评价框架对评价主体要求相对较高，一般来说，要求评价者是行业经验丰富、商业嗅觉敏锐且具有一定管理经验的投资人或创业者，同时还要求使用者熟悉指标内涵以及评估技术。在实际运用过程中可以结合实际需求进行适当的梳理简化、重新分类，提高使用效能。需要注意的是，无论怎么简化，都要把握创业机会的本质特征和基本标准。

对于刚刚开始创业的大学生来说，更多的是要利用这个框架，参照分析自己的若干创业机会，可以按照极好、好、一般三个等级进行打分，形成打分矩阵表，选出比较好的创业机会。

二、刘常勇创业机会评价框架

知名创业管理研究学者刘常勇的创业机会评价框架涉及市场评价、回报评价两个方面的14项指标（见表6-2），与蒂蒙斯框架相比，这个框架更简单、容易操作，且更符合中国企业的特点。

表6-2　刘常勇创业机会评价框架

评价项目	评价指标
市场评价	1.是否具有市场定位，专注于具体顾客需求，能为顾客带来新的价值
	2.依据波特的五力模型进行创业机会的市场结构评价
	3.分析创业机会所面临的市场的规模大小
	4.评价创业机会的市场渗透力
	5.预测可能取得的市场占有率
	6.分析产品成本结构
回报评价	1.税后利润至少高于5%
	2.达到盈亏平衡的时间应该低于2年
	3.投资回报率应高于25%
	4.资本需求量较低
	5.毛利率应该高于40%
	6.能否创造新企业在市场上的战略价值
	7.资本市场的活跃程度
	8.退出和收获回报的难易程度

【案例4-6】

最赚钱的，往往是你看不起的行业

榨菜是我们最常见的下饭零食，在江湖中，涪陵榨菜、老干妈、咸鸭蛋并称为下饭三宝。很多人觉得涪陵榨菜很陌生，好像从来没有吃过，但如果换一个名字，比如说：乌江榨菜。是不是就有一种“哦，原来是它”的熟悉的陌生感。就是这样子不起眼的榨菜，一年竟然卖出15亿的销售额，净利润高达5亿！而涪陵榨菜也依靠着一包一包的榨菜成功上市，逆袭无数大型企业。谁都不会想到18年前那家欠债500万即将倒闭的国企，竟然会焕发出如此强大的生命力。有人问过周斌全涪陵榨菜成功的原因时，他说：吃，是永远不会过时的。这么小的一袋榨菜，利润不高，没人会跟我们抢生意，我们把榨菜做到了极致不愁没有生意。

就像老干妈一样，它的市场很多人都想要，但是同等价位抢不过老干妈，品质又做不过老干妈，自然这个市场就落在了老干妈陶碧华身上。吃，是人生中最重要的一个环节，也是最容易被人忽视的一个环节，在吃的方方面面有着无数的商机等待我们挖掘。真正的富人思维从来不去考虑生意的大小，即使是再不起眼的生意，哪怕只有一毛钱的利润，乘以 13 亿也是巨额的财富。

三、创业机会的基本维度分析

对于创业机会，可以从很多维度进行评价。一般来说，可主要从以下几个维度进行评价。

（一）盈利时间

有价值的创业机会可能是项目在两年内盈亏平衡或者取得正现金流。如果取得盈亏平衡和正现金流的时间超过 3 年，那对于创业者的要求就高了，因为大多数创业者支撑不了这么长的时间，其他的投资者和合作伙伴也没有这么长时间的耐心，这种创业机会的吸引力就大大降低了。除非有其他方面的重大利好，一般要求创业机会具有较短的获得盈利时间。

（二）市场规模和结构

如果市场规模和价值小，往往是不足以支撑企业长期发展的。而创业者若进入一个市场规模巨大而且还在不断发展的市场，即使只占有很小的一个份额，也能够生存下来度过发展期。并且存在竞争对手也不担心，因为市场足够大，构不成威胁。一般来说，市场规模和价值越大，创业机会越有价值。

（三）资金需要量

大多数有较大潜力的创业机会需要相当多数量的资金来启动，只需少量或者不需要资金的创业机会是极其罕见的。如果需要过多的资金，这样的创业机会就缺乏吸引力，有着较少或者中等程度的资金需要量的创业机会是比较有价值的，创业者需要根据自身的资金实力和可以动用的资源来评价创业机会，超出能力范围的不应考虑。

（四）投资收益

创业的目标就是要获得收益，这要求创业机会能够有合理的盈利能力，包括较高的毛利率和市场增长率。毛利率高说明创业项目的获利能力强，市场增长率表明了市场的发展潜力，使得投资的回报增加。如果每年的投资收益率能够维持在 25%以上，这样的创业机会是很有价值的；而每年的投资收益低于 15%，是不能够对创业者和投资者产生很大吸引力的。

（五）成本结构

竞争优势的来源之一就是成本，较低的成本会给创业企业带来较大的竞争优势，使得该创业机会的价值较高。创业企业靠规模来达到低成本是比较可行的，低成本的优势大多来自技术和工艺的改进以及管理的优化，创业机会如果有这方面的特质，对于创业者来说是非常有利的。

（六）进入障碍

如果创业机会面临着进入市场的障碍，那么就不是一个好的创业机会。比如存在资源

的限制、政策的限制、市场的准入控制等，都可能成为市场进入的障碍，削弱了创业机会。但是，对于进入障碍要进行辩证的分析，进入障碍小是针对创业者自身的。如果创业者进入以后，不能够阻止其他企业进入市场，这也不是一个好的创业机会。

（七）退出机制

有吸引力的创业机会应该有比较理想的获利和退出机制，便于创业者和投资者获取资金及实现收益。没有任何退出机制的创业企业和创业机会是没有太大吸引力的。

（八）控制程度

如果能够对渠道、成本或者价格有较强的控制，这样的创业机会比较有价值。如果市场上不存在强有力的竞争对手，控制的程度就比较大。如果竞争对手已有较强的控制能力，例如把握了原材料来源、独占了销售渠道、取得了较大的市场份额、对于价格有较大的决定权，在这种情况下，新创企业的发展空间就很小。除非这个市场的容量足够大，而且主要竞争者在创新方面行动迟缓，时常损害客户的利益，才有可能进入。

（九）致命缺陷

创业机会不应该有致命的缺陷，如果有一个或者多个致命的缺陷，将使得创业机会变得没有价值。

拓展阅读

创业机会的分析方法

对创业机会进行分析，一般可采用定性分析和定量分析两种方法。

1. 定性分析

对创业机会进行定性分析（Qualitative Analysis），就是运用归纳和演绎、分析与综合以及抽象与概括等方法，对所获得的各种创业资源或信息进行思维加工，从而达到认识创业机会的本质、揭示其内在规律的目的，辅助创业者或创业企业做出有效决策。通过定性分析，关键要解决创业机会“有没有”“是不是”等问题。概括而言，在分析某项市场机会是否是创业机会时不能盲目轻率，分析中应避免出现两方面的错误：一是简单、武断地认为市场机会没有发展前途，而不将其作为创业机会看待；二是过高估计了企业自身的竞争优势，而将本企业不能享有最大差别利益的市场机会作为创业机会看待。此外，还应区别市场机会的类型，再进一步分析和评价自身与竞争对手相比的优势和劣势，最后再做出发展决策。

因此，在进行定性分析时，应把握以下几项原则：①确定该市场机会所需要的成功条件；②分析本企业在该市场机会上所拥有的优势；③与竞争对手相比，本企业所拥有的竞争优势；④与本企业的发展方向和目标是否一致。

2. 定量分析

常用的定量分析（Quantitative Analysis）方法包括回归分析、时间序列分析、决策分析、优化分析、投入产出分析等，在对创业机会进行定量分析时可加以应用。例如，通过专家对创业机会进行打分评价的标准打分评价法；利用一些关键指标计算并比较创业机会的优先级法；通过对相关选择因素的设定来对创业机会进行判断的选择因素法；采用从财务上对创

业机会进行量本利分析等方法。

这里主要以量本利分析方法为例，简要作相应的应用说明。这种方法一是要根据一系列的相关资料对市场需求量做出较为准确的预测，确定企业产品或服务的定价及销售量，这样就能较好地确定企业的销售额；二是对企业的总成本进行分析，成本包括采购成本、生产成本、销售成本等固定成本和可变成本；三是在了解了总销售额和总成本之后，推算出未来企业可能获得的利润，如果利润能达到创业者的预期目标，那么这种创业机会就具有较大的吸引力；反之，创业机会的吸引力就要打折扣。在创业机会分析中，这是一种比较好的定量分析方法。

小　结

如何寻找创业机会，当潜在的商机来临时，我们要如何去分析评价。本章的内容主要是认识创业机会的概念、来源和类型，了解识别创业机会的一般步骤与影响因素，习得有助于识别创业机会的行为方式。认识有商业潜力和适合自己的创业机会，了解创业机会的评价，掌握创业机会评价的方法。当我们发现商业机会时，千万不要忘记保护好你的创意，在执行过程中不断地更新和完善。了解你的商业机会的可行性分析，进行评估，对于机会是否有商业应用价值，有着重要的意义。

思　考

1. 什么是创业机会？创业机会有哪些特征？

2. 如何在生活中发现创业机会，识别创业机会？

3. 创业机会的评价标准是什么？请跟小组成员讨论一下，能找到哪些创业机会，并分析这些商机的优缺点。

第七章　商业模式

相对于商业模式而言，高技术反倒是其次的。在经营企业的过程中，商业模式比高技术更重要，因为前者是企业能够立足的先决条件。

——时代华纳前 CTO　迈克尔·邓恩

第一节　商业模式认知

戴尔定制加直销模式的商业模式

1962 年后，沃尔玛从根本上改变美国批发业，也改变了美国人的日常生活。

但是，就像美国所有的行业一样，有竞争就有不断地创新。

1984 年，又一种新商业模式出现，这次的创新者是当年才 19 岁的麦克·戴尔，他是如此成功，连续多年在《福布斯》财富榜上排在前十位，2006 年的财富为 155 亿美元，排第九。

戴尔的故事非常有意思，而且他的商业模式跟微软、星巴克、沃尔玛都不同。

从某种意义上，那也是时势造英雄，只不过是戴尔有商业天赋，超过别人抓住了商机。

今天，个人电脑家家有，人人有，你可能觉得人类自古就如此，可实际上其历史很短。电脑本身起源于第二次世界大战，起初只是专业用的电脑，没有大众化的个人或家庭电脑。

1977 年，苹果公司推出一种基于视窗界面的电脑，大大提高其可用性，便于普及，成为第一代个人电脑。

1981 年，IBM 也进入个人电脑市场，推出第一代 IBM 个人电脑。由于 IBM 是计算机行业的龙头，历来以制造大型计算机而出名，它的进入即标志个人电脑走上正式舞台。

当时，IBM 的个人电脑商业模式是自己设计、制造的，部分产品由自己的销售团队直销给大公司客户，但更多的是通过批发渠道向中小企业或个人用户销售。

不过，IBM 公司太大，大型计算机是主业，对个人电脑的推销力度总有限，难以兼顾两者。

相比之下，1982 年新成立的康柏克计算机公司则没有历史包袱，只从事个人电脑的制

造和销售，轻装上阵，很快赶上IBM的个人电脑销售量，成为该行业的老大。但是，IBM和康柏克公司都是通过批发店销售电脑，这种商业模式成本很高。

第一，从组装电脑到销售、到拿到现金，这中间的时间太长。也就是说，IBM制造好电脑后，先在公司仓库放着，再运到各地商店，由于商店收货后往往不能马上卖掉，要租地方做库存。不仅库存空间需要付成本，而且要用大量流动资金支持货物的储备，资本成本会不低。

第二，电脑技术变化很快，库存时间越长，技术过时的可能性越高，折价和报损的程度会很高，这又使成本增加。

第三，由于是通过商店出卖，店面本身又需要成本，所以，电脑制造商需要给代理商不低的分成佣金。

结果，仅IBM、康柏克的赢利空间受限，而且使电脑价格太高，不利于个人电脑需求的增长。戴尔电脑公司的机会就是这么来的。

戴尔出生在德克萨斯州，出于好奇，15岁时买了台苹果电脑，搬回家拆了再装，试试自己能否再装好，结果试成了。1983年，戴尔18岁，德克萨斯州立大学一年级学生。那年，他成立自己的公司，白天上学，晚上与周末帮其他公司更新个人电脑操作系统，随着业务的扩展，他开始雇用员工。到1985年，在他还是大学二年级学生时，他公司收入已是600万美元。"也是在1985年，戴尔看到IBM、康柏克的商业模式过于呆板，既不能根据客户的需要组装电脑，不同用户的需要显然不同，但IBM、康柏克不能为多数用户量体裁衣，同时，他们的商业模式又使资金周转速度太慢，库存电脑太久、太多，占用太多批发店面，成本过高。

那年，戴尔将公司改做电脑，他的模式是先拿到客户订单，收到钱，再组装电脑，然后发货。也就是说，你先打电话下买单，告诉所要的电脑信息、存储器大小等，交好钱，然后戴尔电脑公司才开始装，装后寄到你家里。这样，戴尔不需要太多流动资金，没有库存，没有批发店面成本，更没有电脑技术过时的风险，因此也没有价格风险。既有满足用户需求的灵活性，又大大降低成本，这使戴尔有很大的砍价空间，即使他卖的电脑比IBM、康柏克的便宜很多，戴尔电脑公司照样能赢利，而IBM、康柏克却可能亏损。

你说，有了这种定制加直销模式，戴尔不胜出才怪呢，是不是？"看来戴尔跟沃尔玛、星巴克、微软一样，都是除了创新以外，在成本上下功夫，甚至创新就是为降低成本。降低成本是企业经营的核心之一。要么有技术劣势，要么有成本劣势，当然最好两者都有。有意思的是，虽然戴尔的电脑业务于1985年才开始，到年底，他的销售额已达7 000万美元，1990年的销售为5亿美元。到1999年，戴尔电脑超过IBM、康柏克、惠普成为最大的个人电脑商。

对于客户而言，他们不仅可以根据个人需要定制电脑，戴尔的价格也最低，而且一有问题，还能直接跟制造商交涉，而不是与批发商打交道，这很有吸引力。"戴尔的定制加直销非常成功。比如，在20世纪90年代中期，它的平均库存时间在6到13天，而竞争对手的库存时间为75至100天。电脑淘汰速度、降价速度一直很快，这种库存时间劣势对戴尔的成功极为关键。"如果直销模式这么浪费成本，这跟特定产品的标准化程度有关，标准化程度越高、越成熟、越简单的产品，越便于做直销。

但是，有很多东西是非常个性化的，比如，女士服装、时装，还有汽车、食物等许多商品，可能难以直销，一般人都喜欢看一眼、试一下才决定买不买。所以，批发商店不可能被淘汰，总会有市场，只是人们必须为此多付一些钱。戴尔的定制加直销模式还有其他劣势。实际上，它特像中国的房地产模式，开发商在盖楼房之前，就把房子预售给客户，先得到房价，然后再用这些钱盖房，这样，不仅开发商自己不需多少本钱，而且拿到这些售价后，可以把钱存在银行先赚利息，或者做别的投资，大大提高利润空间。

戴尔模式的成功经验可以归纳为以下几条：

1. 建立贴近顾客的直接关系

贴近顾客是企业竞争的利器，但很多公司只是从单一角度与顾客建立关系。戴尔则是根据客户的需要、特性和规模来组织与顾客不同的直接关系。这样的关系已成为戴尔公司最大的竞争优势。

2. 关注需求而不是关注产品

戴尔力图做顾客的顾问，帮助顾客做正确的决策。戴尔的主要科技人员经常以撰写报告、介绍新科技的方式来向顾客介绍电脑业的发展趋势，帮助他们了解最新的微软作业管理电脑，还有顶尖的软件和硬件工程师必须定期或不期地与顾客举行研讨会，讨论未来科技发展趋势。如此一来，公司与顾客建立起信任、诚实的伙伴关系，让科技真正为顾客创造更大的价值。

3. 直线销售和直接提供资源

直线销售关注的是与顾客建立一种直接的关系，让顾客能够直接与厂家互动。戴尔通过这种互动，不管是通过国际互联网，还是通过电话，或者与销售员面对面互动，戴尔的顾客可以十分方便地找到他们所需要的机器配置，戴尔则可以按照客户的订单制造出完全符合顾客需求的定制计算机。

4. 注重客户反馈

产品发展的策略，应该基于顾客意见并进行调整，在戴尔看来最好的顾客，是能给他们最大启发的顾客；是教导他们如何超越现有产品和服务，提供更大附加价值的顾客；是能提出挑战，让他们想出办法后也可以嘉惠他人的顾客。

5. 提供专人客户负责制

戴尔为所有戴尔用户设立客户档案，他们可以随时随地联系到专门的戴尔的客户代表。在戴尔，还建立了客户账户团队，它通常由技术销售专家、产品市场专家、产品服务专家、服务客户经理组成，能根据客户的不同需求，制定出最适合的 IT 解决方案。

6. 采用行业标准技术

Dell 模式的一个含义就是依靠工业标准。戴尔公司只想向外界传达这个信息：标准化是进入经济全球化市场的入场券，标准化将改变 IT 行业的全球化竞争。只有标准化的产品和技术，才能最大限度地降低 IT 投资风险，为客户带来最优化的投资回报。戴尔的标准化为其全球用户带来极大的价值：节约成本、具有更佳的可控性及可管理性、提高服务标准及运营效率、提高应用及可获性。

7. 按需定制

在计算机行业，绝大多数厂商不提供整机更改配置，产品选择余地较小。而戴尔对客户承诺实行按需定制，按单生产。戴尔公司允许客户自定义设计其喜欢的产品，客户可以自由选择和配置计算机的各种功能、型号和参数，这样每台计算机都是不同的。在为客户提供更好服务的同时，公司由于是根据订单订购配件，无须囤积大量配件，也获得了更多的利润。

8. 实行精细化管理

低成本一直是戴尔模式的核心。低成本必须通过高效率来实现，力求精简是戴尔提高效率的主要做法。戴尔在简化流程方面拥有550项专利。而这些专利也正是其他公司无法真正复制的“戴尔模式”的最主要原因。

9. 建立供应链管理

由于计算机产品价格下降很快，库存压力很明显，戴尔选择与供应商合作，通过为他们提供长期产量预测以便进行制造预测，将整个系统中的库存量保持在最低。戴尔的供应商将仓库建在靠近戴尔的后勤中心，仅在需要的时候从这里供货，使库存保持在最低水平。戴尔挑选供应商非常严格，都是在同行中选择可靠的供应商并与之建立伙伴关系。零库存、快速制造模式缩短了供求距离，没有库存风险和成本，因此戴尔的产品价格很不错。

10. 坚持多元化经营战略

为戴尔公司的另一个取胜之道就是：能精确地找到高技术产品市场的切入点，迅速抢夺对手的市场份额。戴尔通常会在某个市场开始成熟、行业标准已经形成和配件供应比较充分的情况下介入，并以较低的价格迅速抢占地盘。实践证明，在某一种新产品走向成熟时，“戴尔模式”总是能在相应市场上占得有利地位。

今天的戴尔仍在续写着自己的成功，国内电脑企业也正承受着戴尔模式的巨大冲击。我国的PC制造商只有在生产制造等关键环节上下功夫，不断提高制造水平，使运作成本降低，同时改革国内企业传统的销售体制所存在的渠道臃肿、库存积压等弊端，才能增强对戴尔模式的适应，创造中国企业的辉煌。

一、商业模式的概念

前时代华纳CEO迈克尔·邓恩说：“在经营企业过程当中，商业模式比高技术更重要，因为前者是企业能够立足的先决条件。”一个不可争辩的事实，是企业必须选择一个适合自己的、有效的和成功的商业模式，并且随着客观情况的变化不断加以创新，才能获得持续的竞争力，从而保证自己的生存与发展。商业模式具有“点石成金”的功能。

商业模式是指为实现客户价值最大化，把能使企业运行的内外各要素整合起来，形成一个完整的、高效率的、具有独特核心竞争力的运行系统，并通过最优实现形式满足客户需求、实现客户价值，同时使系统达成持续盈利目标的整体解决方案。商业模式是一个非常宽泛的概念，与商业模式有关的说法很多，包括运营模式、盈利模式、B2B模式、B2C模式、“鼠标加水泥”模式、广告收益模式等。商业模式是一种简化的商业逻辑。与商业模式类似的提法有很多，如盈利模式、客户生成模式、收入模式、竞争优势、战略优势、价值主张……这些词常常与商业模式混用，我们应该了解：这些词都不能代表商业模式，商业模式没有同义词。那么到底什么是商业模式呢？事实上，商业模式作为一个特定的词汇，出现的时间并不长，却受到越来越多的重视。

2016年3月22日，淘宝宣布阿里巴巴中国零售交易额（GMV）突破三万亿元人民币。紧接着4月6日，阿里巴巴官方微博发布博文宣布，截至2016年3月31日财年年底，根据阿里巴巴集团中国零售交易市场的交易总额，阿里巴巴集团已经正式成为全球最大的零售体,阿里巴巴超越 54 年的零售业巨头沃尔玛,只用了 13 年的时间！这样的例子并不早见,国外的 Facebook 在 2004 年上线,发展十分迅速,时至今日已然成为全球社交网络的垄断者,随着越来越多的企业迅速取得巨大的成功,人们开始提出疑问:这种情况是怎么发生的呢？唯一合理的答案就是企业拥有越来越好的商业模式,随着经济收益越来越像买彩票中大奖(尤其是在互联网领域),商业模式的概念受到了空前的关注,围绕商业模式的研究也越来越丰富。

在《商业模式新生代》一书中,作者给出的定义是,一个商业模式描述的是一个组织创造、传递,以及获得价值的基本原理,从这个定义出发,我们可以从以下几个角度去理解商业模式中、最简单的商业模式是一种盈利模式,它是一种吸引客户、为他们服务并从中赚钱从最基础的层次来说,你的商业模式就是能够让你赚钱的准则,你可以将其视为自己所做的所有工作的组合,也就是你的秘方。你的工作组合差异性和专业性很强,就越能获得更多的收益。

商业模式属于企业的基本架构,企业提供什么服务,生产什么产品,或者销售什么以赚取收益都囊括在这个框架之中,所以每个企业都有自己的商业模式,无论创业者或企业家是否注意到商业模式属于整体商业战略的一部分,所以两者经常被混淆,商业战略存在不同层级,我们需要特定的战略,去实施商业模式的各个部分,换句话说,商业模式关注的是价值创造,也会涉及为客户提供价值时需要完成的工作,商业战略关注的则是为什么及如何创造并提升价值。

总的来说,商业模式关注的重点在于创造营利性收入并保证收入的流动,绝大多数运营、财务及人力资源的问题,都属于创造营利性收入的附带问题,所以这些问题不在商业模式讨论的范畴之内。相同的产业、商业模式可能完全不同,淘宝和京东都做线上零售业务,但是这两家企业却有着截然不同的商业模式,由于商业模式各不相同,两家企业的运营原则、企业文化及盈利模式都大不相同,商业模式是你在竞争中能够赚取利润的核心要素,很多能让你的产业具有差异性的要素直接来自你的商业模式,如苹果和诺基亚都生产手机,但其商业模式大相径庭最终诺基亚黯然离场,苹果至今所向披靡。商业模式和商业计划不是一回事,商业模式是企业运营的核心理念,在此之上,你才能制订自己的商业计划。因此,商业模式应当在你的商业计划中占据大量篇幅。

有很多商业计划忽略了商业模式,把大量篇幅留给了与商业计划相关的财务预测与运营细节。当缺少一个扎实的商业模式时,提出这些预测和细节都是过于草率的行为。相比过去仅仅依靠商业计划,你可以利用在商业模式基础上制订的计划,更准确地预测自己的企业能否取得成功商业模式也不能等同于竞争优势。竞争优势只是商业模式的一部分,而非全部商业模式的内涵比竞争优势更广。比如,你可以拥有巨大的竞争优势,但商业模式依然非常脆弱。如果星巴克决定通过单杯咖啡售价降低的方式提高咖啡销售量,它的竞争优势可能得到些微提升,但是,低价策略可能导致星巴克的商业模式出现巨大变化,甚至恶化。商业模式绝不仅仅是一种理念,好的商业模式能够创造性地为客户解决问题,带来比预想更高的利润。

【案例 7-1】

诺基亚的衰落与苹果的崛起

诺基亚的衰落与它自身的商业模式有着密不可分的关联。不可否认，诺基亚曾拥有很大优势。但在当前手机互联网时代中，当苹果依靠卖软件卖出一个苹果王朝的时候，诺基亚却还依旧坚守自己的价值主张——靠卖硬件挣钱。后来，诺基亚吃痛醒悟，发现软件的重要性，急忙行动，想转型为互联网服务企业，这个价值主张显得泛泛而谈。

苹果公司的获利途径是一个完整的商业模式，而不是通常意义上的单纯依靠某几款产品。而是通过 iTunes 和 App store 平台开创了一个全新的商业模式——“酷终端＋用户体验＋内容”。它很好地实现了客户体验、商业模式和技术三者之间的平衡，并能持久盈利，独特到别人几乎不能复制。事实证明，苹果模式对其他厂商形成了致命的、毁灭性的打击。

二、商业模式的构成

著名商学教授与作家加里·哈默尔认为，商业模式由四个要素构成：核心战略、战略资源、伙伴网络和顾客界面。

（一）核心战略

核心战略从企业的使命、产品或市场范围、差异化基础等方面描述了企业如何与对手进行竞争。

企业的使命，描述了企业为什么存在及其商业模式与其实现的目标。例如，戴尔公司的使命是成为世界上最成功的电脑公司，在所服务的市场上传递最佳的顾客体验；星巴克公司的使命是把星巴克建成世界第一流的高品质咖啡店。通过企业使命陈述，可以很容易看出这些企业的意图，在不同程度上，使命表达了企业优先考虑的事项，并设置了衡量企业绩效的标准。

企业的产品或市场范围定义了企业集中关注的产品和市场，首先，产品的选择对企业商业模式的选择有重要影响。例如，亚马逊网站起初是作为网上书店而创建的，不过它逐渐开始销售 CD、DVD、珠宝盒、服装等其他产品，它的商业模式现在已经拓宽，涉及对出版商之外的其他很多供应商和伙伴关系的管理，企业从事经营活动的市场也是其核心战略的重要因素。例如，戴尔公司把企业客户与政府机构作为它的目标市场，Gateway 电脑公司则把个人、小企业和首次购买电脑的客户看成目标顾客。对这两个企业来说，他们的选择对形成自己的商业模式有重要作用。

企业选择的战略会对它的商业模式产生很大影响，成本领先战略要求商业模式专注于效率、成本最小化和大批量。由于专注于低成本而非舒适性，成本领先的企业不会追求产品的新颖。相反，差异化战略要求商业模式集中于开发独特的产品和服务，索要更高的价格，而且，采用差异化战略的企业把大量精力用于产品或上列品牌产品的忠诚，如苹果电脑。

（二）战略资源

如果缺乏资源，企业难以实施其战略，企业拥有的资源会影响其商业模式的持续性。核心竞争力是一种要求或者能力，是企业的竞争优势的来源，它是超越产品或市场的独特技术或能力，对顾客的可感知利益有巨大的贡献，并且难以模仿。企业的核心竞争力在短期和长期内都很重要，在短期内，正是核心竞争力使得企业能够将自己差异化，并创造独特价值，例如，戴尔公司的核心竞争力包括供应链管理、有效装配产品和服务于企业客户，所以它的商业模式使它能够向企业客户提供价格便宜、技术新、售后服务优良的计算机，从长期看，通过核心竞争力获得成长以及在互补性市场上建立优势地位也很重要。例如，戴尔公司已经建立了装配和销售个人计算机方面的核心竞争力，并开始将它们移向计算机服务和其他电子设备市场。

战略资产是企业拥有的稀缺、有价值的事物，包括工厂和设备位置、品牌、专利顾客数据信息、高素质员工和独特的合作关系等，一项特别有价值的战略资产是企业的品牌。例如，星巴克花了很大力气来建立品牌形象，其他咖啡零售商要想获得同等的品牌认知需要付出极大努力。

（三）伙伴网络

企业的伙伴网络是商业模式的第三个构成要素，新创企业往往不具备执行所有任务所需的资源，因此需要依赖其他合作伙伴以发挥重要作用。在很多时候，企业并不愿独自做所有事情，因为完整地完成一项产品或交付一种服务会分散企业的核心优势。例如，戴尔公司因其装配计算机的专业技术面具有差异化优势，但它却从英特尔公司那里购买芯片戴尔公司当然可以自己制造芯片，但它在这方面不具有核心竞争力。同样，戴尔公司依靠联合包裹服务公司和联邦快递公司递送产品，而不是自己建立一个遍布全球的物流系统。

企业的伙伴网络包括供应商和其他合作者。

1. 供应商

供应商是向其他企业提供零部件或服务的企业，例如，英特尔公司是向戴尔公司提供芯片的供应商。几乎所有的企业都有供应商，它们在企业商业模式的运作中起重要作用。传统上，企业与供应商是维持着一定距离的关系，并把它们看作竞争对手。需要某种零部件的生产企业往往与多个供应商联系，以寻求最优价格。如今，企业更多地将精力放在如何推动供应商高效率运作的层面上来。

2. 其他合作者

除了供应商，企业还需要其他合作伙伴来使商业模式有效运作。合资企业、合作网络、社会团体、战略联盟和行业协会是合作关系的一些常见形式，合作关系给企业带来更多的创新产品、更多有益的机会和高成长率创业者创建具有可持续竞争优势的新企业的能力，依赖于企业自身技能，也依赖于外部合作伙伴的技能。例如，合作伙伴关系有助于企业保持敏捷，集中精力发展核心竞争力。

当然，合作伙伴关系也包含着风险，在仅有的合作关系成为企业商业模式的关键要素时更是如此。由于种种原因，很多合作关系没能实现参与者初期的愿望。企业联盟也有一些潜在劣势，如专有信息丢失、管理复杂化、财务和组织风险、依赖伙伴的风险以及决策自主权的部分丧失等。

（四）顾客界面

顾客界面是指企业如何与顾客相互作用。与顾客相互作用的类型依赖于企业选择如何在市场上竞争，例如，当当网只通过互联网销售书籍，而新华书店则通过传统书店和网络两

种途径来售书。对新创企业来说，顾客界面的选择对于它如何与对手竞争以及将它定位于产品或服务价值链的哪个环节非常重要。下面分别从目标市场、销售实现与支持、定价结构三个方面来表述顾客界面的内容。

1. 目标市场

目标市场是企业在某个时点追求或尽力吸引的有限的个人或企业群体。企业选择的目标市场影响它所做的每件事情，如获得战略资产、培育合作关系以及开展推广活动等。拥有清晰界定的目标市场将使企业受益，由于目标客户的明确界定，公司能够将自己的营销和推广活动聚焦于目标顾客，并且能够发展与特定市场匹配的核心竞争力。

2. 销售实现与支持

销售实现与支持描述了企业产品或服务“进入市场”的方式，或如何送达顾客的方法。它也指企业利用的渠道和它提供的顾客支持水平，所有这些都影响到企业商业模式的形式与特征。

假定有一家新创企业开发出一项移动电话技术，并为此申请了专利。为了形成自己的商业计划，企业在如何把该技术推向市场的问题上有几种选择。它可以：①将技术以特许经营方式转让给现有移动电话企业，如苹果公司和三星公司；②自己生产移动电话，并建立自己的销售渠道；③与某个移动电话公司(如 HTC)合作生产，并通过与移动电话服务提供商的合作关系来销售。电话企业对销售实现与支持的选择，深刻地影响企业演化的类型以及开发的商业模式。例如，如果企业对它的技术进行特许经营，那么它很可能建立起一种强调研发的商业模式，从而使它不断获得领先的技术。

企业愿意提供的服务内容，也影响它的商业模式，有些企业将自己的产品和服务差异化，通过高水平的服务和支持向顾客提供附加值。例如，送货和安装、财务安排、顾客培训、担保和维修、便利的经营时间、方便的停车场、通过免费电话和网站提供信息等。

3. 定价结构

企业的定价结构随企业目标市场与定价原则的不同而变化。例如，有些租车企业收取日租金，另一些企业则按照行驶的公里数收取租金。有的咨询企业按照提供服务的次数收费，而另一些企业则按照时间收费。在某些情况下，企业还必须决定是直接向顾客收费，还是通过第三方间接收费。总之，新创企业从整体角度审视自己，理解商业模式的重要作用，根据自身核心战略及资源优势构建适合的、有效的商业模式。

【案例 7-2】

京东的核心竞争力

2014 年 5 月，京东上市。十年间，京东交易额增长一万倍，是中国发展速度最快的综合电子商务公司。京东在电商中突围，靠的是什么？

“全品类、自建物流、技术驱动、用户体验”被认为是京东的四大核心竞争力。在竞争对手致力于寻找物流同盟时，京东勤勤恳恳的花大投入“自建物流”。经过多年建设，京东物流已覆盖全国 500 个城市，在 300 个城市实现了当日送达和次日送达。京东 CMO 蓝烨表示，目前真正实现仓储配送一体化的，在中国只有京东。自建物流让京东在风起云涌的电商大战中，立于不败之地，无疑是京东最重要的战略资产之一。

三、常见的商业模式类型

世界上既有延续了几百年的商业模式，也有刚刚诞生没几年的商业模式，比如互联网免费增值模式。一些利润较高的企业并没有创建新的商业模式，它们只是从其他产业借鉴了不同的模式。例如剃须刀的商业模式（消费者购买一种低利润商品，必要消耗品的价格则定在相当高的水平）也被很多喷墨打印机借鉴，创造了巨额利润。有些时候，只要对现有商业模式进行一些小小的改动，改动后的模式就能在不同行业产生惊人的效果。

下面介绍几种我们身边比较常见的商业模式，由于对商业模式的类型并没有统的界定，也无此必要，所以我们常用该模式代表性的企业来命名其商业模式，有时种模式有几种说法，或一种说法概括几种模式，一个企业具有几种模式的特点，甚至对模式的说明不十分清晰，这都是正常的，无须计较。我们了解商业模式，不是为了简单的复制，而是为了拓展视野，为创造自己的商业模式汲取灵感。

【案例 7-3】

十种最新的盈利商业模式

1. B2B 电子商务模式

代表：阿里巴巴。

关键词：在线贸易、信用分析、商务平台。

模式概述：阿里巴巴被誉为全球最大的网上贸易市场，不仅推动了中国商业信用的建立，也为广大的中小企业在激烈的国际竞争中带来更多的可能性。阿里巴巴汇聚了大量的市场供求信息，同时通过增值服务为会员提供了市场服务。

难题：中国电子商务整体环境始终困扰着 B2B 电子商务模式的发展，信用管理问题也同样突出。

2. 娱乐经济新模式

代表：湖南卫视“超级女声”。

关键词：娱乐营销、整合营销、事件营销。

模式概述：超级女声构筑了独特的价值链条和品牌内涵。从 2004 年起，超级女声通过全国海选的方式吸引能歌善舞、渴望创新的女孩子参赛，突破了原有电视节目单纯依靠收视率和广告赢利的商业模式，植入了网络投票、短信、声讯台电话投票等多个盈利点，并整合了大量媒体资源。赞助商、电信厂商和组织机构成为最大赢家。而在节目结束后，电视台所属的经纪公司又开始对超女进行一系列的包装、运作，进行品牌延伸营销。

难题：如同所有的电视节目的规律一样，海选节目很容易进入疲劳期。消费者喜好的转移和市场的千变万化，是这类商业模式的“死穴”。

3. 新直销模式

代表：玫琳凯。

关键词：多层次直销。

模式概述：多层次人力直销网络是直销模式的根基，这张庞大的销售网上的每一个节点——每一个直销员，都具备经销商和消费者的双重身份。与面向终端消费者、以产品消费价值招徕顾客的常规企业不同，这种销售是面向小型投资主体——个人与家庭，招募他们为经销商，加入直销大军。

难题：政策约束和道德风险，是直销企业在中国发展的主要瓶颈。

4. 国美模式

代表：国美。

关键词：资本运作、专业连锁、低价取胜。

模式概述：家电在中国是成长性较好的商品之一，低价连锁的销售模式深得消费者的青睐。国美依靠资金的高周转率，以惊人的速度扩张，至今国美电器在多个城市拥有几百家直营门店。国美的扩张速度是世界知名的家电连锁巨擘百思买公司的4倍，利润主要来自供应商的返利和通道费。

难题：低价之外还需要更多的精细化管理，而凭借供应商的应收账款维持高速运转，不是长久之计。

5. C2C电子商务模式

代表：淘宝网、易趣网。

关键词：网上支付、安全交易、免费模式、网络营销。

模式概述：淘宝网以连续数年免费的模式，将最大的竞争对手置于被动地位，并吸引了众多网上交易的爱好者到淘宝开店。淘宝网还打造了国内先进的网上支付平台“支付宝”，其实质是以支付宝为信用中介，在买家确认收到商品前，由支付宝替买卖双方暂时保管货款的一种增值服务。

难题：易趣网被淘宝网的免费战略打败，说明中国的消费环境尚不成熟。另外，网络支付的安全性也是挑战。

6. 分众模式

代表：分众传媒。

关键词：新媒体、新蓝海、眼球经济。

模式概述：其商业价值来源于让等电梯的写字楼白领观看液晶屏广告，给广告主提供准确投递广告的新媒体。IZO企业电视台有效地结合了网络、电视、视频通话技术，可谓最先进的技术手段相互融合造就的高品质的即时互动多媒体整合平台，是架构在企业网站上最新的媒体广告方式。它能够在企业网站上将宣传片等内容透过视频窗口在线播放，让企业可以轻松通过声音、影像及文字随时随地享受与世界互动互通。网民通过搜索引擎寻找到企业网站，并观看企业电视，了解企业文化，产品介绍等资讯，受众完全是自主选择的，不带有任何强制性的，这样的主动寻求而非被动接受使得受众更易产生兴趣及购买欲望。无论是对政府网站、城市门户网站还是数以千万的企业网站，IZO企业电视都是一个极佳的广告宣传方式。IZO企业电视台被业内认为是唯一有望超越分众的网络新媒体。

7. 虚拟经营模式

代表：耐克。

关键词：虚拟经营、外包。

模式概述：美国耐克公司是服装业虚拟经营的典范。耐克公司把精力主要放在设计上，具体生产则承包给劳动力成本低廉的国家和地区的厂家，以此降低生产成本。这种虚拟制造模式使耐克得以迅速在全球拓展市场。近年来，耐克试图转变既有的产品驱动型的商业模式，进而发展成为通过全球核心业务部门的品类管理，推动利润增长的，以客户为中心的组织。

难题：由于中国各地 OEM 厂商产能有限，供货商队伍过于庞大分散，引起了品牌企业的经营和管理成本上升，对创业企业的管理能力也提出了挑战。

8. 经济型连锁酒店模式

代表：如家。

关键词：酒店连锁、低价。

模式概述：如家未必是中国经济型酒店的"第一人"，却是迅速地将连锁业态的模式运用于经济型酒店的革命者。由于快速地加盟、复制、扩张，如家快捷酒店及时地占据了区位优势，在众多的同行业竞争者中率先赢得华尔街的青睐，于 2006 年 10 月 26 日成功登陆纳斯达克。

难题：中国的不同城市差异巨大，如何在维持低成本运作的前提下，以相对统一的服务品质，保证在各个城市均获得成功是个难题，而众多的加盟店管理不善也会影响品牌形象。

9. 网络游戏模式

代表：盛大。

关键词：免费模式、互动娱乐。

模式概述：盛大独自开创了在线游戏的商业模式。在 2005 年 12 月，盛大主动宣布转变商业模式，将自己创造的按时间收费的点卡收费模式，改为实施道具增值服务的计费模式。盛大希望以一种有效的运转模式发现和满足用户需求，延长游戏的生命期，并为公司的互动娱乐战略提供更持久的现金流。

难题：无论收费还是免费，只有依靠好的游戏产品，才能在市场上长期立足。

10. 网络搜索模式

代表：百度。

关键词：竞价排名、网络广告、搜索营销。

模式概述：搜索引擎已彻底改变了人们的生活方式，其中竞价排名是搜索最主要的收入来源。百度的收入对竞价排名的依赖程度很高，实质类似于做广告，即客户通过购买关键词搜索排名来推广自己的网页，并按点击量进行付费。由于网页左右两边都包含有竞价排名的结果，搜索者很难清晰地辨别哪些搜索结果是付费的。

难题：单一搜索门户所采用的竞价排名商业模式，很容易影响搜索结果的客观性，造成用户的忠诚度下降。另外，如何识别无效点击或欺骗性点击的技术，也是竞价排名搜索模式需要解决的问题。

第二节 商业模式剖析

创业故事

“85 度 C”的核心战略

“85 度 C”店名的由来是据称现煮的咖啡煮到 85 度时口感最好。

咖啡、蛋糕、面包这三个市场竞争最激烈的商品，“85 度 C”能做到百亿的市值，且规模不断壮大。成功秘诀就是“质优价廉”。质优——创始人吴政学追求“五星级的味道”，先后挖来 20 多位“金牌主厨”，全力打造高品质口感。他还亲抓食材的供应，跑到中南美洲挑选咖啡豆，批量引进高级咖啡豆、顶级巧克力等。价廉——同样成本，85 度 C 只卖竞争对手一半甚至 1/3 的价钱。实现高利润，靠的是销量。店面主要放冷藏柜、烘焙箱等生产用品，桌椅只放几张作点缀，而员工培训的重点除了服务就是效率。“85 度 C”门店如图 7-1 所示。

图 7-1 “85 度 C”门店

本节将就比较热门的三种商业模式，做简单的剖析，帮助同学们深入了解商业模式的内涵与规律，了解当前商业模式的设计趋势，也为设计自己的商业模式打好基础。

一、免费商业模式

直到十年前，市场上充斥的免费品还都可以归为经济学家所谓“交叉补贴”产品——你免费获得一件产品的同时，为另一件产品或服务付费。然而过去十年间，一种新的免费策略开始出现，这种新模式并非基于交叉补点，而是基于产品自身的成本正在迅速下降的事实，不过现在我们可以清楚地看到，被互联网技术浪潮所席卷的所有事物几乎都在走向免费，至少与我们消费者相关的那些产品更是如此。在电子商务网络门户、网络社交、分类信息网站、地方门户、网络游戏、电子邮箱、搜索引擎即时通信等互联网领域，面向大众的互联网服务均采用免费的策略吸引用户，这也间接带动了互联网的广泛普及和数亿的庞大互联网用户群很多互联网企业都是以免费、好的产品吸引很多的用户，在此基础上再构建商业模式，比如360安全卫士、QQ用户等，互联网颠覆传统企业的常用作法就是在传统企业用来赚钱的领域免费，从而彻底把传统企业的客户群带走，进而转化成流量，然后再利用延伸价值链或增值服务来实现盈利。克里斯·安德森在《免费：商业的未来》中归纳了基于核心服务完全免费的商业模式：一是直接交叉补贴，二是第三方市场，三是免费加收费，四是纯免费。随着移动互联网深入发展，高新技术的商业应用大行其道，关于免费模式的探索也在不断玩出新花样。这里介绍两种在当下很常见的免费商业模式。

1. 免费增值模式

大量的基础用户受益于没有任何附加条件的免费产品或服务，而通过另外收费的增值服务来获得收益。该模式是媒体订阅模式的基础，也是最广为人知的互联网商业模式之一。它为如下几种形式：从免费到付费的内容分级，或者一个额外的比免费版带有更多特性的"专业"版网站或软件。传统的免费派送，比如给母亲赠送婴儿尿布，制造商都得花钱，仅能免费派送极小数量的产品，以此诱惑消费者。但就数字产品而言，这种免费品与付费品之比却倒了过来。一个典型的网站通常遵循1%法则：1%的用户支撑起其他所有用户。这种模式的可行之处在于，服务其他那99%的用户的成本几乎为零，甚至能够完全忽略不计。

2. 免费平台模式

通过免费手段销售产品或服务，建立庞大的消费群体，然后再通过配套的增值服务、广告费等方式取得收益音乐类网站或APP可以很好地诠释这一模式。随着网络与手机的普及，许多音乐服务成为免费品已是既定事实。这一趋势是如此强大，以至于道德规制及反盗版措施都束手无策。一些歌手在线派发他们的音乐，甚至做直播演唱会，并借此作为线下演唱会、正版唱片、播放许可证，以及其他付费品的营销方式。当然，我们也可以看到随着国民版权意识的提升，收费音乐也渐渐找到了新的目标顾客基于互联网的广告模式非常常见，包括门户网站上按浏览量付费的横幅广告、部分网站按点击率付费的文本广告、视频网站上的贴片广告，越来越普遍。付费的内置搜索结果、付费的信息服务清单，以及对某些特定人群的第三方付费等等。互联网的大多数服务都采取第三方付费的形式，我们使用的搜索引擎、社交工具等获取信息的一方并不付费，而且在多数情况下发布信息的一方也不付费。

百科、问答、知乎的成功表明：金钱并非唯一的驱动力，利他主义一直都存在，而互联网为其创造了一个平台，在这里，个体行为可以引发全球范围的影响。某种意义上，零成本分发使得共享成为一种产业。货币并非世界上唯一的稀缺资源，在其他方面，最有价值的部分是你的时间和注意力，它们成为新的稀缺资源，免费世界的存在大多是为了获得这些资源，它们随后成为新商业模式的基础。免费模式使经济从局限于可用货币量化的范畴转向更真实的衡量标准，后者涵盖了当代视角下的一切有价值的事物们也要注意到：这种模式虽然大行其道，但部分应用还不够清晰，仍在探索中。

二、平台商业模式

苹果、谷歌、微软、思科、日本电报电话公司及时代华纳等知名公司，都在应用平台商业模式，在中国，如淘宝、百度、腾讯及盛大游戏等公司，同样通过平台商业模式获利并持续扩大市场版图。在网络效应影响下，平台商业模式往往出现规模收益递增现象，强者可以掌控全局、打造共赢生态圈，因此受到创业者们的关注。

（一）平台商业模式的概念

了解平台商业模式，必须了解双边或多边市场的概念，传统的商业模式是一个单边市场的概念，一个企业，会有上、下游，收入从下游来，成本在与上游博弈中确定如果企业谈判力量较强，就可以把成本压低或取得更多收入，所以，在传统商业模式中，企业对上、下游会保持一个竞争的态度，而且时刻维持自己的谈判力量。例如汽车厂家，其盈利取决于向供应商压低进货成本然后从下游消费者处增加营收。为了讨好消费者，厂家需要预测消费者喜好并投入大笔资金做研发、发展更多投资建厂进行大量生产。但如果厂家研发生产出来的车型不符合市场的需求，就要承担巨大的损失：研发浪费了，库存又要积压很多资金。

平台商业模式则是一个双边（或多边）的市场概念。比较典型的企业是淘宝。淘宝上有千万种商品，生产是由卖家完成，即便没有卖出去的库存也由卖家负责。淘宝做的只是一个平台，从连接买家与卖家中赚钱。在平台模式上，如果没有竞争的话，投资的风险理论上会很小。但并不是说，平台模式完全没有风险，平台模式在成长初期非常不容易。以淘宝为例，如果淘宝把所有的卖家都找来，但是没有买家，这些卖家就不会在淘宝上待太久，同样如果没有卖家，没货可卖，买家也会离开。只有把两者都带到这个平台上来，平台才能够成长了解了多边市场的概念，平台商业模式的概念呼之欲出：指连接两个（或更多）特定群体，为他们提供互动机制，满足所有群体的需求，并巧妙地从中赢利的商业模式，平台模式属于行业和价值链层级的代表模式，吸引大量关键资源，实现跨界整合，并能以最快的速度整合资源，使创业者将眼光从企业内部转向企业外部，思考行业甚至跨行业的机遇和战略。建立平台型商业模式的企业，如苹果、沃尔玛等不仅可以迅速扩张市场，还完全脱离了例如价格战等一般层次的竞争，达到了不战而屈人之兵。

（二）平台商业模式的特点

平台型商业模式的特点主要有以下四点：

1. 一定要以某些核心产品作为切入点

打造平台模式的基础，我们称之为“入口”，有了此基础，才可以让各方在此基础上推出产品，并提供延展的各项服务。

2. 平台模式服务于某一人群，必须有足够多的用户数量

实际上，平台模式的成功证明了梅特卡夫准则；每个新用户都因为别人的加入而获得更多的交流机会，导致信息交互的范围更加广泛、交互的次数更加频繁，因而“网络的价值随着用户数量的平方数增加而增加”，“物以稀为贵”变成了“物以多为贵”。

3. 明确游戏规则

用无限生产满足无限需求，不仅可以革命性地降低成本还实现了收入倍增、盈利倍增。应用平台型商业模式的企业需要设计一套使得生产和需求双方能够互动运转起来的游戏规则和算法。如苹果对于自己不能有效满足用户无限需求的瓶颈，实施开放策略，实现客户共享，用来自社会上的无尽的“N”补充自身交付的不足，于是，社会上无穷无尽的“N”开始源源

不断地向平台聚集,无限的生产满足了无限的需求。但是需求和供给买卖都是根据设定好的游戏规则和算法自动完成匹配。在这个平台上,服务和产品被无限延展。

4. 重构整个生态系统

由于海量的产品和企业在平台上大规模、生态化聚集大幅度降低了企业的协作成本,并创造出一个竞争力足以与大企业相比拟,但是灵活度更胜一筹的商业生态集群,在这种协同模式下,商业的进入成本和创新成本都得到了明显地降低。除了平台型企业自身的扩张,平台上的众多中小企业也能更好、更快地扩张,如苹果在线商店,一款名为《愤怒的小鸟》的游戏售价仅为 99 美分,却能产生一亿次的下载量,创收 7 000 万美元,使得这款游戏的开发公司 Ravioli 市值超过 12 亿美元通过平台模式,商业自由度大幅度增长,个体的能量也有了充分施展的舞台,平台型商业模式正向世人显示出其巨大的商业价值。

(三)平台商业模式的优势

平台商业模式是很多创业者的梦想,因为平台处于产业链的高端,不但收益丰厚主动权大,在竞争中也会处于较为有利的位置,一旦成功,很可能获得“号令天下”的地位,而且,平台商业模式使合作者共赢,经营越久,价值越大。

典型的案例如传统出版行业向网络出版平台的转型,以出版业为例,原产业链为作者—经纪人—出版社—印厂—经销商—零售商—读者,每一个上层都需要为讨好下级而努力,而在网络出版平台上,任何人都可以轻而易举地把自己的作品上传到平台上,直接面向读者(终端消费者)市场,如起点中文这样的网络阅读平台直接连接作者群和读者群,两方互相影响,互相成长,包括群体的数量和作品的数量、价格、更新频率等维度都有明显的进步。和传统出版社不同,尽管线上出版平台提供的作品量更大,但是线上平台并不需要在每一部作品上都投入编辑经费和营销经费,作者们会进行自我推广,并发表不同风格的作品来满足读者群体的多元需求。因此,书籍作品如果推销不出去,作者而不是平台企业本身将承担最大的损失,还有一种转型的典型是苹果公司,今天的苹果手机、手表、平板电脑等已经成为 IOS 系统的硬件载体,苹果的盈利点已经从早期的硬件产品的贩卖转向搭建平台生态圈(Apple store 和 iTunes)贩卖 APP 等虚拟产品来获取佣金。

(四)平台商业模式的难度

平台商业模式如此吸引人,但要成功也有很大的难度。首先,选择平台商业模式的创业者需要有能力积累巨大数量的用户,甚至需要获得同行规模第一的用户数。这要求企业不仅产品过硬,正好契合用户的强烈需求,甚至需要合适的时机和行之有效的市场手段,从某种角度可遇不可求其次,选择平台商业模式的创业者需要提供给用户有着巨大黏性的服务。一般企业只要为用户提供一个强需求产品就足以成功,平台企业需要成为服务型企业,服务子用户的硬需求(刚需、高频、高附加值等),最后,用平台商业模式进行创业,需要构建出一个合作共赢、先人后己的商业模式,只有在平台上的合作伙伴都获得良性成长,平台才能发展壮大;只有让合作伙伴够得到足够的分润比重,才能将其做成所有参与者的平台;只有做到合作伙伴做不到或者别的伙伴自己做性价比更高的时候才能成为平台。所以,其实大部分想做成平台的创业者只能想想,平台作为产业链的底盘,大部分细分产业最终只能留下唯一的垄断平台企业,2015 年的滴滴和快的、美团和大众点评的合并都是在争抢最终的平台

效应。对创业者来说，在构造平台的过程中要审时度势，顺势而为。如果有一个做平台的机会，就应该摆正理念、设计好平台的商业模式，抓住机遇，深入实施平台战略做一个在用户心目有一席之地的平台，如果没有这个时机，莫不如踏踏实实做一个垂直服务企业，用好平台。

三、长尾商业模式

长尾概念由克里斯・安德森提出，这个概念描述了媒体行业从面向大量用户销售少数拳头产品，到销售庞大数量的利基产品①的转变，虽然每种利基产品相对而言只产生小额销售量，但利基产品销售总额可以与传统面向大量用户销售少数拳头产品的销售模式媲美。核心是"多样少量"，所以长尾模式需要低库存成本和强大的平台，并使利基产品对于兴趣买家来说容易获得长尾理论在媒体行业以外的其他行业也同样有效，与此同时，安德森认为有三个经济触发因素引发了长尾现象。

(1)生产工具的大众化：不断降低的技术成本使得个人可以接触就在几年前还昂贵得吓人的工具。

(2)分销渠道的大众化：电子商务使得产品能以极低的库存、沟通成本和交易费用销售，为利基产品开拓了新市场。

(3)连接双方的搜索成本不断下降：销售利基产品真正的挑战是找到感兴趣的潜在者。现在强大的搜索和几大电子商务平台，已经让这些容易得多了在应用长尾理论时，应该注意几个问题。

(1)长尾理论统计的是销量，并非利润。管理成本是其中最关键的因素。销售每件产品需要一定的成本，增加品种所带来的成本也要分摊。所以，每个品种的利润与销量成正比，当销量低到一个限度就会亏损，理智的零售商是不会销售引起亏损的商品的。

例如，超市是通过降低单品销售成本，从而降低每个品种的止亏销量，扩大销售品种。为了吸引顾客和营造货品齐全的形象，超市甚至可以承受亏损销售一些商品但迫于仓储、配送的成本，超市的承受能力是有限的，相比之下，互联网企业可以进一步降低单品销售成本，甚至没有真正的库存，而网站流量和维护费用远比传统店面低，所以能够极大地扩大销售品种。而且，互联网经济有赢者独占的特点，所以网站在前期可以不计成本、疯狂投入，这更加剧了品种的扩张。

(2)要使长尾理论更有效，应该尽量增大尾巴。也就是降低门槛，制造小额消费者，不同于传统商业的拿大单、传统互联网企业的会员费，互联网营销应该把注意力放在把"蛋糕"做大。通过鼓励用户尝试，将众多可以忽略不计的零散流量，汇集成巨大的商业价值。

(3)使用长尾理论必须小心翼翼，保证任何一项成本都不随销量的增加而激增，最差也是同比增长。否则就会走入死路，最理想的长尾商业模式是，成本是定值，而销量可以无限增长。这就需要可以低成本扩展的基础设施。

---

① 按照菲利普，科特勒在《营销管理》中给利基(niche)下的定义：利基是更窄地确定某些群体，这是一个小市场并且它的需要没有被服务好，或者说"有获取利益的基础"。企业在确定利基市场后往往是用更加专业化的经管来获取最大限度的收益，以此为手段在大的市场夹缝中寻求自己的出路。

总之，长尾理论的应用，是有前提的——商品销售的渠道足够宽，并且商品生产运送成本足够低，比如在亚马逊书店，网站规模足够大，已经有了几十万甚至上百万的不同产品，这种情况下就能显示出长尾效果。但是对很多中小企业网站来说，产品只有几十种，或者多至几百几千种，这都不足以产生长尾现象。

作为创业者，我们要认识到：长尾商业模式是从整体上描述一种市场现象，而不是从个体角度看；是从零售商的角度看，而不是从生产商的角度看。对某个生产商来说，它不太可能提供所有的种类，比如在图书市场上，没有一家图书出版社能够出版某一类别的所有图书，是许多家共同创造一个图书品种极度丰富的市场，音乐市场同样如此。我们了解任何一种商业观念都是为了应用它，因而，对于大部分创业者来说要应用长尾都会问如下这个问题：生产商如何在长尾市场中生存？

一个受到普遍认可的策略是建立产品金字塔结构。提供比过去更多品类的产品企业可以赢利、生存，但要取得更好的、更持久的经营绩效，企业就需要形成超级热门、各大类中的热门商品及多品种商品这样的金字塔式产品组合结构。这是因为超级热门商品有轰动效应和拉动效应：如果没有超级热门商品，企业就很难建立强大的品牌和市场地位；热门商品可以拉动旗下的多品种商品的销售。这就是为什么单独看一件热门商品可能投入产出完全不成正比，但许多企业却依然大举投入。只有建立了产品金字塔结构，有了多品种的基础，在热门商品上的投入才能获得最大的收益。

第三节 商业模式开发

创业故事

3W 咖啡咸鱼翻身

2010 年，许单单和伙伴瞄准互联网公司和人群，开了“互联网咖啡馆”。经营一年多，亏得一塌糊涂。团队开始考虑如何结合自己强大的互联网背景来开拓业务。

他们成立传媒公司承接各种互联网活动，渐渐承接到三星等 IT 巨头的活动，积累了各种创业者、开发者资源；还花大力气请圈内资深人士做演讲；并成立互联网招聘网站；同时尝试做互联网创业团队的孵化器项目——随着 3W 咖啡生态链的浮出水面，咖啡馆实现了收支平衡。

目前 3W 具有绝对优势的核心竞争力尚未形成，但团队方向明确，将继续针对互联网人群深耕细作，凭借在圈内的名气，已拿到融资，准备两年内在全国开 20～40 家新店。

商业模式设计开发是分解企业价值链条和价值要素的过程，涉及要素的新组合关系或新要素的增加。简单地说，商业模式就是企业赚钱的渠道和方法，通过怎样的模式和渠道来赚钱，是企业在市场竞争中逐步形成的企业特有的赖以生存的商业结构。

（一）商业模式设计的思路

1. 具体分析产业环境

企业所处的产业环境是影响商业模式设计的关键因素。当企业处于不同的发展阶段时，企业行为、产业结构以及市场绩效都不相同，而且政府在各个时期的宏观政策也会不同。这些宏观环境都是企业进行商业模式选择时需首要考虑的内容。

2. 充分评估企业能力

企业的内部条件是商业模式设计的重要因素，因为任何商业模式的变革都是在企业的核心战略指导下进行，并以核心资源及内部流程重组为基础的。因此，企业所处产业环境、企业内部流程变革的程度等因素是企业商业模式变革时要考虑的首要因素。除此之外，还需高度重视消费者。商业模式的设计是一种以市场为导向的创新活动，其本质特征有许多方面与消费者有关，如细分市场、产品定制等。商业模式设计时要求企业充分了解自己的消费群体，为消费者创造最大的价值。商业模式设计过程中的环境分析和组织现状分析已经有很多研究工作，比如 SWOT 分析法、五力模型等。

3. 商业模式设计的方向

美国麻省理工学院教授哈克斯和他的团队调查了美国上百家公司，提出了组织商业模式设计的三个方向。

（1）最佳产品模式。

该模式的设计思路基于波特的低成本和产品差异化的战略选择理论。企业通过简化生产过程、扩大销售量来获得成本领先地位，或通过技术创新、品牌或特殊服务来强化产品某一方面的特性，以此来增加顾客价值。

（2）客户解决方案模式。

该模式的设计出发点则是强调经营战略定位的重心从产品向客户转移，强调给客户带来的价值，以及客户的学习效应，通过一系列产品和服务的组合，最大限度地满足客户的需求，或通过锁定目标顾客、提供最完善的服务，实施手段是学习和定制化。

（3）系统锁定模式。

该模式设计视角突破了产品和客户的范围，考虑了整个系统创造价值的所有要素。这些要素中除了竞争对手、供应商、客户、替代品之外，还包括生产互补品的企业，通过联合互补品厂商一道锁定客户，并把竞争对手挡在门外。

（二）商业模式设计的原则

企业能否持续赢利是判断其商业模式是否成功的唯一的外在标准。一个成功的商业模式不一定是在技术上的突破，而是对某一个环节的改造，或是对原有模式的重组创新，甚至是对整个游戏规则的颠覆。

创业者在设计商业模式时，要兼顾以下八个原则：客户价值最大化原则、持续盈利原则、资源整合原则、创新原则、融资有效性原则、组织管理高效率原则、风险控制原则和合理缴税原则。

1. 客户价值最大化原则

一个商业模式能否持续赢利，是与该模式能否使客户价值最大化有必然关系的。一个不能实现客户价值的商业模式，即使赢利也一定是暂时的、偶然的，是不具有持续性的。反之，一个能使客户价值最大的商业模式，即使暂时不赢利，但终究也会走向赢利。所以对客户价值的实现是创业者应该始终追求的目标。

2. 持续赢利原则

在设计商业模式时，赢利和如何赢利是必须重点考虑的问题。当然，这里指的是在阳光下的持续赢利。持续赢利是指既要"赢利"，又要有发展后劲，具有可持续性，而不是一时的偶然赢利。

3. 资源整合原则

整合就是要优化资源配置，就是要有进有退、有取有舍，就是要获得整体的最优化。在战略思维的层面上，资源整合是系统论的思维方式，是通过组织协调以及企业内部彼此相关但却彼此分离的职能，以及企业外部既参与共同的使命又拥有独立经济利益的合作伙伴，整合成一个为客户服务的系统，取得"1＋1＞2"的效果。在战术选择的层面上，资源整合是优化配置的决策，是根据企业的发展战略和市场需求对有关的资源进行重新配置，以凸显企业的核心竞争力，并寻求资源配置与客户需求的最佳结合点，目的是要通过组织制度安排和管理运作协调来增强企业的竞争优势，提高服务水平。

4. 创新原则

时代华纳前首席执行官迈克尔·恩说："在经营企业的过程中，商业模式比高新技术更重要，因为前者是企业能够立足的先决条件。"创业者应该在设计商业模式时，始终保持创新的意识，力所能及地创造出新的、突破性的商业模式。商业模式的创新形式贯穿于企业经营的整个过程中，贯穿于企业资源开发、研发模式、制造方式、营销体系、市场流通等各个环节，也就是说，在企业经营的每一个环节上的创新，都可能演变成一种成功的商业模式。虽然商业模式一旦确定，不应随意变动，但是也要时刻警惕内外环境的变化，保持商业模式的与时俱进，才能在激烈的竞争中保持优势。

5. 融资有效性原则

融资模式的打造对企业有着特殊的意义，尤其是对广大的中小企业来说更是如此。我们知道，企业生存需要资金，企业发展需要资金，企业快速成长更是需要资金。资金已经成为很多企业发展中绕不开的障碍和很难突破的瓶颈。谁能解决资金问题，谁就赢得企业发展的先机，也就掌握了市场的主动权。从一些已成功企业的发展过程来看，无论其对外阐述的成功的原因是什么，都不能回避和掩盖资本对其成功的重要作用，许多失败的企业就是因为没有建立有效的融资模式而失败了。商业模式的设计很重要的一环就是要考虑融资模式，能够融到资并能用对地方的商业模式就已经是成功了一半的商业模式了。

6. 组织管理高效率原则

高效率是每个企业管理者都梦寐以求的境界，也是企业管理模式追求的最高目标。用经济学的角度来衡量，决定一个国家富裕或贫穷的砝码是效率；决定企业是否有赢利能力的也是效率。如今的万科、联想、华润、海尔等大公司，在管理模式的建立上都是可圈可点的，也是值得我们学习的。

7. 风险控制原则

设计得再好的商业模式，如果抵御风险的能力很差，就会像在沙丘上建立的大厦一样，

经不起任何风浪。这个风险既包括系统外的风险，如政策、法律和行业风险，也包括系统内的风险，如产品的变化、人员的变更、资金的不继等。

8. 合理缴税原则

合理缴税，而不是逃税。合理纳税是在现行的制度、法律框架内，合理地利用有关政策，设计一套利于利用政策的缴税体系。合理缴税做得好也能大大增加企业的赢利能力，千万不可小看。

【案例 7-5】

成功的商业模式的三个基本特征

第一，成功的商业模式要能提供独特价值。有时候这个独特的价值可能是新的思想；而更多的时候，它往往是产品和服务独特性的组合。这种组合要么可以向客户提供额外的价值；要么使得客户能用更低的价格获得同样的利益，或者用同样的价格获得更多的利益。

第二，商业模式是难以模仿的。企业通过确立自己的与众不同，如对客户的悉心照顾、无与伦比的实施能力等，来提高行业的进入门槛，从而保证利润不受侵犯。比如直销模式，人人都知道其如何运作，也都知道戴尔公司是直销的标杆，但很难复制戴尔的模式，原因在于“直销”的背后，是一整套完整的、极难复制的资源和生产流程。

第三，成功的商业模式是脚踏实地的。企业要做到量入为出、收支平衡。这个看似不言而喻的道理，要想年复一年、日复一日地做到，却并不容易。现实当中的很多企业，不管是传统企业还是新型企业，对于自己的钱从何处赚来，为什么客户看中自己企业的产品和服务，乃至有多少客户实际上不能为企业带来利润、反而在侵蚀企业的收入等关键问题，都不甚了解。

（三）商业模式的设计要素

商业模式有三个核心要素：顾客、价值和利润。一个好的商业模式必须回答以下三个基本问题。

（1）企业的顾客在哪里？

（2）企业能为顾客提供怎样的（独特的）价值和服务？

（3）企业如何以合理的价格为顾客提供这些价值，并从中获得企业的合理利润？

商业模式是商业战略生成的基础，商业战略是在商业模式基础上的行为选择。商业模式的价值主张、价值网络和价值实现等要素之间的不同组合方式形成了不同的商业模式。

（四）商业模式的创新与评价

有学者指出：“中国大量出口到国外的产品，出口价 1 元人民币，到美国零售就卖 1 美元，到欧洲就卖 1 欧元，把货币一换就可以上架销售了，这就是商业模式的力量。”

全球无数次经济危机带给我们的启示是：每一次危机都会促使商业的创新。危机带我们进入了一个个重新洗牌的时代，中国企业的“低成本时代”正在走向终结，并将不可逆转地参与到商业模式的竞争中。因为当今的时代，仅仅依靠单一的低成本优势，企业将无法做强走远。创新创业是我国未来数十年经济社会发展的主旋律之一，商业模

式创新是其高端形态，也是改变产业竞争格局的重要力量。处在中国经济转型升级的大背景下，对于中国企业来说，转型升级中效果最明显、最有价值的就是进行商业模式的创新。

目前，有关企业商业模式的研究，在国内外都是一个热点问题。国外有研究数据表明，逾 60%成功的企业创新都是商业模式的创新，而不仅仅是技术的创新。且从国外研究成果来看，对商业模式的研究已具有一定的深度，从早期有关商业模式概念、要素、分类等的研究逐渐转向商业模式创新的研究。

实践证明，商业模式可以复制，但也需要调适；商业模式可以组合嫁接，但也需要重新定位；商业模式可以模仿，但更需要突破。

商业模式创新是当今企业获得核心竞争力的关键。沃尔玛、亚马逊、ZARA、阿里巴巴、国美、如家等企业都是因为它们独特而具有竞争力的商业模式而异军突起，在各自竞争激烈的行业内成为领袖。而企业实施商业模式创新的目的是为企业、股东、客户和合作伙伴创造更多的价值。虽然商业模式创新很重要，但挑战也非常大。不仅因为商业模式是无形的，而且它的创新实际上是一种高层次的企业创新行为，它包括了企业从内部到外部的各种资源、制度、行为方式的整合，涉及企业运作的方方面面。

按照 IBM 商业研究所和哈佛商学院克利斯坦森教授的观点，商业模式包含四部分，即用户价值定义、利润公式、产业定位和核心资源与流程。而实施商业模式创新的途径就是围绕上述四个方面进行变革。

1. 重新定义顾客需求

由于顾客的需求时刻发生着变化，企业必须洞悉顾客需求的变化趋势，才能在竞争中取胜。重新定义顾客需求意味着企业需要对产品和服务所在的细分市场的目标顾客进行需求的不断确认。这种确认是动态而非静态的，关键是要弄清楚顾客最想要什么，顾客会喜欢什么产品，如何才能更好地实现顾客的愿望。顾客需求是不断变化的，这给所有参与经营的企业提供了均等的机会，无论是行业领导者还是后进入者，谁能够及早发现顾客的潜在需求，谁就可以在重新定义顾客需求上获得先机，成为这个细分市场新的领跑者。

2. 重新定义产品或服务

这种创新的特点是基于企业为满足顾客需求而提供的产品或服务方面的创新，并由此出发来进行整个商业模式的创新设计。知识经济使产品的外延与内涵发生了巨大的变化，不仅农产品、工业品成为商品，知识、服务、信息及技术都成为商品。因此，对产品和服务重新定义的方式是一种常见的商业模式创新方式。重新定义意味着那个新的产品和服务对现有的细分市场中的产品和服务进行替代，是对产品功能、结构和形态的创新，而不仅仅是产品和服务形式或款式的改变。

3. 重新定义顾客接触方式

顾客接触方式涉及顾客界面的设计和选择。它包括两个方面：一是企业的产品和服务是如何送达顾客的；二是企业与顾客之间是如何进行信息的传递和沟通。在这两个方面，企业与顾客都以不同的方式进行各种接触。沟通是为了让企业和顾客相互了解，沟通越直接、越频繁，企业也就越能满足顾客的需求，而顾客也就能获得更好的服务。但是，频繁的沟通是以昂贵的沟通成本为代价的。因此，顾客接触方式选择和创新的目标就是基于在不断提高与顾客接触效果的同时达到合理控制成本的目的。

4. 重新定义供应链组织方式

供应链组织方式关系到企业如何实现向顾客提供的价值。在传统的供应商组织方式中，企业与其供应商之间是一种互为成本的竞争关系。在经济全球化的环境下，企业的成功不再依赖传统的资源集合的程度，更多是依赖企业积聚和使用的以知识为产品或服务的增值。这种模式创新强调企业在核心业务上集中更多的战略资源的同时，能通过整合其他企业的资源来构建新的供应链组织方式，弥补自身的不足，从而更具竞争力。

5. 扩大以顾客价值为中心的网络协同效应

商业模式是企业在一定的价值链或价值网络中如何向客户提供产品和服务并获取利润的价值创造逻辑。所以，这种模式的创新是围绕顾客价值的实现方式和价值内容而进行的，企业可以通过价值创新的各种手段，向顾客提供比竞争对手更大的价值，从而获得竞争优势。为此，企业就需要以顾客价值为中心，通过在更大范围内与其他企业之间构成的某种价值网络所产生的协同效应来创新其商业模式。

商业模式创新的出发点，是如何从根本上为客户创造价值。对于新创企业，因为实力的原因，从一开始就要努力把握全新的市场机会，对比参考国内外的既有模式发掘细分市场，并利用好互联网与传统行业结合所诞生出来的新市场，设计出与自身资源结合的优秀模式。商业模式画布如图 7-2 所示。

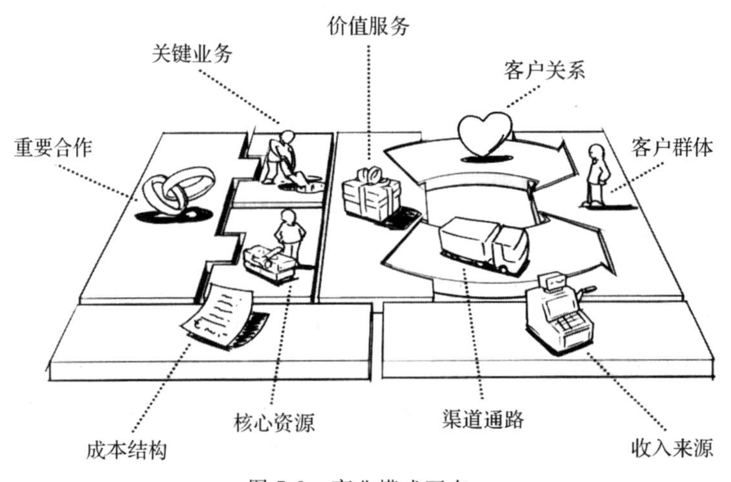

图 7-2　商业模式画布

**【案例 7-6】**

“一生只送一人”的网上花店

在微博上搜索“Roseonly 专爱花店”，会发现，几乎都是女孩子幸福洋溢的晒玫瑰花图片的记录。其实她们晒的不是花而是爱情唯一的承诺——在 Roseonly 买花，提交的收花人将会是永久的收花人，不得更改，也就是说，这个花店只允许一辈子送花给一个人。Roseonly 专爱花店的创始人蒲易表示，Roseonly 的品牌价值是，用顶级的玫瑰和服务，承载专一的爱情。他认为，一旦这个品牌的内涵在用户中心树立起来，他的生意就离成功不远了。

1. 怎么想到这个商业模式？

蒲易在互联网领域投资过大众点评网、梦芭莎和机锋网，并创立了安沃移动广告、实名制医生学术社交平台“白天使”等。在一次飞行旅程中，蒲易看了哈佛大学教授迈克尔·桑德尔的著作《金钱不能买什么》，里面讲到了“幸福”，也提到了2010年美国礼品市场有几百亿规模。蒲易开始考察国内的礼品市场。

蒲易的创业导师——乐百氏创始人何伯认为，中国的鲜花市场有几百亿的规模，虽然从业者很多，但没有品牌。蒲易决定尝试高端鲜花定制电商业务，打造一个鲜花礼品类的高端品牌。他迅速召集团队，并得到了包括何伯权、时尚传媒集团董事长刘江等的天使投资。

2. 模式的特色是什么？

Roseonly专爱花店在2013年2月14日情人节当天正式推出，送花人需要绑定送花人邮箱等信息，收花人信息则不可更改。在Roseonly买花，将生成一个由送花人和收花人共有的一个码，并为二人产生一个独立的页面，以此机制保证“一生只送一人”。

Roseonly成了微博热点。蒲易认为，这得益于他从大众点评上学到的用户体验，以及发展意见领袖、做口碑营销的经验。

Roseonly在推出当天仅售99束单价为999元的玫瑰，该玫瑰为12枝一盒，从厄瓜多尔直运，使用海外设计师所设计的“会呼吸的”盒子。玫瑰需要提前3天预定。

在北京地区，Roseonly采用“Miniclubvans＋男模”的方式送花；在外地，则与联邦快递合作进行派送。这样的流程带来的好处是没有库存，且先收钱再送货，现金流比较充裕。与线上鲜花礼品市场鼻祖、目前美国最大的线上鲜花礼品销售商、市值7亿多美元的上市公司1-800-Flowers不同的是，后者是淘宝式的鲜花礼品平台，而Roseonly的产品全部由自己采购、包装设计和发货。蒲易认为，1-800-Flowers的模式在中国行不通。

3. 下一步计划是什么？

蒲易表示，目前Roseonly月收入已过百万元并实现盈利，Roseonly专爱花店目前已经获得了时尚传媒集团的战略投资，很快会启动新一轮融资，计划在北京、上海、深圳、广州和成都等城市推出线下体验店，并将“Miniclubvans＋男模”的服务推广到这些地区。Roseonly还计划推出象征爱情的巧克力、钻戒等高端进口产品。

第八章　创业资源

许多大学生都错误地认为：只要有个好的点子，能拿到投资，再加上执着、激情、运气，就能成为下一个马化腾。但是，创业成功的真正关键更在于：团队、经验、执行力。大部分创业的失败不是因为点子不好，而是因为欠缺经验，没有团队，缺乏执行力——归根到底，积淀比点子重要。

——创新工场董事长兼首席执行官　李开复

第一节　创业资源概述

靠瓜子成就120亿身价的安徽富豪

一粒瓜子大概1分钱，有人却是凭借着它一年卖了40多亿元，甚至"嗑"出了一个市值215亿的上市公司！他就是洽洽食品创始人陈先保。他在36岁时辞去科长这个"铁饭碗"，靠一根棒棒冰起家，随后又盯上了瓜子行业，用了13年把瓜子生意带到深圳证券交易所，成为炒货第一股。更是凭借着小小的瓜子，卖出了120亿的身价，成了安徽富豪！

世人闲来无事多喜欢打牌看电视嗑嗑瓜子，其中"洽洽"牌瓜子成功进驻诸多家庭。直至2011年3月"洽洽食品"在深圳证券交易所成功上市时，人们才猛然发现，洽洽这个耳熟能详的知名品牌，已悄然成为中国炒货行业的龙头企业。所有人不禁好奇，陈先保是如何靠着小小的瓜子赫然发家，成就120亿身家的人生传奇呢？1959年，陈先保出生于安徽合肥一个普通人家。1978年，陈先保考上了无锡轻工业学院（今江南大学）。四年后，陈先保被分配到了安徽商业厅下辖的糖烟酒公司做管理工作，在摸爬滚打十多年后终于坐上了科长的位置。三十而立，正值青春年壮的陈先保科长却毅然辞掉公职，下海去卖冰棍。恰逢国内刮起了一阵"武术"风，陈先保抓住了李小龙效应带来的商机。他避开主战场的锋芒，别出心裁地把冰棍做成了双节棍的模样，取名棒棒冰，结果当年无论是在城市还是农村，竟然掀起了一股"棒棒冰"潮流，很快就打开了市场，把销路拓展到了好几个省市。很快，"棒棒冰"开始被同行大量仿冒。陈先保思来想去，琢磨出个匪夷所思的主意：去东北卖冰棍。所有人都说,陈先保疯了。在经历了又一场冒险之后,“棒棒冰”在东北一炮打响,营业额迅速突破千万。靠着“棒棒冰”,陈先保挖到了人生的“第一桶金”。他迅速思考到这个竞争激烈的市场会很快饱和,企业发展如逆水行舟,不进则退,必须迅速拓展新品。但谁也没想到的是,陈先保却盯上了毫不起眼的炒瓜子。陈先保趁省政府组织出省考察之机,一路考察一路购买不同炒瓜子对比品尝,亲自做市场调研。通过对众多瓜子的品鉴与分析,他从中洞察了瓜子行业的两个痛点:一是瓜子嗑起来脏手,二是瓜子吃多了容易上火。仔细研究分析后,认为瓜子应先浸泡去粗皮,同时通过浸泡将咸味“喂”进去,然后再进行炒制。陈先保还突发奇想:如果将炒瓜子改为煮瓜子,上火的问题不就解决了吗?1999 年 9 月,陈先保正式将自己的香瓜子产品推向市场,起了个响亮的名字“洽洽”,并于两年后成立了安徽洽洽食品有限公司。为打响名号,陈先保不惜重金做营销之余,还做了很多创新:首先从外观上和其他用塑料包装的瓜子品牌区分开来;其次,是在包装袋里面放入文化卡片。到 2000 年,洽洽瓜子的销售收入就突破了 1 亿元。2001 年,销售额是 4 亿元。2003 年,陈先保又搞起了“开箱有礼”,每箱都放上1～50元不等的慰问礼金,开箱可见。一时间洽洽供不应求,大小供应商甚至都跑到厂门口求货。包装、卡片、广告、促销,时至今日,陈先保的“四板斧”依旧为人所津津乐道。2008 年,洽洽的销售额首次突破 20 亿元,成为中国炒货业不折不扣的第一品牌。2012 年,陈先保以 30 亿的身家登上了当年安徽首富的宝座。这在炒瓜子这个微利行业中,绝对是个令人惊叹的财富奇迹。2017 年,洽洽品牌价值高达 126.36 亿元,上榜当年中国品牌价值 500 强。2019 年,洽洽业绩快报显示,洽洽食品营业总收入为 48.37 亿元,同比增长 15.25%。按照洽洽食品 2019 年业绩快报及公司历年年报披露的数据,公司营业收入将实现自 2009 年来连续十年上涨。2020 年 2 月,陈先保家族以 120 亿元财富荣登《胡润全球富豪榜》。作为中国坚果炒货龙头,洽洽的市值也飙升到了 215.5 亿元。

一、创业资源的内涵

所谓资源,依照现在战略管理中很有影响的资源基础理论观点,认为企业是一组异质性资源的组合,而资源又是企业向社会提供产品或服务的过程中,所拥有的或所能够支配的用以实现自身目标的各种要素及要素组合。创业的前提条件之一就是创业者拥有或能够支配一定的资源。概括地讲,创业资源是企业创立以及成长过程中所需要的各种生产要素和支撑条件。对于创业者而言,只要是对其创业项目和新创企业发展有所帮助的要素,都可纳入创业资源的范畴。创业资源之于创业活动的重要意义不仅仅局限在单纯的量上的积累,应当看到创业者的创业过程实质上是各类创业资源重新整合,支持企业获取竞争优势的过程。不能获取所需要的创业资源,创业机会对于创业者而言就毫无意义,创业机会识别的实质是创业者如何评价判断获取足够的创业资源来支持可能的创业活动。对于新创企业来说,丰富的创业资源是企业战略制定和实施的根本和保障,还可以调整战略方向。而且创业资源的整合也是建立企业核心竞争力的基础,从这一角度看,创业就是把创业机会的识别和创业资源的获取相结合,创业活动本身就是一种资源的重新整合。

二、创业资源的分类

早期的学者将资源分为三种类型,即物质资源(存货、设备)、财务资源(资金、贷款)、人

力资源(劳动力、管理者)。资源基础理论强调资源的异质性和独特性,因此,这些资源演变为后来描述更加细致的组织资源、技术和声誉资源等。后来,一些学者提出了突出创业者重要性的一种资源——社会资本,又称网络资源或关系资源。另外,创业过程通常也被解释成组织的形成过程,所以对于创业企业来说组织资源是具有标志性意义的一类资源。这些划分方法都在一定程度上推动了创业研究。

目前,学术界对创业资源的分类大致有以下五种类型。

1. 创业资源按其来源分类

创业资源按其来源可以分为自有资源和外部资源。自有资源是指创业者或创业团队自身所拥有的可用于创业的资源,如创业者自身拥有的可用于创业的自有资金、技术、创业机会信息、营销网络等。内部资源的拥有情况在很大程度上影响和决定我们获取外部资源的结果。创业者应该尽量扩充内部资源的拥有状况,特别是技术和人力资源,有助于我们获得和运用好外部资源。

外部资源是指创业者从外部获取的各种资源,包括从朋友、亲戚、商务伙伴或其他投资者筹集到的投资资金、经营空间、设备或原材料等,或是通过提供远期机会获取到的社会团体或政府资助的扶持等。外部资源更多的来自于外部的机会发现,在创业初期起着决定性的作用,创业者在初创时期的一个重要问题就是资源不足,只有从外部获取充足的创业资源,企业才能快速成长。对于创业者来说,关键还是拥有资源的使用权且能控制或影响资源的部署。

2. 创业资源按其存在形态分类

创业资源按其存在形态可以分为有形资源和无形资源。有形资源是具有物质形态的、价值可用货币度量的资源,如组织赖以存在的自然资源以及建筑物、机器设备、原材料、产品、资金等。无形资源是具有非物质形态的、价值难以用货币精确度量的资源,如信息资源、人力资源、政策资源以及企业的信誉、形象等。而无形资源往往是撬动有形资源的重要手段。

3. 创业资源按其性质分类

一般在涉及创业资源的使用上,我们会按照创业资源的性质,进行直观的描述,可将创业资源分为六种资源,即人力资源、社会资源、财务资源、物质资源、技术资源和组织资源。

(1)人力资源。是一切资源中最宝贵的资源,包括创业者与创业团队的知识、训练、经验,也包括组织及其成员的专业技能、判断力、视野、愿景,甚至是创业者、创业团队的人际关系网络。创业者是新创企业中最重要的人力资源,因为创业者能从各种混乱中看到市场机会。创业者的价值观和信念,更是新创企业的基石。合适优秀的员工也是创业人力资源的重要部分,因此,获取和开发高素质人才——技术人员、销售人才和生产工人等,也就成为促进新创企业可持续发展的关键因素。

(2)社会资源。主要指由于人际和社会关系网络而形成的关系资源。社会资源可以是人力资源的一部分,或者说是特殊的人力资源。社会资源对创业活动非常重要,因为社会资源能使创业者有机会接触到大量的外部资源,有助于通过网络关系降低潜在的风险,加强信任和声誉。开发社会资源是创业者的重要使命。

(3)财务资源。是指创业者或者创业团队所拥有的资本,以及在筹集和使用资本的过程中形成的独有财务专用性资产，包括资金、资产、股票等。对创业者来说，财务资源主要来自个人、家庭成员和朋友。由于多方面原因，创业者从外部获取大量财务资源基本上是比较困难的。财务资源和资本间存在密切的联系，却又不完全等同于资本，财务资源比其具有更丰富的内涵。创业初期，掌握充足的财务资源是创新企业创办和顺利经营的前提。

(4)物质资源。指创业和经营活动所需要的有形资产，如厂房、土地、设备等。有时也包括一些自然资源，如矿山、森林等。

(5)技术资源。包括关键技术、制造流程、作业系统、专用设备等。通常，技术资源包含三个层次：一是根据自然科学和生产实践经验而发展成的各种工艺流程、加工方法、劳动技能等；二是将这些流程、方法、技能等付诸实现的相应生产工具和其他物资设备；三是适应现代劳动分工和生产规模等要求，对生产系统中所有资源进行有效组织和管理的知识、经验和方法。技术资源与人力资源的区别在于，后者主要存在于个人身上，随着人员的流动会流失，技术资源大多与物质资源结合，可以通过法律手段予以保护，形成组织的无形资产。

(6)组织资源。是组织拥有的，包括组织结构、作业流程、工作规范、质量系统等。组织资源通常指组织内部的正式管理系统，包括信息沟通、决策系统以及组织内正式和非正式的计划活动等。一般来说，人力资源需要在组织资源的支持下才能更好地发挥作用，需要在良好的组织环境中培养企业文化。组织资源来自于创业者或创业团队对新创企业的最初设计和不断调整，同时包括对环境的适应和对成功经验的学习。由于创业过程通常也被解释成组织的形成过程，所以对于创业企业来说组织资源是具有标志性意义的一类资源。

4. 创业资源按其对生产过程的作用分类

资源还可以按照其对生产过程的作用分为生产型资源和工具型资源。生产型资源直接用于生产过程或用于开发其他资源，例如物质资源，像机械设备、车辆或办公场所，一般被认为直接用于生产产品或提供服务；工具型资源则是指被专门用于获得其他资源，例如财务资源，因为具有很强的柔性而被用于获得其他资源，用来获得人才和设备等。产权型技术可以是生产型资源，也可以是工具型资源，这要根据其所依存的条件，如果依赖于某个人则可能是工具型资源，如果是以专利形式存在的则可直接用于生产过程。需要指出的是对于新创企业来说，个人的声誉资源和社会网络也属于工具型资源，有些时候市场资源也可以用来吸引其他资源，因此我们也将其归为工具型资源。

5. 创业资源按其在创业过程中的作用分类

创业研究学者通常将创业资源划分为两类，一类是运营性资源，主要包括人力资源、技术资源、资金资源、物质资源、组织资源和市场订单等。另一类是对新企业生存和发展具有关键作用的战略性资源，主要是指知识资源。知识型社会给企业带来了持续而深远的影响，知识成为企业进行生产、竞争的关键，企业组织工作的重要任务就是战略性地开发和利用知识资源。由于新创企业的高度不确定性及创业者和资源所有者之间的信息不对称性，知识资源对运营资源的获取和利用具有很大的促进作用。

另外，还有一些学者将资源分为离散资源和系统资源两种类型。离散资源的价值相对独立于组织环境，合同和专业技能则属于这类资源。系统资源的价值则体现在这种资源是网络或系统的组成部分，例如分销网络或团队能力，其价值就依赖于其所处的系统环境。

【案例 8-1】

没有任何资源，难道就不能做事情，不能创业吗，就不能赚大钱吗？我们不能被眼前的困难吓倒了，要明白一个道理，资源可以整合的，没有工厂，可以借别人的工厂生产；没有品牌，就先做别人的品牌，然后积累了一定基础后，做自己的品牌，同时也可以整合其他品牌资源。

牛根生刚开始只是伊利的一个洗碗工，凭着自己的勤奋和聪明做到生产部门的总经理。后来辞职，邀请了原来伊利几个同事，一起出来创业。人有了，但是面对的是，没有奶源，没有工厂，没有品牌，每一项都是致命的。牛根生通过人脉关系先找到哈尔滨一家乳制品公司，这家公司设备虽然都是新的，但是生产的乳制品质量有些问题，同时没有营销渠道，产品一直滞销。牛根生对老板说："你来帮我们生产，我们这边都是伊利技术专家，帮忙技术把关，牛奶的销售铺货我们也承包了。"这位老板一听，马上答应下来。第二个问题，没有品牌怎么办？借势，整合，打出口号："蒙牛甘居第二，向老大哥伊利学习"，口号一出，让伊利哭笑不得。牛根生不只是盯着伊利，更把自己和内蒙古的几个知名品牌联系起来，说："伊利，鄂尔多斯，宁城老窖，蒙牛为内蒙古喝彩!"因为前三个都是内蒙古的驰名商标，自己放在最后，给人感觉就是内蒙古的第四品牌。蒙牛也成了知名品牌。第三个问题，没有奶源怎么解决，蒙牛整合了三方面的资源，第一个农户，第二个农村信用社，第三个是奶站的资源。蒙牛担保，信用社借钱给奶农，由奶站接受，蒙牛包销。蒙牛定时把信用社的钱还了，把利润又给了奶农，趁机还喊出一个口号："一年养 10 头牛，过的日子比蒙牛老板还牛"。

三、创业资源与商业资源

一般商业资源是指经济学意义上的资源，即包括个人在内的具有商业价值的各类有形和无形资产组合，具有经济价值或能够产生新的价值和使用价值的客观存在物。从这个意义上说，具有经济价值并能够创造新的价值，这是创业资源与一般商业资源的共同点。创业资源是一种商业资源，但不是所有的商业资源都是创业资源。创业资源更多地表现为无形资源，而商业资源更多表现为有形资源。创业资源的独特性更强，创业者的个人能力和社会网络资源是其中的关键，一般商业资源中，规范的管理和制度则是企业成功的基础资源。

1. 创业资源的外部性

创业资源大多为外部资源，新创企业普遍资源短缺，创业者往往只拥有少量的资源，甚至两手空空。因此，创业者获取资源的有效途径就是尽量使外部资源内部化，特别是对于关键性创业资源要能够有效地获取与整合。成功的创业者大多都是资源整合的高手，能够创造性地整合外部资源是他们成功的关键因素之一。

2. 创业资源的异质性

资源基础理论认为企业的竞争优势源于企业拥有的异质性资源。

创业者就是为了协调稀缺资源并实施判断性决策的人。企业内部拥有的异质性资源和能力是新创企业发展的重要原因。所谓资源异质性，一般是指其具有价值性、稀缺性、难以模仿性和难以替代性，从而构成了企业竞争优势的内生来源。包括创业者在创业过程中形

成的特色创意、创业精神、愿景目标、创业动力、创业初始情境等，就属于这类具有异质性和固定性的资源。

3. 创业资源使用价值的差异性

人类的知识不仅仅总是对于具体事物而言，而是分属于不同的认识主体，相互之间难以完全统一，这就是所谓的知识分散性。分散性知识的存在，意味着对于同样的资源创业者会看到他人未能发现的不同效用，产生不同期望，做出不同的投入产出判断。从而产生超出一般商业资源的新价值，甚至是超额利润的效果。

4. 创业资源能实现新效用

资源价值来自于资源属性的效用，而资源效用不是一成不变的东西，会在社会活动中不断被发现。创业者按自身发现的效用对所获资源进行开发利用，把发现的资源新效用变成产品或服务的新功能，以此获得价值增值甚至是超额利润。这种发现和实现资源新效用的过程，就是创业活动的本质。由此可知，创业资源是指经由创业者识别并开发利用，充分实现其新效用、获得新价值甚至是超额利润，具有异质性的商业资源。

创业者必须注重控制、整合和充分利用创业资源，以建立新创企业的竞争优势。

评价自己的资源

据权威部门统计，私人创业真正成功率还不到15%，其中60%是处于不盈利、不亏本的消耗人生、磨炼自己的状态，有25%是彻底做不下去宣告失败。每一个创业者都怀抱着创业成功的梦想在这条荆棘满布的道路上奋斗。针对如何让自己的创业之路更为顺利这一问题，专家指出，寻求和获取技术、人际、资金等资源是创业成功的起点和关键。要判定自己已有资源是否充足，就必须以一定标准来衡量。以下是专业机构对创业资源的评分标准。

(1)自己的知识圈子(20分，以所在的圈子专家级别标准为100分折算)。一些记者、演员、作家，他们绝大部分是从自己的知识圈子走向创业成功的。比如成龙、周星驰等人是从自己大半生的演艺生涯成功步入导演的创业道路。有一些大学教授、培训师是根据自己在专业知识领域的地位和影响力成功地走向职业培训的创业道路。类似的创业成功的案例还有很多，当然也有很多人的创业走向失败。在演艺圈子里有不少人依仗自己充裕的资金开创餐饮公司，虽然在很大程度上，名气为其起到了招揽客户的效用，但很多还是因为与自己的知识圈跨越太大，不能有效管理而导致最终失败。

(2)自己的技术圈子(30分，以所在的圈子专家级别标准为100分折算)。20世纪90年代初，我国开始大力鼓励个人创业，一大批专业技术人员从稳定的技术岗位走向了创业的道路，尤其在沿海一带，这样的例子更是举不胜举。一时间，很多建筑人才创办起装潢公司、建筑设计公司，律师创办起律师事务所，财务人员创办起会计师事务所，服装师开起服装店，厨师开起餐饮店，甚至一些下岗工人由于做保姆积累了经验，也开办起家政公司。这就是创业的技术圈子。一般新型的技术人员创业成功率比较高，而且技术越是普及，创业的成功率就越低。在20世纪90年代初，开办广告公司的基本个个成功，因为那时候广告业刚刚兴起，而市场的需求远远高于市场的供应。而现在步入广告行业的新创企业成功率还不到20%，类似的行业还有房地产行业、建筑行业、网络行业、餐饮行业、服装行业、职业中介行业等。所以在这些热门行业有一技之长的朋友若计划创业就需要认真考量一下自己的其他圈子，只有在几个圈子拥有多元化的优势才能有成功的创业机会。

(3)自己的人际圈子(30 分，以可利用关系 80 人为 100 分折算)。这类圈子里的人创业成功率一般比较高，而且比较轻松。据统计，所谓的暴发户绝大部分都是属于这类圈子。有很多人利用自己的家族资源、背景关系等优势创业成功。

(4)自己的经济圈子(20 分，以创业所处的行业及拟定规模的最大需要投资款数为 100 分折算)。没钱的人用身体和脑子赚钱，有钱的人用钱赚钱。要做一名成功的商人一定要学会用钱赚钱。其实这个圈子创业成功率也是非常高的，但是走向商业的却不是很多。很多人在创业问题上把这个圈子作为附属条件，总是捆绑在其他圈子上，重点依附于其他的圈子创业，结果导致失败的情况比比皆是。

很多人就是利用自己的经济优势并通过各种投资渠道如股票、资金、国债、高利贷、黄金、房产等，把握住正确投资信息而发家致富。研究分析发现，利用自己的资金投放成功的方式基本上有两种。第一种是自己创业，自然成功胜算很高。这种创业者一定要把握好一个投资比例，就是自己其他圈子的能力与你投入资金的比例是否吻合。第二种就是利用自己的资金优势参与金融投资，让理财行家帮助理财投资，或者嫁接于别人的投资事业从事融资投资。现在有很多风险投资公司，甚至风险投资个人都获得了成功。

第二节　创业资金与融资

创业故事

因为毕业找不到工作，我成为一名创业者

创业的理由有无数种，本文的作者之所以创业，是因为毕业后自己找不到理想的工作。当我们不知道自己未来往哪里走的时候，也不用过于抑郁，多出去看一看，趁年轻在多个领域试错，你会找到自己的路。本文译自 Medium，作者 Stephen Moore，原标题为“I Only Became An Entrepreneur Because I Couldn't Get a Job”，希望对读者有所启发。

我的创业之旅并不是一部关于命运的史诗，从小我也没有什么经商头脑。我就是那个做出了一些错误的选择，没有全身心投入，还对未来缺乏远见的孩子。高中毕业后，我选择在大学学习产品设计，因为这是我在学校最后两年里唯一喜欢的科目。我选择它，不是因为我曾梦想从事 IT 行业，也不是因为我认为它有可能改变我的生活——我选择它，是因为我对其他几乎所有事情都不感兴趣。四年后，我以平均成绩从大学毕业，然后面临找工作。找到一个好工作是我觉得我需要上大学的全部原因。这是我第一次找产品设计的工作，不过我能得到的唯一工作机会离家太远了，其他的工作机会需要的条件都远远超过我的经验水平。事后看来，大量的就业机会会提供给设计专业的毕业生的想法太天真了：在我花了四年

时间研究这行之后，我才发现这一点，简直是愚蠢透顶。由于身边几乎没有其他让我兴奋的工作机会，我开始陷入了在酒店和餐馆打工的怪圈。我对快乐工作生活的希望正在迅速破灭。我越来越意识到我正在浪费生命的黄金时期，焦虑开始占据了我。压力越来越大，我的许多朋友直接就去找工作了，他们学了一些实用的课程，他们相信这些课程会为他们打开工作的大门。更糟糕的是，我的女朋友，虽然离毕业还有一年，却已经找到工作了，而且越来越有动力。她说她不愿意等我"把事情弄清楚"。我必须迅速改变。当我参观伦敦的一个大型博览会时，灵光一现的时刻到来了。该博览会展示了英国最好的产品和家具设计大学。我被每个人对他们的工作和未来的热情吓了一跳。和我交谈的人越多，他们的积极性越感染我。那次博览会给我种下了希望的种子。在与几个面临类似危机的朋友讨论后，我们几个人租了一个工作室，建立了我们的第一家创业公司。这是一家设计咨询公司，或者说定制家具制造公司，我们其实对业务一点都不确定。它从一开始就注定要失败。虽然这家公司没能走多远，但有一件事很清楚——这就是我想做的。我对创业充满狂热，虽然这不在我的计划之内，但它已经成为我最好的选择，能给我带来快乐和满足。从这些经历中，罗茨家具(Roots Furniture)诞生了，至今仍在运行，我们仍然充满活力，我们继续在疯狂的创业世界中前行，享受着创业高潮带来的狂喜，也忍受着不可避免的衰落。

创业的经历也是促使我开始写作，现在写作变成了另一种完全没有计划的冒险。我的经历能教会你什么？它应该给你勇气。它应该告诉你，无论你感觉多么失落，都有希望。生活是混乱的，很容易迷失在既定的路线中。如果你能决定你要去哪里，它会帮助你做出更好的选择，让你更专注。但如果你没有一个明确的目的地，那也不是世界末日。对我们许多人来说，可能不知道自己想做什么、想去哪里。我们中的一些人在突发奇想的情况下做出的决定并没有经过深思熟虑，这反过来又会让我们手忙脚乱地寻找答案。我们的思维方式不同，在给出承诺之前，我们更喜欢出去闯一闯，我们需要经历一些事情，看看是什么能激励我们，是什么点燃了我们内心的火焰。给自己一点压力，年轻就有试错的机会。我 21 岁大学毕业，那时我还是个孩子。我有足够的空间做一些兼职工作，涉猎几个不同领域。即使我发现某个领域土地贫瘠，我仍然有时间去尝试和更换。创业激发了我内心深处的某种东西，促使我不断取得成功。

一、创业融资认知

(一)创业融资的概念

融资，是指资金的融通。狭义的融资，主要是指资金的融入，也就是通常意义的资金来源，具体是指通过一定的渠道、采用一定的方法、以一定的经济利益付出为代价，从资金持有者手中筹集资金，组织对资金使用者的资金供应，资金从资金供应方流向需求方，满足资金使用者在经济活动中对资金需要的一种经济行为。广义的融资，不仅包括前者，也包括资金的运用，经济主体通过一定的方式在内部进行资金融通。本书中，创业融资是指创业者为了将某种创意转化为商业现实，通过不同渠道，采用不同方式筹集资金以建立企业的过程。创业者应该根据新创企业在不同发展阶段的资本需求特征，结合创业计划及企业发展战略，合理确定资本结构及资本需求数量。

(二)创业融资的重要性

任何企业的生产经营活动都需要资金的支撑。尤其是对于新创企业来说,在企业的销售活动能够产生现金流之前,企业需要技术研发,需要为购买和生产支付资金,需要进行广告宣传,需要支付员工薪酬,还可能需要对员工进行培训;另外,要实现规模经济效应,企业需要持续地进行资本投资;加上产品或服务的开发周期一般都比较漫长,就使得新创企业在早期需要大量筹集资金。

对创业者来说,融资的重要性主要表现在以下三个方面。

第一,资金是企业的血液。资金不仅是企业生产经营过程的起点,更是企业生存发展的基础。资金链的断裂是企业致命的威胁。

第二,合理融资有利于降低创业风险。新创企业使用的资金,是从各种渠道借来的资金,都具有一定的资金成本。因此,选择合理融资渠道和融资方式,有利于降低资金成本,将新创企业的财务风险控制在一定范围之内。

第三,科学的融资决策有利于企业可持续发展,为新创企业植入"健康的基因",保证新创企业的可持续发展。

二、创业融资的常见渠道

据有关数据显示,85%的初次创业者都是在资金不足的情况下走上创业之路的。资金不足并不表示就不可以创业,因为现如今的时代可以有很多途径获得资金。

(一)自我融资

创业者自我融资主要依赖自己的存款,这是新企业创建初期的一个重要的资金来源。研究者发现,70%的创业者依靠自己的资金为新企业提供融资。即使具有高成长潜力的企业,在很大程度上都依赖创建者的存款提供最初的资金。例如阿里巴巴最初的资金来源于马云和"十八罗汉"自己凑的50万元,蒙牛的创业资金来源于几个创始人卖掉股票凑的100多万元。就中国的现状而言,家庭的资金支持在大学生创业中起着很重要的作用,以家庭为中心,形成的亲缘、地缘等社会网络关系,对创业融资在内的很多创业活动产生着重要影响。创业者及团队成员的家庭储蓄一般也归入自我融资的范畴。

(二)亲朋好友融资

亲朋好友被称为早期创业企业的潜在天使投资人,是比较常见的启动资金的来源。由于和创业者个人关系而愿意向新创企业投入资金。大多数创业者都知道,比向天使投资和风险投资融资更快、更容易的方式就是向自己认识的人借钱。事实上,大多数天使投资人在投资创业公司之前都要求创始人能从朋友和家人那里得到一些资金。对大学生来讲,无论是出于对其生活的帮助还是对其事业的支持,亲朋好友一般都会在创业起步阶段给予资金帮助,并且不会像专业投资者那样要求快速的回报。同时,亲朋好友不会像专业的天使投资人那样要求创业者要有精炼的商业模式和准确的财务报表,但是他们也会希望看到一些如激情、沟通、价值、共同分享利润等情感,这也给创业者提出了不断完善、提高企业价值的挑战。创业者必须要规范此项融资行为,最好能够通过书面的方式将事情确定下来,以避免将来可能出现的矛盾,保障各方利益,减少不必要的纠纷。另外,创业者还要在向亲友融资之前，仔细考虑各方面及创业失败后的影响。

（三）风险投资

风险投资也称“创业投资”（Venture Capital，VC），是指风险投资者寻找有潜力的成长性企业，投资并拥有这些被投资企业的股份，在恰当的时候取得高资本收益的一种商业投资行为。风险投资多来源于金融资本、个人资本、公司资本以及养老保险基金和医疗保险基金等。投资领域主要是高新技术产业，包括计算机、网络和软件产业、医药、医疗保健产业、通信产业、生物科技产业、航天科技等。投资方式可分为一次性投入和分期分批投入，其中，分期分批投入比较常见，既可以降低投资风险，又有利于加速资金周转。在我国，对于风险投资比较普遍的观点是：风险投资是由专业机构提供的投资于极具增长潜力的创业企业并参与其管理的权益资本。创业者在寻求风险投资机构的融资时，要注意多加了解、沟通。

【案例 8-2】

没有风险投资，就没有今日的搜狐

搜狐是互联网上最有影响的中文网上搜索站之一。在国内综合网站的排名中，搜狐也名列前茅。搜狐之所以能够迅速发展壮大，与搜狐的母公司爱特信公司引入大量海外风险投资是密切相关的。可以说，没有风险投资，就没有今日的搜狐。爱特信公司的创办者张朝阳博士在麻省理工学院学习、工作的几年深受硅谷创业文化的熏陶。1996 年，张朝阳利用回国做美国胡两旺商务信息公司（ISI）首席代表的机会了解了国内市场状况。他发现 1996 年中后期，美国的互联网发展得非常快，而中国却几乎是一片空白，只有国联在线、高能所、瀛海威等几家刚起步的小公司。当时，中国网络建设面临许多问题，其中最突出的问题是中文信息严重匮乏，国内真正能提供中文信息内容服务的 ISP（Internet 服务提供商）寥寥无几，90%以上的 ISP 只能提供简单的 Internet 接入服务。

张朝阳看好国内市场的发展前景，并决心在国内创业。他首先遇到的问题是没有资金，向美国著名风险投资专家爱德华·罗伯特求援后，两人共同分析了中国市场，并写了一个简单的商业计划提交给催生 Intel 的风险投资人——尼葛洛庞帝，不久便争取到数百万美元的起步资金，由此成立了 ITC 公司。

（四）天使投资

天使投资是指富有的个人直接对有发展前途的创业初期小企业进行权益资本投入，在体验创业乐趣的同时获得投资增值。天使投资是新创企业早期、面向成长时期的重要权益资金来源。天使投资者通常是以下两类人：一类是成功的创业者，他们主要是基于自己的经验提携后来者；另一类是企业的高管或者高等院校和科研机构的专业人员，他们拥有丰富的创业知识和洞察力，他们希望通过自己的资金和专业经验帮助那些正在创业的人们，体验创业激情和社会荣誉、延续他们的创业梦想，期望投资回报，所以称为天使投资。天使投资是风险投资的一种特殊形式。

目前，我国也有专门为了激发大学生创业热情设立的大学生创业“天使基金”，大学生开办企业可获得 5 万～100 万元的支持，要求创业者自由资金与天使基金是 1∶1 的投入比例，天使基金以股份形式加入创业团队，即使创业失败，也无须创业者承担赔偿。一般而论，一个公司从初创到稳定成长期，需要三轮投资。第一轮投资大多是以个人的天使投资作为公司的启动资金，第二轮投资往往会有风险投资机构进入，为产品的市场化注入资金，而最后一轮则基本是上市前的融资，来自于大型风险投资机构或私募基金。

【案例 8-3】

精明投资的“天使”

很多美国大学的教授都并不富裕，因为从来没有大学全职教授能够仅靠自己教书匠的薪水成为亿万富翁，然而身为美国斯坦福大学计算机科学教授的切里顿却至少拥有高达13亿美元的丰厚身价。不可思议的是，切里顿是靠对斯坦福大学寻求创业的学生们进行“精明投资”才奇迹般地创造了他的亿万身价。切里顿除了自己创办科技公司外，还慷慨借钱帮助那些自己十分看好的斯坦福大学学生进行创业，并对他们新创办的科技公司进行大胆投资，切里顿教授从自己口袋中至少掏出了 5 000 万美元的财产，大胆投资了 17 家由斯坦福大学毕业生或他的少数教授同事创办的科技公司，其中包括美国虚拟化软件开发商VMware公司和云计算设备公司阿里斯塔网络公司等。切里顿教授的第一桶金来自于他和斯坦福大学的德国留学生博士安迪·贝赫托尔谢姆共同投资创办的花岗岩系统公司，该公司专门研究生产网络交换机产品，花岗岩系统公司在 1996 年被美国思科系统公司以 2.2 亿美元的价格收购，使切里顿摇身变成了一名亿万富翁。在切里顿的所有“精明投资”中，最具远见卓识的一次投资当数在 1998 年给两名斯坦福大学博士生拉里·佩奇和谢尔盖·布林签了一张 10 万美元的支票了，佩奇和布林随后拿这笔钱创办了著名的谷歌公司，切里顿当年 10 万美元的“微薄投资”，如今已使他拥有了超过 10 亿美元的谷歌股份，投资收益高达 1 万余倍。

（五）商业银行贷款

商业银行贷款是中小企业最普遍尝试的融资渠道，但成功率非常低，中小企业从银行获得的贷款不足银行系统贷款总量的 10%，主要是因为中小企业经营状况的高风险性与银行业的审慎原则显著冲突，银行在贷款过程中过于注重抵押物，因此不论发达还是发展中国家，中小企业从金融机构贷款数量均受到很大限制。尽管如此，仍有众多中小企业乐此不疲。但当企业发展到一定阶段，具有一定的信誉、资产或其他担保时，商业银行贷款也成为创业资金的主要来源。

（六）担保机构融资

新创企业融资难的一个重要问题就是信用不足。为着眼于解决中小企业融资难，我国从 1993 年开始设立专业性担保公司，担保公司由此作为一个独立行业出现。担保公司通过放大财务报告不规范且尚未成长起来的小企业的信用，达到为小企业增信的目的，从而解决中小企业融资难题。融资性担保机构，对中小微企业的帮扶作用日益增强，新创企业在没有固定资产等抵押物的前提下，凭借担保公司的信用担保，就能从银行贷到周转资金。同时，担保公司可以利用注册资本最高 10 倍的杠杆来进行融资性担保，可以为缺乏银行抵押物的

中小企业分忧解愁，成为新创企业解决筹资难题的一大途径。

（七）政府创业扶持基金融资

近年来，国家大力倡导创新创业，各级政府出台了一系列相应的创业扶持政策，特别是针对大学生创业的扶持政策。如《2012 年国家鼓励普通高校毕业生自主创业政策公告》从放宽市场准入条件、享受资金扶持政策、实行税收减免优惠、提供培训指导服务等方面对大学生创业给予了创业扶持的指导意见，各地政府也相继出台了相关政策，采取了相关行动措施。各省、市、自治区均有专门成立的大学生创业扶持基金，以及大学生创业大赛项目平台，除了提供奖金、大学生创业服务外，还为大学生提供创业信息、就业创业培训等。企业的注册、财务、税务、管理、运营等问题，均可不同程度地得到解决。

创业者应结合自身情况，利用好相关政策，获得更多的政府基金支持，降低融资的成本。

拓展阅读

结合创业发展阶段，选择合适的融资方式

（一）种子期融资选择

不同发展阶段的创业企业具有不同的融资需求特征。在种子期，创业者需要投入大量资金开发新产品、新工艺，投入新设备等，而企业没有任何销售收入和盈利记录，风险巨大，风险承担能力有限，商业银行和公众化的证券市场不可能为此时期的创业企业提供资本，创业者自己或亲朋好友的资金资助、政府资助是种子期重点考虑的融资手段。除此之外，天使投资者也常为处于起步阶段的企业提供资金，因此，测算创业不同阶段的资金需求量，撰写好商业计划书，争取天使投资者的青睐，是初期阶段创业企业常见的融资准备。

（二）启动期融资选择

在启动创立期，企业产业处于开拓阶段，资金需求量大而急迫。由于企业成立历史短，业务记录有限，投资机构评估比较困难，传统投资机构和金融机构对其提供资金的难度大，担保机构、风险投资机构是其重要选择，可以进一步修改完善商业计划书，吸引包括天使投资在内的风险投资。

（三）成长期的融资选择

在成长期，企业销售量迅速增长，企业希望扩大生产线，实现规模效益，便需要大量外部资金的注入，由于此阶段有了一定的商誉和一定的抵押资产或担保，此时期的融资渠道相对比较通畅，视企业的具体情况可以考虑吸引风险投资等股权融资方式，也可选择银行贷款等债务融资方式。

（四）扩展期的融资选择

在企业的扩展期，企业在一定业绩的基础上迅速扩张，风险显著降低，进入稳步发展的轨道，融资需求规模进一步扩大。由于企业的市场前景已相对明朗，专门为创业企业融资服务的创业板市场能够也愿意提供支持，部分企业开始进入创业板市场，在公众市场上筹集进一步发展所需的资金。

(五)合理选择股权融资与债务融资

企业在特定的时期既需要债务融资又需要股权融资。大多数创业者一开始都采取股权融资来刺激增长,一旦企业自身的价值提高了,他们便转而寻求债务融资。一般情况下,在投资的早期阶段,负债比出让股权更便宜,但股本投资者愿意承担更大的风险,因此,股权融资在早期启动阶段是最好的选择,尤其是在研发以及产品开发阶段;它也适合后阶段的融资,例如,为了市场营销和加速发展而引进高资历的员工并使销售加速增长,通常企业会选择股权融资,而债务融资则较适用于资本营运及基础建设。

债务融资和股权融资到底如何影响企业的盈利能力和现金流呢?债务融资使企业家承担起偿还本金和利息的责任,而股权融资迫使企业家放弃部分所有权和控制权。

极端地说,创业者有两种选择:一是不放弃企业的所有权而背负债务;二是放弃部分所有权以避免借贷。在绝大多数情况下,债务融资和股权融资两者结合起来才是最合适的。许多新企业发现债务融资是必要的,短期借贷(1 年或者更短)通常是营运资金所要求的,并由销售收入或其他收入来偿还。长期借贷(1～5 年的贷款或者 5 年以上的长期贷款)主要用于购买产权或设备,并以购买的资产作为抵押品。

创业企业在融资过程中可以实施融资组合化,合理、有效的融资组合不但能够分散、转移风险,而且能够降低企业的融资成本和债务负担。另外,创业者要经常分析宏观经济形势、货币及财政政策等情况,及时了解国内外利率、汇率等金融市场的信息,预测影响融资的各种因素,以便寻求合适的融资机会,做出正确的融资决策。

第三节 创业资源管理

庞康是谁?

打开百度,关于庞康的介绍寥寥可数:中国人,海天味业董事长,2019 福布斯全球亿万富豪榜排名 162 位。海天的前身佛山酱园已有 300 年历史,上溯至清乾隆年间。1955 年,在公私合营的大背景下,广东佛山 25 家“香誉港澳”的古酱园谋略合并重组,联合成为佛山珠江酱油厂,其中以“海天酱园”最为昭著,后更名为“海天酱油厂”,不过是个小地方的酱油厂。1982 年,庞康 26 岁,大学刚毕业的他来到了这个黑色的调味品世界。1988 年,国企推行承包经营责任制,庞康获得了企业发展的主导权,他从副厂长变成了副总经理,又从总经理成为董事长。1994 年底到 1995 年初,海天 70%的国有股份逐渐转让给海天员工,其改制重组为国有参股的佛山市海天调味食品有限公司。2007 年,这种变更通过一次新的改制得到确认及深化,海天则彻底变成一家民营企业。2010 年冬天,海天整体变更为股份有限公司,董事长庞康正式成为海天的法定代表人。时代的宠幸固然令人艳羡,但庞康抓住时机迎风而上的能力也不是旁人足以比拟的。20 世纪 90 年代,改制后的海天营收稍稍有了起色,庞康就立马斥资3 000多万引进了一条国外生产线，大大提升了厂房的生产能力与效率。大量生产，这是海天规模化的第一步。产品总量实现了质的飞跃，海天的发展进入了加速行驶的赛道，单一的酱油行当不再足以填满海天的整个资本版图，坚持老本行的庞康也开始盘算起了多元化发展。蚝油、酱料、醋、鸡精等8大类型的200多个规格品种，新的调料给市场带来新的动力。升级了赚更多钱，有了钱就继续升级。2005年，庞康豪掷10亿建立了一座100万吨的生产基地；2014年，又投建一座150万吨的生产基地。规模化经营，做大不可或缺，还得能卖出去。庞康别出心裁，构建了一套完整密集的渠道网络并配之分销商管理制度，庞康建立了5 000家分销商的中层网络，总揽33万个终端营销网点。动不动就送宝马、发奔驰成为庞康的“必杀技”。

这位“酱油大佬”的经营哲学，刚柔并进。改革开放30年，企业家们都在挤破脑袋扩大商业布局：地产是肥油，互联网是新星。然而，几十年的光阴过去了，海天却还在“打酱油”。庞康的回应底气十足：“300年来，这家老字号始终也将继续坚守调味酱料主业。”庞康为海天打了两张牌：安全牌、情怀牌。2008年，海天建立了80万平方米的阳光晒池群，并投资10亿元，从德国引进10条自动生产线；随后，从美国进口气相、液相色谱仪等仪器，对原材料中可能的农药残留进行监控。2013—2016年，海天的年营收一路攀升，从84亿到124亿，净利润也从16亿涨到28亿。做出“放心调味料”庞康决定在海天调味酱加入一点甜味，并以“海天调味酱，我们不一样”的口号，进行洗脑式的广告宣传。2012年，海天在微信投放了一则“忆童年”的广告：一个小孩的形象去打酱油的故事，从而勾起大家的回忆，使无数“80后”“90后”热泪盈眶。随后，海天推出一系列面向年轻人的动画广告：“让他们也了解下海天的发展简史”。更是把广告打入了电视电影中，以情怀提高海天的品牌知名度。2014年，海天在上海证券交易所成功上市，总市值超过497亿元。庞康以199亿元的身家，一举跻身于顶级富豪行列，并上榜福布斯。与此同时，海天公司副董事长程雪、董事黎旭晖等34人，持有海天味业的股票市值各自都超过亿元。一夜之间，海天成就了34位亿万富翁。2016年，海天的渠道覆盖全国31个省，超300个地级市；此外，海天产品还远销全球60多个国家和地区，成为海外华人聚居区的标配。2017年，庞康以325亿元身价荣登胡润中国富豪榜百强名单之中；2018年，庞康以身价607.2亿元荣登福布斯中国富豪榜，排名第17。有网友用下面这段话评价庞康：“对于创业者而言，与其东张西望地‘找风口’，不如在最擅长的领域‘高筑墙’，不要高估一年能做成的事情，也不要低估十年能做成的事情。”

一、影响创业资源获取的因素

创业资源的获取是指在确认并识别资源的基础上去获取资源。创业资源的获取对于创业的成功非常重要，资源获取的程度决定了创业由想法转化为行动的启动方式和切入方式。

1. 创业导向

创业导向是创业者在经营、实践和决策的过程中所采取的创新、承担风险、抢先行动、主动竞争和追求机会的一种态度或意愿。创业导向强调如何行动，是创业精神的表现过程。即创业导向的企业能自主行动，具备创新和风险承担的态度，面对竞争对手时积极应战，面临市场机会时超前行动。企业追求机会所表现出的创业导向，驱使企业寻求与整合资源，并创造财富。

2. 创业者资源禀赋

创业者资源禀赋是指创业者所具有的与创业相关的自身素质和外在关系的总和，主要包括创业者的经济资本、社会资本和人力资本，它们能够为创业行为和新创企业生存与成长提供有价值的资源。大量的文献强调企业家资源禀赋在创业过程中的重要作用，认为企业家资源禀赋是创业行为过程的关键资源，甚至在一定程度上决定新创企业的资源构成特征。创业者的能力是新创企业软实力的重要表现，高水平的创业者能够为新创企业创造良好的创业环境。

3. 创业者资源整合能力

新创企业资源整合能力是指在创业过程中，以人为载体，在资源整合过程中所表现出的对资源的识别、获取、配置和利用的主体能力。

创业资源在未整合之前大多是零散的、一般性的商业资源，要发挥其最大的效用，转化为竞争优势，为企业创造新的价值，就需要新创企业运用科学方法将不同来源、不同效用的资源进行优化配置，使有价值的资源充分整合起来，发挥“1＋1＞2”的放大效应。资源整合能力在创业的各个阶段发挥着极为重要的作用。在创业起步阶段，资源整合能力影响并决定了创业者对创业机会评估、识别与开发，同时帮助创业者摆脱资源约束，取得所需资源。生存与成长阶段新创企业需要筹措更多的资源来满足自身的发展，创业者资源整合能力会对新创企业成长过程的战略决策与运营能力产生重要影响，资源整合的深度与广度将保障组织运作的持续性，进而影响创业绩效。

4. 创业团队

新创企业把创意变成产品/服务，把产品/服务的市场化、产业化看作是一个艰苦的过程，必须组建好一个富有凝聚力和创新精神的创业团队，这是获取各项创业资源的重要前提，也是创业成功的一个基本保障。借助团队就可能拥有创业所需要的各种知识和经验，例如顾客经验、产品经验、市场经验和创业经验等。同时，通过团队，人脉关系网络可以放得更大，能够有效地增进创业者社会资本，提高创业成功的概率。因此，创业团队本身就是一项极为重要的创业资源。

5. 外部环境条件和政府政策支持

创业活跃程度的一个重要决定因素是创业的环境条件。创业环境与创业活跃程度呈很强的正相关关系。创业企业与创业环境有着密切的关系，而这种关系的核心是创业企业资源的需求和创业环境资源的供给所具有的有机联系。创业水平和创业资源受到外部环境因素的影响极大，尤其政府的法规政策。创业环境好的地方一般会呈现较高的创业活动水平，而政府创业政策作为创业环境的重要内容是直接影响一个国家和地区创业活动水平的重要手段。

二、获取创业资源的常见途径

资源是创业者创业必不可少的关键元素，创业者资源整合能力的大小基本上决定了创业的成败。资源整合能力的强弱也是衡量创业者、企业家能力的主要指标之一，而且这种能力直接关乎新创企业的成长壮大。值得一提的是，并不是每个创业者都具备这种能力，也并非谁都能轻易学来，它需要创业者各种知识能力的长时间积累，与创业者的素质、管理能力、企业研发能力等紧密相关。资源不在于拥有，而在于整合。

创业资源的整合可以从以下7个具体方面加以阐释：人脉资源、人才资源、信息资源、技术资源、资产资源、行业资源、政府资源。

1. 人脉资源的开发与整合

人脉资源是创业过程中的第一资源，各种良好的、健康的人脉资源有助于创业者方便地找到投资、技术、产品、渠道等，整合人脉资源也成为创业成功的基本条件之一。

开发与整合人脉资源需注意其以下几种特性。

(1)长期投资性。创业者应当在平时就注重人脉资源的积累，不要在有需要时才开始建立人脉积累。人脉资源的形成需要很多的时间和精力，这也是一种投资。

(2)可维护性和可拓展性。人脉资源是可以通过亲情、友情、合作、交流等进行维护并加以巩固的，但需要经常性地进行维护，同时在维护中不断发展新的人脉关系。

(3)有限性和随机性。每个人一生中认识的人一般不超过4 000人，而真正能够帮助自己的不超过50人，因而每个人的人脉资源都是有限的，就这一点而言，个人的发展也会受到人脉资源的限制。同时，创业者并不一定能从所认识的人中获得帮助，有能力的人可能不认识，这在客观上要求其不断认识更多的人。

(4)辐射性。辐射性强调人脉资源的传递特性，通过中间人能够调动更多的人脉资源。需要注意的是，进行人脉资源的开发与整合时一定要整合健康的人脉资源，要以创业者自身的人格魅力来积聚，因此创业者自身的人格、品质、素质等需要不断提升。

2. 人才资源的开发与整合

人才战略应当作为新创企业的重点战略，为此企业应当求才、爱才、育才、重才，用事业发展吸纳高科技人才，用高科技人才牵引高新技术产品开发，从而形成一支支撑企业发展的高素质优秀人才队伍。

人才资源的开发与整合应当注意以下几个方面：

(1)建立完善的激励体制，用奖惩制度去激发员工的潜能，让员工的潜能发挥到极致；

(2)建立培训机制，培养人才，让人才在企业中发挥最大潜能；

(3)善待员工，这是留住人才的唯一法宝，不仅给予人才精神上的满足，同时也要配以物质利益；

(4)要量才而用，尽量挖掘并发挥人才的长处，按照人才的才能和特长安排职务，尽量控制其短处，使人才有价值的认可感；

(5)分工应当尽可能明确，职责划分应当清晰；

(6)通过外部力量如培训班等协助创业者快速找到所需的人才。

3. 信息资源的开发与整合

当今社会，信息资源对很多创业者来说就是成功的机遇，创业者应当像管理整合其他创业资源一样对信息资源加以管理整合。创业企业信息化的最高层次就是决策，它具有前瞻性。企业在做决策时，受到来自竞争对手、政府、行业、合作伙伴、客户等内外部环境的影响。而对于创业者而言信息是不对称的，创业者只有充分了解和分析企业内外部环境，才能做到有的放矢、抓住成功的机遇。

对于信息资源，既要开发与整合管理好外部信息资源，即抓住好的机遇，又要开发与整合管理好内部信息资源，进行信息资源的规划。信息资源规划是指通过建立全企业的信息资源管理基础标准，根据需求分析建立集成化信息系统功能模型、数据模型和系统体系结构模型，然后再实施通信计算机网络工程、数据库工程和应用软件工程的一个系统化的企业信息化解决方案，以使企业建立起高水平的现代信息网络，实现信息化建设的跨越式发展。

4. 技术资源的开发与整合

创业初期，创业技术是最关键的资源，它是决定所需创业资本的大小、创业产品的市场竞争力和获利能力的根本因素。一个成功的企业要有好的产品，其产品必须做到专业化，而在同一领域内要实现产品的专业化，技术上要一直领先。美国的微软公司和苹果公司，最初的创业资本都不过几千美元，创业人员也只有几人，它们之所以能够走向成功，就是因为拥有独特的创业技术。对于初创企业而言，在缺乏自身技术资源的情况下，应尽可能地与大专院校及科研院所合作，实现技术成果的转化。特别值得注意的是，技术资源的主要来源是人才资源，重视技术资源的开发与整合同时也是注重人才资源的开发与整合。另外，开发与整合技术资源只是起点，技术资源开发与整合是为了不断进行技术创新、自主研发并拥有自主知识产权、保持技术的领先、占领市场并壮大企业。

5. 资产资源的开发与整合

开发与整合资产资源，不仅仅是解决创业过程中“钱”的问题，更重要的是看战略投资者所能为企业带来的其他资源，如政府背景、行业背景、市场影响力、行业支撑等。但在这个过程中应当特别注意战略投资者要与企业当前阶段的发展目标相吻合。在开发与整合外部资产资源时，创业企业首先要对资产资源有整体性了解，对投资者的基本情况如资质情况：业绩情况、提供的增值服务情况等进行全面掌握，再根据企业的实际情况在众多的投资者中选择合适的目标。在谈判的过程中，双方将围绕企业的发展前景、新项目的想象空间、经营计划和如何控制风险等重点问题进行协商。在签订合同时，创业企业和投资人必须明确以下两个基本问题：①双方的出资额与股份分配，其中包括对投资企业的技术开发设想和最初研究成果的股份评定；②创业企业的人员构成和双方各自担任的职务。随着知识经济的发展，资源整合越来越成为企业经营中提升核心竞争力的关键。它不仅是系统论的思维方式，还是优化配置的重要决策。如何让资源整合的各方都满意，其资源整合的关键在互补，核心在共赢。在资源整合过程中，最忌单方追求利益最大化，必须设计出共同获利的盈利模式。这个获利预期不一定都是经济利益，而是各方不同利益追求的综合平衡。

【案例 8-4】

2020 年 5 月 4 日下午，浙江省绍兴市诸暨市山下湖镇新长乐村“95 后”何海，正忙碌着打捞晚上直播所需的珍珠蚌，“今天是我的生日，又是五四青年节、‘五一’小长假，所以特意准备了 2 000 只珍珠蚌，跟网友一起互动”。山下湖镇是中国最大的淡水珍珠养殖、加工、交易基地，该镇新长乐村 80%以上的村民从事珍珠生产与销售。何海就是土生土长的新长乐村人。30 多年前，何海父母就开始做起了珍珠的生意，他们通过养殖珍珠蚌，将收获的珍珠售卖给批发商而获利。大学毕业后，何海偶然在网上看到有人通过直播销售家乡特产，他便思索：“是否可以创新销售渠道，通过直播开蚌、取珠，来贴近市场需求呢？”萌生想法后，何海毅然选择回到家乡，开启直播销售珍珠的创业之路。何海说，他一般白天下塘饲养蚌、捞蚌，晚上直播剖蚌取珠，并将珍珠或定制的珍珠产品销售给网友，“从几个粉丝上涨至近6万粉丝量的过程中，我感觉到，传统产业也有时代的机遇。”珍珠销售渠道的创新，不仅让何海一家年利润翻了一倍，在该村年轻小伙的创新精神影响下，新长乐村130户珍珠商户亦瞄准“直播经济”，拓展了该村珍珠产业发展的新空间。何海回村创业后，村里很多养珠户也开始尝试直播卖珍珠，拓宽原来线下市场的单一销售渠道，村民收益也大幅提高。村里去年直播销售额达13.5亿元，外加微商等渠道的销售，线上总销售额约20亿元。

6. 行业资源的开发与整合

创业企业应对某个行业有充分的了解，同时掌握这个行业的各种网络关系，如业内竞争对手、供货商、经销商、客户、行业管理部门以及科研机构、行业协会、行业杂志、行业展会等，这些对于创业的成功与否很重要。另外，同行之间或者产业上下游之间的创业企业应通过策略联盟或股权置换等方式整合资源，使人力资源、研发能力、市场渠道、客户资源等实现优势互补，对内相互支持，对外协同竞争。这种方式往往是由几家创业企业作为核心，同时带动一批创业企业，形成利益共同体。

7. 政府资源的开发与整合

充分开发与整合创业的政府资源，享受政府扶持政策，对于创业企业来说可以达到事半功倍的效果。开发与整合政府资源也即充分关注并利用政府的各项优惠政策，包括财政扶持政策、融资政策、税收政策、科技政策、产业政策、中介服务政策、创业扶持政策、对外经济技术合作与交流政策、政府采购政策等。

【案例8-5】

近年来，李子柒的名字频繁登上微博热搜。从2016年拍摄第一支视频到2019年年底红得发紫，也仅3年时间。有数据统计，李子柒YouTube上有780多万粉丝，平均每个视频播放量都在百万次乃至千万次，火过CNN、BBC。和其他网红不同，李子柒的视频周期很长。以最近较火的“酱油”为例，从种豆、收获、存储，到制曲、晾晒和最后的熬煮，前后跨度一年之久。人民日报评论李子柒的镜头下，传统的笔墨纸砚、蜀绣，古法制作的苏式鲜肉月饼、桂花酒，这些流传于上千年历史之中的技艺，浸润着岁月的打磨。李子柒视频中所呈现的田园生活，虽然距离当下普通人的生活比较遥远，但从中依然能看到中国传统“清隽”的审美取向和“出世”价值追求，读懂这些内涵，方能更好理解中国人的精神世界。可以说，李子柒是在资本、资源、人脉助力下，脱颖而出的成功案例。但大火之后，她的质疑与争议也从未停止。

三、整合创业资源的基本原则

关于资源整合的定义，一般认为是企业战略调整的手段，也是企业经营管理的日常工作。整合就是要优化资源配置，要有进有退、有取有舍，整合创业资源就是创业者对不同来源、不同层次、不同结构、不同内容的资源进行识别与选择、获取与配置、激活和有机融合，使其具有较强的条理性、系统性和价值等，并创造出新的资源的一种复杂过程。对创业者而言，一方面要借助自身的创造性，用有限的资源创造尽可能大的价值，另一方面更要设法获取和整合各类创业资源。创业者能否做到资源的真正整合，是决定企业生存还是灭亡的关

键。因此,创业者在整合资源时,可以参照以下资源整合原则。

1. 识别利益相关者及其利益

整合资源一定要关注有利益关系的组织和个人,首先就是把这些利益相关者一一识别出来,把他们之间的利益关系辨析出来,甚至有时候还要把利益创造出来。一般来说,寻找利益相关者就是要寻找那些具有共同点的人,同时也需要寻找可以互补的人。创业者应该有善于发现的眼光,洞悉身边各种资源的属性,将它们创造性的连接起来。

2. 管理好能够促进企业持续成长的人力资源

企业持续成长需要大量的人力资源作为支撑,保持企业持续成长对人力资源管理提出更高的要求。高素质的人力资源是企业持续成长的根本,管理好人力资源是企业持续成长的重要保证。社会交往频繁的创业者所获取的相关商业信息更加丰富,从而有助于提升对特定商业活动的深入认识和理解,是创业者更加容易识别出常规商业活动中难以被发现需求和机会,进而更容易获得财务和物质资源。

3. 构建共赢机制

共赢机制是指创业者在进行资源整合时,一定要兼顾资源提供者的利益,使资源提供与使用的双方均能获益。在与外部的资源所有者合作时,创业者还要构建一套各方利益真正实现共赢的机制,给资源提供者以一定的回报,同时尽可能地替对方考虑到规避风险,降低风险本身也是扩大收益。

4. 维持信任长期合作

资源整合以利益为基础,需要以沟通和信任来维持。沟通是产生信任的前提,信任是社会资本的重要因素。同时,创业者要尽快从人际信任过渡到制度信任,从而建立更广泛的信任关系,以获取更大的社会资本。

创业者为什么选择步步为营的方法

创业者为什么选择步步为营的方法,杰弗里·康沃尔总结出9条理由,这些理由有助于读者理解步步为营。

1. 企业不可能获得来自银行家或投资者的资金

创业者特别是年轻的创业者没有足够长的工作经历积攒开办企业所需要的资金,没有足够的信用史,没有丰足的个人资产,所以难以从银行家或投资者那里筹措资金。

2. 新创建企业所需外部资金来源受到限制

大量有关初创资金来源的报告显示,创业者的初创资金主要来自创业者个人或家庭成员、朋友。传统的外部资金来源,如银行贷款,都不可能成为多数创业者的选择。即使是风险投资,也只是青睐少数的成长潜力大的企业。

3. 创业者推迟使用外部资金的要求

多数的创业者特别关注对企业的控制权,他们不愿意别人来分享创业的收益,希望通过自己的努力创造和占有价值。随着实力的增强,获取外部资金的能力和谈判能力也会增强。另外,在创业初期,从外部筹集资金也会耗费创业者大量的时间和精力,创业者感觉不如把这些时间和精力投入到销售等活动中。

4. 创业者对自己掌控企业全部所有权的愿望

许多创业者需要处理由于外部投资者期望，以及银行施加的要求而给企业增加的复杂问题。外部融资有可能降低创业者对企业所有权的份额，从而减少他们分享企业所创造的财富和利润。而且，新的合伙人加入也容易带来人际关系的变化，许多创业者说他们的合作伙伴之间的关系甚至比婚姻还复杂。

5. 是可承受风险最小化的一种方式

很多创业者因为偿还贷款的压力而尽可能不使用银行贷款，减轻负债负担。他们用自己的现金储备保持盈利。创业会面临大量的不确定性，创业者虽有创业激情，但抗风险能力低，自己对未来发展也不很清晰，所以希望承受的风险小一些。

6. 创造一个更高效的企业

在有些情况下，拥有很多资源并不一定是好事情，可能带来浪费和不必要的开支。相反，资源少会迫使企业更具柔性，更能随机应变。

7. 使自己看起来“强大”以便争夺顾客

创业者常常会发现他们是在同那些大型的已经存在的公司争夺顾客，这要求他们看起来在产品和服务方面与那些大得多的竞争对手有同样的能力。如太太口服液一开始就请海外专业机构制作精美的广告。为此，创业者们就需要在其他方面设法降低成本。

8. 为创业者在企业中增加收入和财富

通过步步为营的策略，创业者可以降低成本，尽量做到用最经济的办法做事，当然也就等于在增加企业和个人的收入和财富。

9. 审慎控制和管理的价值理念

习惯于步步为营的创业者会形成一种审慎控制和管理的价值理念。在好的方面，这意味着责任心，对投资者负责，让所占用的资源发挥更大的效益。这种价值理念也可能演变成不好的结果，不少创业者在事业做大以后，仍然习惯于财物“一支笔”控制，事无巨细，谨小慎微，反而制约了企业的发展。

小 结

本章内容主要是了解创业资源的类型，重点认识不同类型创业活动的资源需求差异，掌握创业资源获取的一般途径和方法，明确创业资源获取的技巧和策略。了解创业融资难的相关理论，掌握创业所需资金的测算、创业融资的主要渠道及差异，了解创业融资的一般过程。了解创业资源整合和有效使用的方法，认识创业资源开发的技巧和策略。

思 考

1. 谈谈你对创业资源的理解，并举例说明。
2. 如何获取创业资源？
3. 创业融资有哪些渠道？
4. 简述创业融资的选择策略。
5. 创业资源开发与整合的原则是什么？

第九章　创业计划

凡事预则立，不预则废。

——《礼记·中庸》

一旦他们将商业计划写到纸上，那些希望改变世界的天真想法就会变得实实在在且冲突不断。因此，文件本身的重要性远不如形成这个文件的过程。即使你并不试图去集资，你也应当准备一份创业计划书。

——盖伊·卡韦萨基

第一节　创业计划概述

创业故事

2020 年，你还敢创业吗？（上）

创业难，难于上青天，无数身影在创业大潮中倒下，但依然挡不住前赴后继的追梦人。

这一两年来，"站在风口上，猪都可以飞起来"的口号逐步淡出人们的视线，而"风过去了，摔死的都是猪"则被越来越多的创业者、投资人奉为经典名言。

电子烟、虚拟货币、无人零售、生鲜电商……一个又一个赛道起风了，成为"风口"，创业者杀入争夺门票、资本涌入抢占地盘，然而风停了，创业者黯然退场留下一片狼藉、资本如泡沫般消失。这在一定程度上挫伤了互联网创业的热情。据时代数据创业公司数据库统计，2019 年前 11 个月，创业公司新增 1 427 家，倒闭 327 家，失败比例为 22.91%；而 2018 年前 11 个月，创业公司新增 7 620 家，倒闭 458 家，失败比例为 6.01%。

锌刻度调查发现，创业者或者想创业的人都对大环境、创业方向的认识更为深刻，也对未来的预估更为保守。而知乎上有一个提问："2020 年的创业风口是什么？"多数创业者、观察者的回答都很悲观，"什么风不风口，但凡是能免费的摆在明面上说的东西，基本上就过了红利期了。"2020 年创业，大不易。

1. 算来算去都没有"护城河"

34 岁的魏旭亚是一名资深程序员，曾效力于某一线大厂。2016 年 4 月离开一线城市，

回到湖南省某三线城市，魏旭亚乐悠悠地打着一份工："工资低了差不多65%，不过也清闲下来，躺着真舒服。"

回家的目的，就是为了买房、结婚、生子，人生三大事魏旭亚一气呵成："以前一个人，总感觉钱花不完，或者说没有时间花钱，2018年家里添丁之后开支大了起来，开始接点APP开发的私活。"

魏旭亚没有想过主动创业，但机会主动找上了他。2019年12月9日，一个总部位于上海的公司邀请魏旭亚一起创业：针对其所在的下沉市场，开发、运营一家同城生活网站。

起初，魏旭亚认为这是骗子："创业，我是门外汉，为何突然找上我？"更为关键的是，同城生活不是一个新颖的项目，早早就有诸多先驱进行探索，不过多数成为先烈，如今披上下沉市场的外皮，就又能焕发生命力？

两天之后，对方登门拜访，双方约在一个咖啡馆见面，坐下只寒暄了一两句，对方就直入正题、拿出厚厚的一扎企划书，翻看之后魏旭亚才打消了顾虑，知晓一分钱不出即可占47%的股份，内心有了一丝波动："你们打算前期投多少？"对方报了一个七位数，这个数字没有超过魏旭亚预期，但也勉强够用，魏旭亚没有当场应承下来，而是表示再考虑一下。

离开咖啡馆后，天空飘起淅淅沥沥的小雨，魏旭亚一边沿着马路走，一边思考："真要干，就必须离职全身心投入，但这个项目只有第一阶段(5个月)，如果融不到资，很可能就没有第二阶段了。"47%的股份不是那么好拿的，对方只出第一笔启动资金，企划书落地执行、后续融资都要靠自己，换而言之要靠技术、人脉等入股。

2.创业是要担风险的，毕竟富贵险中求

魏旭亚动用了人脉，请教了方方面面的人，也了解了当下的创业环境："问了一圈，已创业的多数劝远离，有创业打算的多数已取消，我也打了退堂鼓。"

一个朋友向魏旭亚诉苦他的公司刚刚死掉："没有早点听投资人的话卖掉公司，否则现在人都在巴厘岛度假了。"

最终，魏旭亚告诉锌刻度，他打消了2020年离职创业的念头："类似瞄准下沉市场的项目特别多，一窝蜂地往上，拼得是什么，算来算去都没有'护城河'。"

魏旭亚不是个例，多名业内人士向锌刻度表达了同样的看法：下沉市场虽然体量庞大，但那是互联网巨头的主战场，中小创业者在夹缝中求生存，且创业项目同质化严重，一味模仿、缺乏创新，这样创业失败的概率较大。

一、创业计划认知

创业计划，也称商业计划(Business Plan)，一般情况下也被简称为BP，它是引领创业的纲领性文件，是创业者具体行动的指南。创业计划是创业的行动导向和路线图，既为创业者行动提供指导和规划，促使创业团队及雇员团结一心地工作，也为创业者与外界沟通提供基本依据。创业计划书的撰写可以迫使创业者系统地思考新创企业的各个因素，促使创业团队定期沟通讨论将要从事的事业。一般情况下，撰写创业计划书主要有两大原因：在企业内部，创业计划书为企业执行战略和计划提供了值得借鉴的"蓝图"，能够迫使创业团队一起努力工作，全力以赴地解决风险创业的各个细节；对企业外部来说，它能够向潜在投资者和其他风险投资者介绍企业正在追寻的商业机会，赢得对方支持。对于大学生创业者来说，创业计划书是我们参加创业大赛的展示文件,可以成为我们成功获取融资的有力武器,也可以帮助我们有计划、有步骤地开展创业活动。

【案例 9-1】

马化腾 1999 年跑遍高交会馆推销 QQ,商业计划书改了 66 个版本

第十七届中国国际高新技术成果交易会(简称"高交会")2015 年 11 月 16 日在深圳会展中心开幕。1999 年在首届高交会上获得第一笔风险投资 220 万美元的腾讯,以史上最大规模参展,展示"互联网+"成果。

腾讯公司展台面积达 180 平方米,是参展互联网公司中最大的一个,这也是腾讯历史上最大规模参展高交会。腾讯公司成立于 1998 年 11 月 11 日,在 1999 年第一届高交会举办时,成立刚一年的腾讯因 QQ 发展之快速(不到一年就有 500 万用户),导致公司因大量下载和暴增的用户不堪重负,资金出现了严重的缺口。

腾讯公司内部人士告诉记者,在那一届高交会上,马化腾尝试拿着改了 66 个版本、20 多页的商业计划书跑遍了高交会馆推销 QQ、推销腾讯,最终引起了 IDG 和盈科数码的重视,拿到了腾讯公司发展史上最为关键的第一笔风险投资,IDG 与盈科数码共同投资 220 万美元。

正是因为这笔来自高交会的风投,帮助腾讯度过了创业之初的难关,发展为全球领先的互联网生态型公司。根据腾讯公司 11 月 10 日发布的第三季度财报数据,腾讯今年(指 2015 年)第三季度总收入为人民币 265.94 亿元,各项财务数据都保持了两位数以上的增长,微信和 Wechat 合并月活跃账户数达 6.5 亿。

在今年高交会上,腾讯展出的内容包括通信与社交服务、智慧城市与公共服务、开放创业、文化资讯、互联网金融平台、社会公益等六大核心板块,体现公司"互联网"与第一、第二、第三产业融合的行业解决方案实力。

二、创业计划的作用

在社会化的创业环境中,关于创业的过程中是否需要创业计划有着不同的争论。有的观点认为应该谋定而后动,一个完善的创业计划是创业成功的有效保证;也有的观点认为应该摸着石头过河,在未知的环境中边走边看,逐渐成长。创业计划的制定实际上是一个创业思考的过程,我们认为这种思考对于创业者的创业行动是有意义的。创业计划书的作用主要有以下三个方面。

(一)引导创业活动,监控创业过程

通过制订创业计划,创业者能够明确创业方向、理清创业思路。创业计划书的制定是建立在有效的信息收集和分析的基础之上的,这些信息有利于确定创业机会的价值,有利于确定创业的使命、目标和方法,从而确定创业项目是否可行和达到什么目标。引导创业者走过企业发展的各个阶段,尤其是在创业的过程中,可以对照创业计划书的发展阶段来跟踪监督企业的业务流程、分析实际成果与预期目标的差距等,及时调整企业发展的策略与方法。

创业计划的制定是创业团队共同思考的过程,通过反复论证和调整,使团队成员统一思想,也使得最终形成的创业计划成为创业引领的纲领性文件和具体行动的指南。尽管市场

的快速变化经常发生，创业计划也会根据变化的情况适当调整。在实际执行的过程中，可能需要创业团队根据企业的实际情况进行不断地调整和完善。在这一过程中，创业者或者改变销售策略，或者更新经营思路，或者认识到某一方面的错误与不足，甚至改变了总目标下的某一分支，这些根据实际情况做出的动态调整都有利于企业的良性发展。

（二）强化内外沟通，获取创业资源

撰写创业计划书是使创业团队及雇员团结一心的方式或手段。一份清晰的创业计划书对企业的愿景和未来均做了详细的陈述，无论对创业团队还是普通员工都具有十分重要的意义。创业计划书能够较为系统、富有逻辑的呈现创业理想，使得团队成员团结一心，为了共同的创业目标而努力。

创业计划书还有一个重要的功能就是为了获取创业资源。

(1)资金资源，当创业项目需要面向投资者募集创业所需的资金时，通过创业计划向投资者展示创业项目的实施条件和创业团队的经营实力，以及未来创业项目的财务前景，从而打动投资人，获得创业的宝贵资金。

(2)政策资源，创新创业对于经济发展的意义不言而喻，尤其是在当前的经济形势和政策形势下，各级政府为创业者制定了各种各样的创业扶持资金和政策。为了赢得相关部门的资金支持、场地支持和政策支持，书面的创业计划是需要提交的重要材料之一。这时，我们的创业计划书需突出项目的社会效益与社会影响力，必须与政府相关政策导向一致。

(3)客户资源，在创业的过程中，创业项目不可避免地要接触到各类客户群体、原材料供应商，行业协会以及其他一些公共资源。在创业的过程中，有效的合作关系将对创业者起到非常重要的帮助作用。为了获得这些合作资源的支持，在有必要的时候，需要向合作伙伴提交你的创业计划，阐明自身的优劣势和双方合作的好处，指出合作关系可以实现共赢。

(4)人力资源，随着时代的发展，现在创业已经很难再靠单打独斗获得成功，当前是团队创业的时代。为了保证项目的快速开展，需要各种各样的人才加盟进来。这里不仅是指初始创业的合伙人，还包括创业项目中的核心骨干员工，它们作为一个创业团队，将陪伴着创业发起人一起经历市场的风雨。为了吸引这些人加盟创业团队，创始人需要向他们展示创业项目现有资源和能力，以及项目未来的发展前景，从而打动他们与你一起推动着创业项目的前进。

（三）践行承诺约定，约束创业行为

创业计划书需进行真实性承诺，当投资人愿意投资该项目时，创业计划书通常会作为创业者与投资人所签署的合同的附件，从法律意义上讲，创业计划书将成为创业者对投资人的承诺书。同时，创业计划书里描绘的商业前景也体现了创始人对团队成员或者上级对下级的承诺，尤其是战略目标的定位、未来发展的规划、行动方案的提出都是一种书面的承诺，从而避免出现朝令夕改的问题。

拓展阅读

身价千万的清华学子王科：成功要像孵蛋一样坚持

1. 我发现了一枚清华下的蛋，我要把它“孵”出来

王科生于宁波，作为当地的理科状元考入清华大学自动化专业。和许多清华学子一样，

刚上大一的王科有着同样的理想，就是一心想着将来出国留学。于是，王科大一就考托福，大二考 GRE。由于英语考试成绩很高，在校期间，他还在北京新东方学校当过老师，教了两年的 GRE。

大一寒假里他就开始找了一份翻译的工作，从此一发而不可收，分别在美国麦肯锡咨询、法国圣戈班、巴黎国民银行等十多家世界知名公司实习或兼职。1998 年，当时作为少数几个“海归派”创业者的张朝阳来到清华大学，在一间很破的教室里向清华学子们讲述创业的过程。坐在台下听讲的王科觉得非常振奋，他想，中国的学生为什么自己不能创业呢？王科的这个想法和清华创业协会的会长穆言、杨景方不谋而合，他们一起策划了首届清华学生创业大赛，在清华校园乃至高校中都引起了非常大的反响。

1999 年 4 月底，清华大学第十七届“挑战杯”发明赛又开始了。在这次比赛中，王科发现了一个令他振奋不已的发明——材料系三年级学生邱虹云的多媒体超大屏幕投影电视技术。当时邱虹云在很简陋的条件下演示着，邱虹云告诉王科，这是他潜心研制的一种集光学、机械、电子技术于一体的视听设备，因为在技术设计上有突破，大大降低了成本。王科说服了邱虹云，并找来了清华经济管理学院的在校 MBA 徐中，三人相约一起创业。

王科拿着这项技术到处找行家，问这项技术是否可行。他怀抱着样子还非常“丑陋”的投影仪，就像抱着一枚蕴藏着无限生命力的蛋，他所要做的，就是把它“孵”出来！

1999 年 5 月，王科用自己打工挣来的钱，以及向家人、朋友东挪西借来的钱凑够 50 万元，装了一大书包，在徐中的护送下来到工商局，注册了名为“视美乐”的公司，并在一间从清华经管学院借来的小房间里开始了艰难的创业。

2. 想成功，就要在失败、痛苦和绝望中再坚持一下

至今王科还清楚地记得那个满街飘着柳絮的下午，他和邱虹云、徐中坐在清华园教三楼后面的一个茶馆里，计算着办一家公司需要多少钱。徐中得出的结果把几个人都吓着了——250 万！这对于初出茅庐的学生来说可谓是天文数字。“但资金还不是最大的困难，最大的难题是在关键技术和公司管理上。邱虹云发明的大屏幕投影仪在国内是绝无仅有的，所以要想从设计阶段走到中试阶段，研发难度非常大。在很多情况下，我们设计出来的东西在工艺上根本没法解决，很多部件在国内没法做出来。记得有一次，我们的仪器中涉及一个非球面镜的问题。我们请教了清华大学的教授，他说，这个类似问题曾在 70 年代被苏联一个科学家解决过，而这位苏联科学家已去世多年了。面对这个几乎无法解决的问题，我们请教了国内知名的研究专家和做了几十年光学仪器工作的老师傅，最终在几位老专家的上百页算稿中得出了数据。为了测试技术指数，我们开了三套模具，使坏了的玻璃足足装了一麻袋，最后才使透镜的各种技术指数达到要求并实现了稳定。”

“在核心电路的设计过程中，我们使用的最关键的一种芯片在国内就找不到，我们就到美国一家高科技公司专门买来最新推出的产品，但试用后发现，投影机射出来的图像始终有雪花点和条纹，无论怎样调试都不能除。”整整两个星期过去了，问题还是找不到。王科、邱虹云等人在简陋的实验室里通宵工作，挥汗如雨，终于发现，原来美国人设计的芯片在初始数据上仍然有错误。于是邱虹云在摸索中反复修改着程序代码。一天深夜，当天空微微露出一丝晨曦的那一刹那，邱虹云大叫一声：“成功啦！”王科等几个同学倦意顿消，当他们看到清晰的投影画面时，情不自禁地抱成一团，就像是发现了新大陆。

"创业，就要品尝常人难以遇到的失败、痛苦，甚至是绝望。"王科说，"很多时候，只要你再坚持一下，成功就会突然到来。"

日渐成熟的技术自然吸引了企业家的关注。1999 年 7 月，在清华兴业投资管理有限公司总经理潘福祥教授的帮助下，王科等人终于成功地吸引了上海第一百货的 250 万元风险投资。"但是，当时社会对学生办企业还是不够理解，"王科说，"上海一百投资到位后，很多人认为投资商是疯了，拿这些钱给我们这些乳臭未干的学生们打水漂儿。所以我们的压力很大。好在半年后，我们顺利完成了产品的中试，并得到了青岛知名企业澳柯玛集团的青睐。"

在 1999 年的最后一天，大雪封了青岛机场，但澳柯玛集团的老总鲁群生还是改坐火车连夜赶来，与王科等人一直畅谈到凌晨。

2000 年 4 月 25 日，青岛澳柯玛集团决定向视美乐注资 3 000 万，共同组建北京澳柯玛视美乐信息技术有限公司。王科、邱虹云、徐中也一夜变成了身价千万的清华学子。

3."身价千万"不是我的目标，我要把公司办成中国的索尼

面对"清华学子身价 3 000 万"的新闻，王科并没有感到很兴奋，因为他觉得，一个人拥有的财富，达到一定的程度就会饱和，一个人花钱是有限的，但创造却是无止境的。如今，清华的这枚科技之蛋已然破壳而出，并逐渐长成羽翼丰满的雏鹰。2000 年 6 月，澳视公司年产 10 万台产品的生产基地在青岛落成，北京的研发中心也从最初破旧的实验室搬到了中关村上地产业基地，面积扩大到 1 500 平方米，公司员工从最初的 3 个人增加到现在的 107 人。2001 年 1 月，澳视公司生产的"世界首款可直接收播电视信号的数字投影机"已正式投放市场，国内已有 60 多家经销商开始订货。

第二节　创业计划书的内容与结构

创业故事

2020 年，你还敢创业吗？（下）

1. 砸了别人的锅，才能吃上别人的饭

相比魏旭亚，王沐的创业起点更高。2003 年从上海财经大学硕士毕业后，王沐就职于一家股份制银行的成都分行，从基层慢慢做起成为中干，积累了不少资源与人脉，又于 2017 年离开银行，加入一家私募基金投资管理部做总监。

上述背景被一家在线教育赛道的创业公司看中，邀请王沐加入初始团队，成为一名创业合伙人，主要负责为公司拉融资以及为将来 IPO 做打算。

2. 在线教育赛道 2019 年艰难

说是创业合伙人，实际就是打工的升级版，成功了才可以拿到干股。王沐一眼看穿了邀请的本质。彼时，王沐手中拮据，对邀请有点心动。王沐有过两段婚姻，抚养两个孩子，要还 3 套房房贷，尽管成都房价不比北上广深，但负担也轻不到哪儿去："主要是 2018 年为了改善

生活，又买了一套联排别墅，现在手中的余钱才3万元，怕随时支出，都不敢去理财。”

心动归心动，谨慎归谨慎，王沐刻意调查了在线教育赛道的现状，心一点点向下沉。据企查查数据显示，2019年共有1.2万家教育机构关停；好未来、新东方在线、网易有道等在线教育头部公司都出现了亏损，且亏损在加剧，无改观的趋势；沪江网校屡屡冲击资本市场，却迟迟未成功独立IP，公司创始人从而因为对赌协议被踢出局……

邀请王沐的创业公司，处于赛道第二梯队末，也存在成本高、变现渠道单一、盲目扩招等普遍的问题。对王沐的质疑，创始人并不回避公司正面临现金流紧张：“越是这个时候，越是需要烧钱，只有砸了别人的锅，才能吃上别人的饭。”

具有银行、私募双重背景，朋友圈中不乏VC人士，王沐的确有能力寻找融资渠道，也善于与投资方打交道，但其依然对融资不乐观。王沐告诉锌刻度：“在线教育有一个特点，就是能提前收一笔学费，将这些学费预收款算作收入的话，就可以粉饰报表，之前可以用这招忽悠投资人，现在市场降温了，投资人也不吃这一套了。”

如今，稳定的、持续的盈利模式成为融资最有力的敲门砖，但在线教育赛道的公司恰恰缺乏这个条件。“倘若融资容易，又何必找上我。”王沐陷入是否需要去合伙创业的犹豫中。

3. 离百年老店还有99.9年

魏旭亚直接谢绝创业，王沐对创业举棋不定，皆因门槛较高，而更多的人选择的是创业门槛较低的赛道。来自厦门的汤凌，就打算2020年通过社群带货创业。

社群带货，不是新鲜事物，也缺乏技术含量，因此赛道颇为拥挤，甚至有的人已经出现对通过微信群、QQ群、朋友圈等渠道卖货出现了反感。

面对锌刻度的疑问，汤凌没有动摇创业的决心：“餐饮好歹是一年超4万亿元的大市场，容得下我讨生活，你看看街上那么多卖早点的，他们又有什么‘护城河’？也未见肯德基早餐一统江湖。”

汤凌创业，也是有底气的。汤凌原本是一名资深北漂，2018年年底离开互联网行业后，回到厦门老家打工：“马上40了，码农是当不成了，找了一份视频审核员的工作凑合着。”

彼时，其姐夫成功移民澳洲，置办了一些不动产，其中就包括一家酒庄，并给国内的亲戚朋友陆陆续续寄回来一些自家酿造的红酒。

品过之后，汤凌与老婆有了其他心思：“红酒味道可以，说不定卖得出去。”

他们两口子一共收到4箱红酒，自家喝了2瓶，余下22瓶在同事与朋友间半卖半送，没有想到好评如潮：“姐夫纯粹是玩票，我们也就当一个副业。”

阴差阳错，汤凌的副业上了路，他与老婆两人既是员工又是老板，拿货卖货送货，全程一条龙服务。“这样太累了，双头不讨好，要做就安心做。”到了2019年第四季度，他们两口子打算双双离职创业，“原本想在电商平台花钱买店，一了解发现资料齐全、有模有样的至少要花15万元，如果开一家新店铺，前期铺垫耗时又长了些。”

这样一来成本太高了，他们的大部分启动资金都投入备货了，干脆，就走社群路线：“掐指一算，离百年老店还有99.9年。”

一、创业计划书的基本内容

撰写创业计划书的目的是向阅读者提供其所需要的信息，因此，创业计划书的内容取决

于使用者对信息的需求。鉴于创业计划书的使用者主要有内部使用者和外部使用者两种人群，分析这两部分人群的信息需求就显得格外重要。

一般来说，创业计划书的内部使用者包括创业者团队及其雇员。创业团队需要明确创业的目标及实现路径，雇员需要了解创业目标以及在实现目标过程中所需要做的工作和可能的收获。因此，创业计划书中要阐明创业的目标及实现目标的详细计划和措施，包括企业拟从事的产品和服务，创意的合理之处，计划的顾客和市场，创意方案的开发路径——如何研发、生产和销售等，同时，要对竞争者状况进行一定分析，使团队成员及其未来的雇员了解企业可能的前景，对创业企业的发展进行预测，从而做出恰当选择。

外部使用者包括投资者及其他利益相关者。投资者主要关注企业拟筹集的资金数额，筹集资金的目的和种类、准备采用的筹资方式、筹资的时间、筹资的回报等；潜在的商业合作伙伴、顾客等其他利益相关者会关注企业的盈利状况、资产负债状况、持续经营能力等，以此作为其商业信用政策的制定依据，以及选择产品或服务的理由。

一份完整的创业计划书，其主要内容应当包括企业描述、产品或服务、创业团队、创意开发、竞争分析、财务分析、风险分析和退出策略等内容。创业计划书示意图如图 9-1 所示。

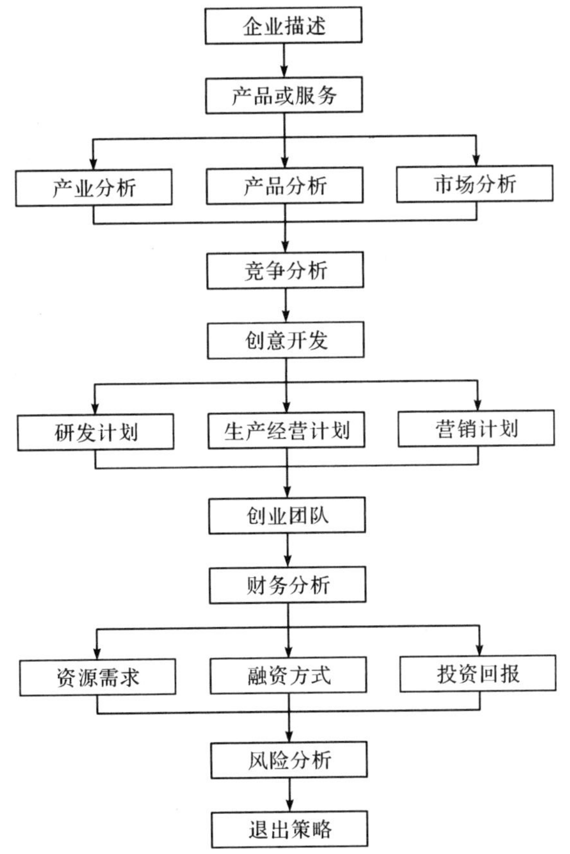

图 9-1　创业计划书内容

其中，企业描述指企业成立的时间、形式与创立者、创业团队简介，企业发展概述。产品或服务的说明要从产业分析、产品分析和市场分析展开。其中，产业和产品分析是对创意价值合理性的解读，市场分析要对企业的顾客和市场展开分析。创业团队部分要对团队的组

建、分工和管理予以介绍。研发计划、生产经营计划和营销计划是对创意开发模式的进一步说明。竞争分析可以基于波特的五力分析模型，对行业的竞争状况进行阐述，展示项目的实力。资源需求、融资方式和投资回报则是从财务方面对创业项目的分析和说明。最后是风险分析和退出策略。

【案例 9-2】

电梯演讲

麦肯锡公司曾经得到过一次沉痛的教训：该百公司曾经为一家重要的大客户做咨询。咨询结束的时候，麦肯锡的项目负责人在电梯间里遇见了对方的董事长，该董事长问麦肯锡的项目负责人："你能不能说一下现在的结果呢？"由于该项目负责人没有准备，而且即使有准备，也无法在电梯度从 30 层到 1 层的 30 秒钟内把结果说清楚。最终，麦肯锡失去了这一重要客户。从此，麦肯锡要求公司员工凡事要在最短的时间内把结果表达清楚，凡事要直奔主题、直奔结果。麦肯锡认为，一般情况下人们最多记得住一二三，记不住四五六，所以凡事要归纳在 3 条以内。这就是如今在商界流传甚广的"30 秒钟电梯理论"或称"电梯演讲"。

二、创业计划书的基本结构

一份完整的创业计划书应该包括封面、目录、执行概要、正文和附录五大部分。

（一）封面

封面上应明确创业项目的名称，体现企业的经营范围，同时以醒目的字体标示出创业计划书的标题，比如《××创业计划书》。

封面上还应有企业名称、地址、电子邮件地址、电话号码、日期、主要创业者的联系方式和企业网址（如果企业已经建立了自己的网站），这些信息放在封面页的上半部分；如果企业已有徽标或商标，将其置于封面页正中间；封面下部应有一句话，提醒读者对计划书的内容保密。需要注意的是，封面上最重要的一项内容是计划书撰写者的联系方式，创业者应该让读者很容易地与自己进行联系。

（二）目录

目录是正文的索引。这里需要按照章节顺序逐一排列每章大标题、每节小标题以及章节对应的页码。目录可以自动生成，显示到二级或三级小标题为宜。如果更加细致的话，还可以将图索引、表索引加到目录后面。

（三）执行概要

执行概要是指在论述项目之前，首先综合性地简要介绍项目的基本情况，包括项目背景、项目简介、项目定位、盈利模式、团队介绍、发展规划等方面内容。

（四）正文

正文是创业计划书的主要内容，主要包括市场分析、项目分析、商业模式、营销策略、发展计划、组织架构、财务分析等方面内容。

（五）附录

附录是对主体部分的补充。受篇幅限制，不宜在主体部分过多描述的，或不能在一个层面详细展示的，或需要提供参考资料或数据的内容，一般放在附录部分，以供参考。例如专利证书或专利授权证书、相关的调研问卷、所获荣誉证书、营业执照、相关合作协议、团队工作照片等。

关于创业计划书的长度，尽管不同专家给出了不同意见，但多数还是建议 20～35 页比较合适。在参加各类创新创业大赛中，由于竞争较为激烈，所以提交的创业计划书内容需要更加丰富，一般在 50 页以上。

由于读者对创业计划书的结构、排版和内容比较敏感，创业者在撰写创业计划书时要对其外表加以认真考虑。比如，采用塑料螺旋镶边线装订，使用透明的封面和封底来包装都是不错的选择，这样的创业计划书花费不多，而且看起来比较醒目，能够吸引读者的注意力。同时，在内容的布局上，要对字号大小、颜色选择等文字处理方案进行精心设计，如果企业有设计好的 LOGO，最好将其放在封面上以及每一页的文字中。这样一方面向读者展示创业者的细心，另一方面可以强化企业形象在读者心目中的印象，给人以很专业的感觉，提高创业计划的可信度。

TED 演讲

TED（指 Technology，Entertainment，Design 在英语中的缩写，即技术、娱乐、设计）是美国的一家私有非营利机构，该机构以它组织的 TED 大会著称，这个会议的宗旨是“值得传播的创意”。TED 诞生于 1984 年，其发起人是理查德·索·乌曼。2001 年起，克里斯·安德森接管 TED，创立了种子基金会（The Sapling Foundation），并运营 TED 大会。

1. 成立历程

TED 国际会议于 1984 年第一次召开，由里查德·沃曼和哈里·马克思共同创办，从 1990 年开始每年在美国加州的蒙特利举办一次，而如今也会选择其他城市每年举办一次。它邀请世界上的思想领袖与实干家来分享他们最热衷从事的事业。

事实上，这场盛会涉及的领域还在不断扩展，展现着涉及几乎各个领域的各种见解。参加者们称它为“超级大脑 SPA”和“四日游未来”。大会观众往往是企业的 CEO、科学家、创造者、慈善家等，他们几乎和演讲嘉宾一样优秀。比尔·克林顿、比尔·盖茨、英国动物学家珍妮·古道尔、美国建筑大师弗兰克·盖里、歌手保罗·西蒙、维珍品牌创始人理查德·布兰森爵士、国际设计大师菲利普·斯达克以及 U2 乐队主唱 Bono 都曾经担任过演讲嘉宾。TED 环球会议是 TED 大会的子会议。2005 年，第一届 TED 环球会议在英国召开。从 2006 年起，TED 演讲的视频被上传到网上。

2. 创始人

克里斯·安德森是 TED 演讲大会的创始人，他曾经说过，“曾经，知识经济中的人说，你要保护如黄金般的知识，这是你唯一的价值。但是，当全球都联系在一起时，游戏规则改变了，每个人都互相关联，一切都会快速发展。当知识传播出去后，会以最快速度到达全球各地，得到反馈，得以传播，而它的潜在价值是无形的”。

2001年，安德森买下了TED会议，把这个会议变成非营利机构。每年举行一次大会，大会演讲做成视频放在互联网上，供全球观众免费分享。

对于自己的“义举”，安德森解释道：“我是学哲学的，总是生活在自己的想法中。我之前就隐约地觉得，有很多好的想法如果能进行全球传播，是很好的事情。我当时有一点钱，很想做出一些贡献。我发现，TED是很好的工具。”

3. 历史

参会的诺贝尔获奖者、类似比尔·盖茨之类的大腕，往往和魔术师、杂技演员混在一起。

尽管每年有上万人申请参加TED，但只有1 000人能得到邀请，他们要“有好奇心、创造力，思维开放，有改造世界的热情”，还要付得起7 500美元一张的门票。

2001年，媒体大亨克里斯·安德森买下了TED，他自称“TED的守护人”，并将TED演讲者的领域从原先的技术、娱乐、设计三个领域扩展到了各行各业，邀请了科学家、哲学家、艺术家、探险家、心理学家、语言学家、宗教领袖、慈善家等加入，致力于使TED成为超越会议性质的世界品牌。

在1984年的第一次TED大会上，有人带来了日后风靡全球的CD光盘，第一台苹果电脑也被带到了讲台上。今天，新版的MacbookAir让全世界无数的粉丝为之疯狂。

在改变世界的同时，TED自身也在26年后（至2010）由与会成员不过千人的“晚宴”，成长为每天50万人观看其视频的社区。自1990年起，参会的精英们每年三月相聚于美国加州长滩，享受这一场“超级大脑SPA”。

第三节 如何制定创业计划书

QB House：将速度做到极致的理发店！

十几年前的一天，忙碌的小西国义在一家理发店等待了很久以后，终于坐到理发师的椅子上。但是理发并没有立即开始，一条又一条热毛巾、没完没了地按摩肩头和手臂，种种与理发无关的服务，不仅用去了他太多的时间，还要收取他几千日元的费用，而他想要的，只不过是快点把头发剪短一些。

小西国义蓦然发现自己对理发店烦琐冗长的服务程序很不耐烦。他认为，一定有人像他一样讨厌这样过于“殷勤”的服务，他的想法是：如果有位置方便、收费合理的单剪发店铺，自己就能够更有效安排时间及节省金钱。

如果有一间发廊，1分钟，1 000日元，感兴趣吗？小西国义带着这样的问题进行了一次市场调查，在他看来：只要有10%的人愿意就可以着手干。而市场调查结果显示，像他一样想法的人的比例竟然高达43%。

于是，QB House 开业了。这是一间规模很小的理发店，设立于日本东京的人流密集地区。店铺只有几平方米，两三个座位，店铺的设计灵感来自帆船的船舱，令空间可以更有效地得以运用。这间理发店从顾客对快捷、便宜的单剪发要求出发，节省剪发以外的所有步骤，让美发师以最佳的效率为顾客提供服务。如果说 QB House 是一个托生于传统行业的新生意模式，那么这种生意模式则建筑于与传统美发业截然不同的商业价值观——一种真正地为客户服务的精神。

怎样保证 10 分钟理发的实现呢？一般人在单纯的理发环节，所需时间大概为 10 分钟到 15 分钟。而动辄几十分钟、甚至几个小时的时间，大多消耗在清洗、设计发型、烫染等其他服务上。QB House 提出，不清洗、不设计、不烫染，只剪发，将时间有效地固着在目标顾客最需要的服务上。一般人的头发一个月后会长大概 10～12 毫米左右。在 QB House，理发师会为客人修剪掉过长的部分，在不大幅度改变现状的同时，为客人维持个人风格提供最佳发型，这个过程不需要设计，却依赖发型师对业务的熟练技巧和专注。

“把省出来的时间还给客人。”就是这种服务精神的精髓所在，也是小西国义的商业策略：即使收费上没有优惠，但把一天 24 小时中的几十分钟还给了客人，就是一种时间上的优惠——他把时间纳入了自己生意的价值体系中。

就是这样一个简单到极致的单剪生意，使小西国义在 50 几岁的年纪，成为一个创业型的企业家。从 1996 年创立第一家店面之后，QB House 在十几年间已经开设近 550 家分店，除在日本本土外，已经蔓延至中国香港、中国台湾、新加坡、马来西亚等地区和城市，平均每月有超过 125 万人次的来客数。没有高利润的烫染和美发产品销售，只靠着一个客人 1 000日元左右的客单价格，QB House 在成立几年中就实现了年收入 40 亿日元(约 2.6 亿元人民币)。

“想象一下，你自己就是终端用户，然后看看你所遇到的种种不便，这就是你的商机所在。”小西国义就这样通过“设身处地”的感受开创了奇特的连锁理发店，创造出被同行们所忽视的庞大商机。

一、信息收集与市场调查

在创业计划书的书写过程中，需要查阅大量信息，通过相关的信息查询，了解项目的背景、竞争对手的情况等。创业计划书的撰写过程，实质上是对创业机会的论证过程，也是一个不断搜集信息、分析信息的过程。因此，创业者必须了解信息的搜集渠道、搜集方法和搜集步骤。

对于一份成功的创业计划书而言，完整的结构固然重要，准确的信息更是必不可少。如果说结构是创业计划书的骨架，信息则是创业计划书的细胞。准确的、到位的市场信息和行业信息有助于使创业者了解市场行情，知晓客户需求，洞悉对手状况，明晰自身发展，从而明确竞争对手的优势和自身的不足，确定市场发展方向和自身的发展定位，以便给创业团队以信心，同时也可以在投资者面前充分展示自己的实力。

(一)信息搜集渠道

信息搜集渠道即信息的来源。创业计划中涉及的市场、客户、竞争对手、融资方式、创业资源等方面的信息可以通过互联网、公开出版物、竞争对手企业、关联方、会议展览、行业协会或中心等渠道获得。

1. 互联网

互联网的巨大优势在于信息含量大而广，几乎无所不包，一个关键词会连接出浩如烟海的信息。

相关链接

搜索引擎类网站

百度：https://www.baidu.com/

有道：http://www.youdao.com/

必应：https://cn.bing.com/

搜搜：http://www.soso.com/

搜狗搜索：https://www.sogou.com/

咨询机构、数据报告类网站

艾瑞咨询：https://www.iresearch.com.cn/

易观国际：https://www.analysys.cn/

友盟+：https://www.umeng.com/

移动观象台：http://mi.talkingdata.com/

阿拉丁指数：http://aldzs.com/

国家机构公开数据

宏观经济运行情况：http://www.gov.cn/shuju/chaxun/index.htm

国家统计局：http://www.stats.gov.cn/

中国信息通信研究院：http://www.caict.ac.cn/

中国城市轨道交通协会：http://www.camet.org.cn/

地方政府统计年报：见各地方政府门户网站

创业类网站

全国大学生创业服务网：http://cy.ncss.org.cn

i黑马网：http://www.iheima.com/

创业邦：https://www.cyzone.cn/

创头条：http://www.ctoutiao.com/

中国特许加盟网：https://www.mxj.com.cn/

尽管互联网上的信息种类繁多、内容丰富，却过于庞杂，搜索出来的很多信息可能同创业者的项目并无太大关系，因此，需要创业者首先能够清晰界定所需要的信息，并不断调整搜索范围与关键词，有目的地去搜寻。

2. 公开出版物

除了可以从互联网上搜索各类信息之外，也不能忽视传统媒体的作用。创业者要善于从如下公开资料中发现线索：①企业名录和企业年鉴。它们所提供的如企业规模、产品、产量、销量、市场份额等信息，有助于初步确定竞争对手，了解行业发展现状。②报纸和杂志。

尤其是行业报纸、专业期刊,集中了行业方面的企业动态、竞争态势、市场状况等信息,是了解行业竞争态势的重要窗口。③产品样本。产品样本是对产品型号、技术规格、原理性能、技术参数所做的具体介绍,其结构图和产品说明书直观性强、数据多,是了解产品、掌握市场情况的重要信息源。④上市公司年报。年度报告几乎囊括了所有可以作为商业秘密的企业财务、客户、人事等信息,不仅有数量指标,还有质量指标供分析时参考。⑤专利文献。专利文献既是技术文件又是法律文件,有助于监视竞争对手的专利申请活动,也为本企业的新产品开发提供重要信息源。⑥图书馆信息。图书馆里的一些市场研究报告、一定时期的消费数据汇总、同类企业的资料文献汇编等是创业计划信息搜集的有效来源。与互联网相比,一些专业信息、冷门信息,图书馆提供的信息更加具体。创业者可以依照自己涉足的行业和企业的发展目标有目的地查找、搜集。

3. 竞争对手企业

在竞争对手的简报、报刊上,经常会刊登公司的新闻。竞争对手的员工,尤其是研发、市场等部门的员工,掌握了大量有价值的信息。员工本身就是一个很好的竞争情报源,有时通过员工个人关系可以廉价得到有关竞争对手的信息。获得这类信息的主要方法有:①索取相关资料如企业内刊;②关注竞争对手的新产品展示;③调查走访竞争对手员工及其家属;④从竞争对手的手中获取信息等。

4. 关联方

在市场竞争日益加剧的情况下,企业日益重视和那些与自身有利益关系的组织建立战略合作伙伴关系,以增强竞争实力。所以,从与企业相关联的人和公司的有关信息中,也能搜集到想要的信息资源,包括用户、律师、银行、会计师事务所、市场调查机构、广告公司、咨询机构、经销商、供应商、行业协会、媒体、质量检验部门、储运部门等关联方。

5. 会议展览

企业通过参与各种会议或者参加各种产品展销会、洽谈会等,可以获得参展公司有关产品说明和技术资料等有参考价值的信息。这些信息源是获取市场信息、技术信息和人才信息的最好机会。

6. 行业协会或中心

行业是生产同类产品、提供同类劳务或具有相同工艺过程的经济活动类别,如饮食行业、制造行业、服装行业、旅游行业等。行业协会是一种中介组织,它介于政府与企业之间、商品生产者与经营者之间,起着服务、咨询、沟通、监督、公正、自律、协调等方面的作用。行业协会的研究职能、统计职能和服务职能有助于创业者非常便捷地搜集到所需信息。

其实,雇员流动、非正式交流、企业的衍生、合作创新等也是创业者获取信息的重要途径。

(二)信息搜集方法

面对来自不同渠道的大量信息,创业者往往会感到无从下手,难以在短期内厘清哪些是关键信息,哪些是必要信息,哪些是看似无关紧要实则至关重要的信息。因此,掌握一定的信息搜集方法,可以帮助创业者准确定位,省时省力地找到需要的资料。常用的信息搜集方法有观察法、提问法、比较法和文献检索法。

1. 观察法

观察法是获取市场和行业信息的常用渠道，也是创业者获得直接经验的主要方法，这种方法比对现成信息资料的解读或汇总更为鲜活、有效。例如，要开一家奶茶店，就要先观察既有店铺的运作、装潢、环境、客流、客户等情况。通过调查你会发现，街上已经开了多家奶茶店，从一线品牌到三线品牌，加盟费需要几万元到几十万元不等；此外，与开饭店不同，一般奶茶店不用很大的店面，因为消费者都是即买即走，门店规模只要可以放操作台和必要的设备就行了，5～15 平方米就可以。奶茶店的顾客一般是以年轻人为主，尤其是年轻的女性。选择地址就得找客流量相对多的商业街和学校附近，而这样一间店铺在一线省会城市月租金 5 000～10 000 元，地级城市和县级城市要低一些，每月 1 000～5 000 元。通过上述的观察调研，就会对奶茶店的选址比较容易理解。

创业者也可以通过对展销会、说明会现场或者生产、包装现场的实地观察和记录来调研取证，以收集所需信息。观察的对象可以是人（消费者、生产者、管理者、组织者等）的行为，也可以是商品、展台、车间等客观事物；观察的侧重点以所需信息为准绳；观察的过程中一般是边看边记，最后整理分析，得出结论；为了将现场悉收眼底，观察者往往会借助现代技术，比如摄像机、照相机来记录现场状况。

为了尽量避免调查偏差，在采用观察法搜集资料时应当注意以下几点。

(1)努力做到不带有任何看法或偏见地进行观察。

(2)选择具有代表性的观察对象和合适的观察时间与地点（有些行业会有明显的淡季旺季、高峰低谷之分），尽量避免只观察到表面现象。

(3)在观察过程中，随时记录，记录内容尽量翔实。

(4)除了在实验室等特定的环境下和在借助各种仪器进行观察外，尽量使观察环境保持自然平常的状态，同时注意保护被观察者的隐私。

(5)在实际观察中，经常与提问法相结合，以提高信息的可靠性和准确度。

2. 提问法

提问法实际上是设问法。即创业者先质疑自己发现的创业机会或创意，提出相关疑惑或问题，然后带着问题搜集信息，以信息搜集的结果来论证创业机会的可行性以及创业计划的可行性。

仍以开奶茶店为例。萌生了开奶茶店的想法后，创业者可以试着质疑自己的创意，至少提出如下问题。

(1)目前全国市场上的奶茶店有哪些品牌和口味？

(2)在自己所在的城市，竞争对手有哪些优势和不足？

(3)自己想加盟还是独创品牌？一天卖出多少杯才能达到盈亏平衡点？

(4)如果走品牌独创路线，潜在市场有多大？失败风险有多高？

(5)该城市居民的大众口味如何？

(6)如果选址社区，该社区的居住主体年龄、身份、学历等基本情况适合什么口味与价位？客流量大不大？

接下来，就要带着这些疑问去查找资料或进行现场调查。与这些问题相关的信息或者在网络、图书馆、传统媒体中，或者在一对一的交流中，或者在问卷里。信息搜集的过程同样是去伪存真、去粗取精的过程。只要你是一个有心的创业者，你的努力就会有回报，起码这些工作能让你从容创业。

3. 比较法

常言道，有比较才有鉴别。信息搜集中的比较实际上是一种取巧，即参照同行业中的其他创业者的创业计划书，试着分析他们的创业计划的可行性，从中总结经验，结合自身需要，获取有利的信息。可以是同行比较，也可以是相关行业的对比。比如开奶茶店的项目也可以从周边开小吃店、水果店等相关行业取经。

4. 文献检索法

文献检索，是将信息按一定的方式组织和存储起来，并根据信息用户的需要找出有关信息过程的方法。狭义的信息检索则仅指该过程的后半部分，即从信息集合中找出所需要信息的过程，相当于人们通常所说的信息查找。

可采用直接法、追溯法、循环法等方法进行文献检索。直接法是直接利用检索系统（工具）检索文献信息的方法；追溯法是不利用一般的检索系统，而是利用文献后面所列的参考文献，逐一追查原文（被引用文献），然后再从这些原文后所列的参考文献目录逐一扩大文献信息范围，一环扣一环地追查下去的方法；循环法是分期交替使用直接法和追溯法，以期取长补短，相互配合，获得更好检索结果的方法。

著者途径、题名途径、分类途径、主题途径、引文途径、序号途径、代码途径、专门项目途径等是常用的文献检索途径。

（三）信息搜集步骤

做好信息搜集工作，需要创业者有充分的准备以及清晰的思路。了解信息搜集步骤，可以节省创业者的时间，提高工作效率。一般来说，信息搜集可分为以下四个步骤。

1. 弄清目的，明确方向

市场信息的庞杂和市场经济的实效原则使得创业者必须要首先清楚自己的实际需要，否则会做许多无用功。搜集者可以适当撒网，但要将重心集中在目的和方向上。比如创业产品要在营销上创出品牌和特色，就要了解主要竞争对手在产品营销方面的所有信息，从设计到生产，包装到销售，其主要流通环节有什么要求、反映出何种特征、体现出什么理念等，就构成信息搜集的目的和方向。此外，整个市场环境呈现怎样的态势，也是信息搜集的一个重要方面，这有助于创业者做出更适销对路的决策。

2. 制订信息收集计划

有无计划以及计划的周密与否关系到整个信息收集工作能否正常、有效地开展。制订计划要以切合实际为原则。如果以竞争对手为搜集对象，就要依据不同竞争对手以及相同竞争对手的位置及环境、产品生产、销售策略、售后服务等方面制订不同的计划。如果以市场需求为考察方向，就得从消费趋势和走向两方面加以区分。

收集计划中应明确不同层面的计划所需的信息收集渠道与方法。各种渠道，如互联网、传统媒体、图书馆或者行业协会，能利用的利用；而不同方法，比如调查法、访问法、观察法等，则以实际利用的效用为原则。如此才能拓宽信息来源，提高搜集效率。

3. 组织实施

在具体的信息搜集工作中，按照搜集计划，一要讲原则，要在广泛性的基础上有所深入，

这就要增加搜集方法的灵活性。二要具备敏感度，做到对同一问题多方位思考、多角度搜集。三要学会筛选，信息并非多多益善，要使其由杂乱到有序，从粗糙到精辟，分清主次，学会甄别，以节省时间，抢占制胜时机。

4. 提供信息成果

信息成果的表现形式是调查报告、资料汇编、数据图表等。这是在感性信息的基础上经过整理分析得出的理性结果。根据结果，你就可以决定能否去创业了。

其中，调查报告是普遍运用的信息评估与分析形式。

（四）市场调查的主要内容

为了实现市场调查的上述目标，就需要在市场调查时对创业环境、竞争对手、消费者需求状况等信息展开调查。

1. 环境调查

环境调查包括宏观环境调查和行业环境调查两个方面。

(1)宏观环境调查。

宏观环境调查可以通过 PEST 调查展开，即要对创业项目面临的政治法律环境、经济环境、社会环境和科技环境进行调查。

P 即 Politics，政治要素，是对组织经营活动具有实际与潜在影响的政治力量和有关的法律法规等因素。政府管制、专利数量、政府采购规模和政策、税法的修改、专利法的修改、劳动保护法的修改、公司法和合同法的修改、财政与货币政策等都会对创业企业未来的经营状况有很重要的影响。

E 即 Economics，经济要素，是一个国家的经济制度、经济结构、产业布局、资源状况、经济发展水平以及未来的经济走势等。构成经济环境的关键战略要素包括 GDP 计划的增长率、利率水平的波动、财政货币政策的变化趋势、通货膨胀率高低、失业率水平、居民可支配收入水平、能源供给成本、市场机制和市场需求等，这些因素不仅是企业经营环境的重要组成部分，而且会直接影响企业未来的经营成本和销售收入，进而影响创业项目的可行性。

S 即 Society，社会要素，是组织所在社会中成员的民族特征、文化传统、价值观念、宗教信仰、教育水平以及风俗习惯等因素。构成社会环境的要素包括人口规模、年龄结构、种族结构、收入分布、消费结构和水平、人口流动性等。其中人口规模直接影响着一个国家或地区市场的容量，年龄结构则决定消费品的种类及推广方式。很多传统行业之所以在中国也能够实现高速增长，获得风险投资青睐的原因就是中国众多人口形成的广大的消费市场；日本丰田越野车在西藏自治区占据绝对市场份额的原因，就和其标识形似牛头，广受藏族人民欢迎有关。

T 即 Technology，技术要素。技术要素不仅仅包括那些引起革命性变化的发明，还包括与企业生产有关的新技术、新工艺、新材料的出现和发展趋势以及应用前景。在过去的半个世纪里，最迅速的变化就发生在技术领域，像微软、惠普、通用电气等高技术公司的崛起改变着世界和人类的生活方式。基于移动互联网技术的广泛应用，物联网、微创业、网上银行和保险等企业开始大量出现，既满足了人们的日常生活，也给创业者带来了很多机遇。

(2)行业环境调查。

行业环境调查常用的工具是战略家迈克尔·波特(Michael E. Porter)于 20 世纪 80 年代提出来的五力模型。五种力量分别为同行业内现有竞争者的竞争能力、潜在竞争者进入的能力、替代品的替代能力、供应商的讨价还价能力、购买者的讨价还价能力。这可以用来分析企业所在行业的竞争特征和产业的吸引力。

这五种作用力综合起来会影响价格、成本和投资收益等因素，从而决定了某产业中的企业获取超出资本成本的平均投资收益率的能力。例如，卖方议价的能力会影响原材料成本和其他投入成本；竞争的强度影响价格以及竞争成本；新竞争者入侵的威胁会限制价格，并要求为防御入侵而进行投资。

2. 竞争对手调查

通过上述的环境调查后，创业团队应该能够在对信息分析的基础上，明晰企业的定位，进而根据企业定位确定竞争对手的类型，展开对竞争对手的调查。可先从寻找分析竞争对手开始，创业团队必须能够判断出企业直接或潜在的竞争对手。一般来说，直接竞争者是与创业企业提供类似产品的企业，这类竞争者相当重要，因为它们与企业争夺同一个顾客群。间接竞争者是提供创业企业产品的替代品的企业，与创业企业的产品一样可以满足消费者的一些基本需求。另外，创业团队还要针对创业企业经营范围的变化情况，将未来可能的竞争者也列入调查分析的范围。

识别出所有的直接或间接竞争者一般很难做到，但是通过列举一些自己能够意识到的竞争者类别，对其经营状况进行分析，将有助于创业者对竞争的范围和强度做出基本估计。再通过对主要竞争者的战略和行为进行对比分析，创业者可以了解关键领域与竞争对手相比的优劣势所在，明确其存在竞争优势的领域。创业者可以运用“竞品分析表格”来开展上述工作。竞品分析表格的格式如表 9-1 所示。

表 9-1 竞品分析

关键因素	主要竞争者 1	主要竞争者 2	我们的项目
关键因素 1			
关键因素 2			
关键因素 3			

在运用竞品分析的过程中，创业者可能会发现自己的创业项目在某些竞争领域存在的优势，对于存在劣势的领域应及时进行调整，尽可能降低未来的经营风险。

对竞争对手的信息进行例行的、细致的、公开的收集是非常重要的基础工作。竞争信息的主要来源包括以下几部分。

(1)年度报告。

(2)竞争产品的文献资料。

(3)内部报纸和杂志。这些通常是非常有用的，因为它们记载了许多详细信息，如重大任命、员工背景、业务单位描述、理念和宗旨的陈述、新产品和服务以及重大战略行动等。

(4)竞争对手的历史。这对了解竞争对手文化、现有战略地位的基本原理以及内部系统和政策的详细信息是有用的。

(5)广告。从竞争对手的广告中可以了解其对于媒体的选择、花费水平和特定战略的时间安排。

(6)行业出版物。这对了解财务和战略公告、产品数据等信息是有用的。

(7)销售人员的报告。虽然这些经常带有偏见性，但地区经理的信息报告提供了有关竞争对手、消费者、价格、产品、服务、质量、配送等方面的第一手资料。

(8)顾客。来自顾客的报告可通过向内部积极索要获得,也可从外部市场调研专家处获得。

3. 消费者需求调查

经营是“消费者需求洞察”,销售是“消费者心理探寻及满足”,消费者需求的调查和分析是企业经营成败的焦点和核心之一。

消费者需求是消费者为满足个人和家庭生活的需要,购买产品和服务的欲望和要求。创业之前,创业团队应该对消费者需求的特征,以及影响消费者消费的关键因素等进行调查。

通过问卷、访谈、座谈、讨论、观察、写实等调查形式和手段,创业团队可以对目标消费者(包括个体和组织)进行全方面研究,挖掘出消费者的潜在需求,不同群体消费者对某一类产品(或场所)的消费心理、消费行为、消费需求、消费动机、消费决策过程以及信息获取渠道等进行分析,帮助企业正确进行产品定位和目标市场定位,减少企业在产品选择和市场选择上的失误,并可在充分调查研究的基础上,进一步评估潜在市场的吸引力和企业在该市场的竞争力,制定相应的营销策略。

【案例 9-3】

用洞察力发现客户真正的需求

20 世纪 80 年代中叶,大名鼎鼎的可口可乐公司遇到了它成立以来最大挑战,它的对手百事可乐的市场占有率节节攀升,直逼可口可乐的市场份额,当时两家公司市场份额的差距缩小到不足 3%。

可口可乐发现,百事可乐之所以能够迅速占领市场,一个关键的原因是他们生产出了口味偏甜的可乐,很受年青一代的欢迎,相比之下,可口可乐的配方已经是一百多年前的老配方,时代在变,而可乐的配方却丝毫没有改变。

可口可乐的管理层认为,未来是属于年轻一代的,只有抓住年轻人,可口可乐才有可能在未来的竞争中立于不败之地。于是,罗伯特果断决定,研制新的可口可乐配方,新口味必须迎合年轻一代。

在研制出新口味的产品后,可口可乐公司决定让老口味的可乐正式退出历史舞台,向市场大规模投放新口味的产品。

一开始风平浪静,但是意想不到的事情发生了。可口可乐公司从全美各地收到了各式各样的谴责信和投诉电话,更有甚者有些客户将可口可乐公司告上了法庭。

与此同时,大量的粉丝自发的从各地赶到可口可乐总部的大楼前,进行集会示威,要求只有一个:撤销新口味,保留“真货”,我们只要经典口味的可乐。

面对此情此景,可口可乐的管理层感觉实在是超乎想象。就这样新口味的可乐刚投放市场不到 10 周,就在广大粉丝的口诛笔伐下,夭折了。

可口可乐已经成为美国人日常生活的一部分,如空气般不易察觉却又不可缺少,看上去简单的口味调整,但对用户而言是切断了某种精神的依托,可口可乐在竞争过程中单纯考虑了产品的改变,但忽略了心理转换成本。可想而知大家的反抗是如此强烈。

二、创业计划书常见问题及对策

创业计划书在撰写的过程中，由于撰写者对创业计划书内容的不熟悉，对国家相关法律法规不够了解，对于相关知识掌握得不够充分等，往往会存在一些共性的问题，在此予以总结，以便使创业者的创业计划书更加完善。

（一）企业概况

本部分的常见问题有企业名称不符合要求，或者属于特许经营范畴的项目未经过授权，或者注册资金的选择不符合有关规定。还应注意分清公司名称与品牌名称的关系，明确企业的愿景是什么。

有的创业者尚未注册公司，但打算要注册公司，在创业计划书中需注意公司的起名规则，并在计划书中写上：拟注册××××公司（筹）。

创业者还应关注经营范围特许的相关规定，普通投资者无法进入的包括供水、供气、供热、公共客运等领域；另外，烟草需要有专卖许可，食品行业需要有经营许可以及卫生许可等。酒吧和歌厅等可能不适合学生创业，其对社会关系的要求太高。

（二）产品和服务

本部分的内容需要重点思考过去式的解决方案有哪些？我们的解决方案是什么？如果是科技型项目，需重点说明技术的比较优势，并能提供专利证明或技术授权等。

对产品/服务进行描述时，要简明扼要的介绍主营产品及功能，并配上产业链图、功能示意图、流程图等，并且说明产品竞争力（横向竞品对比分析）。如果涉及核心技术，应保证技术已经相当成熟，而不仅仅是实验室中的产品；如果使用的是他人的技术，应提供技术授权书或者转让证书。对于学生创办的大部分企业，很难说一开始就从技术上超越现有企业，因此，完善售后服务，以及和客户建立良好信任关系往往是企业打开销路的第一步；何况现在严重供大于求，以客户为中心的客户关系管理更加重要。

（三）市场分析

本部分的内容需要重点思考为什么做此项目？为什么当下是合适的时机？典型问题有：目标人群混乱，需求不确定，市场调研不深入，缺乏对竞争对手的了解等。

创业者需要在进行项目论证时，通过设计有针对性的调查问卷，进行充分的市场调查；然后根据调查资料清晰地说明该项目的行业背景、发展趋势、市场空间以及确定项目拟进入的细分市场，能解决哪些市场痛点；同时广泛搜寻竞争对手的相关信息，分析企业相对于竞争对手的竞争优势，制定有针对性的营销策略。

（四）商业模式

本部分的内容需重点思考该行业过去是怎么做的？模式是什么？我们打算怎么做，如何验证新模式的成功？主要存在的问题，商业模式理解不透彻，表达不清楚。

创业者需要分析怎么做，也就是项目的解决方案（研发、生产、市场、销售等环节的策略）；说明目前做得怎么样：用项目现有绩效（产品、研发、销售等环节，以数据说话），做到有图有真相；演绎怎么赚钱：分析盈利模式的可行性。也就是讲清楚产品从哪来，怎么到客户手里，如何赚钱。

（五）营销策略

本部分的内容需重点思考项目的目标市场与定位、营销战略、营销计划。本部分的典型问题有：定价过低，市场推广策略简单化、平面化，营销策略急于求成等。

创业者一定要了解“一分价钱一分货”的道理，太低的定价也许给消费者带来“产品质量一般”的印象，而不一定能够增加产品销售量。大学生创业者可以通过增加售后服务等措施增强企业的竞争力。尽可能采用富有创意的营销策略，采用不同的营销措施，吸引消费者的注意力，提高产品的销售量；一步一个脚印地将营销工作做好，而不是异想天开地急于求成。

（六）股份构成

本部分的典型问题表现为两个极端：股东一股独大，或者股东过于分散。

企业应该建立合理的利益分配机制，通过设置恰当的股份结构，既有利于经营过程中决策的及时性，又保证投资者在企业中利益的均衡。一股独大不利于调动其他投资者的积极性，股权过于分散可能会使决策周期过长，丧失投资良机。

（七）组织架构和创业团队

本部分的内容需重点思考我们是谁？为什么只有我们能做成这件事？本部分的典型问题有：团队成员背景单一，团队成员分工不合理等。

团队成员背景单一则缺乏学科跨度、经验跨度、资源跨度等，在组建创业团队时应尽可能选择不同专业、特长、性格、资源的人进行合作。高校学生参加创业计划竞赛时，高科技产品的创业团队最好有研究生参与，如果没有条件，需邀请技术大咖担任技术顾问。成员分工合理，做到人职匹配，提升团队竞争力。

（八）财务/融资

本部分的内容需重点说明过去赚了多少？现在缺口是多少？未来给投资人带来多少？本部分的典型问题也表现为两个极端：盈利估测过于乐观，或者对盈利增长估测过低。

很多创业计划书在盈利能力描述部分给出的预测数据过于乐观，给人以外行的感觉。比如，动辄40%～50%的毛利，1年左右的投资回收期。一般情况下，初创项目先亏1～2年很正常，但是后续的规模（营业收入）呈现快速增长。如需融资的话，需写明过去的收支情况及未来的财务预估，过去的融资情况及未来6个月或1年的融资计划，并提出估值逻辑。

【案例9-4】

企业估值怎么算

可比交易法不对市场价值进行分析，而只是统计同类公司融资并购价格的平均溢价水平，再用这个溢价水平计算出目标公司的价值。

可比公司法：首先要挑选与非上市公司同行业可比或可参照的上市公司，以同类公司的股价与财务数据为依据，计算出主要财务比率；然后用这些比率作为市场价格乘数来推断目标公司的价值，比如P/E法（市盈率，价格/利润）、P/S法（价格/销售额）。

目前在国内的风险投资(VC)市场,P/E法是比较常见的估值方法。通常我们所说的上市公司市盈率有两种:历史市盈率(Trailing P/E),即当前市值/公司上一个财务年度的利润(或前12个月的利润);预测市盈率(Forward P/E),即当前市值/公司当前财务年度的利润(或未来12个月的利润)。

投资人是投资一个公司的未来,是对公司未来的经营能力给出目前的价格,所以他们用P/E法估值就是:公司价值=预测市盈率×公司未来12个月利润。

公司未来12个月的利润可以通过公司的财务预测进行估算,那么估值的最大问题在于如何确定预测市盈率了。一般说来,预测市盈率是历史市盈率的一个折扣,比如说NASDAQ某个行业的平均历史市盈率是40,那预测市盈率大概是30。对于同行业、同等规模的非上市公司,参考的预测市盈率需要再打个折扣,15~20左右,对于同行业且规模较小的初创企业,参考的预测市盈率需要再打个折扣,就成了7~10。这也就是目前国内主流的外资VC投资是对企业估值的大致P/E倍数。

比如,如果某公司预测融资后下一年度的利润是100万美元,公司的估值大致就是700~1 000万美元;如果投资人投资200万美元,公司出让的股份是20%~35%。对于有收入但是没有利润的公司,P/E法就没有意义,比如很多初创公司很多年也不能实现正的预测利润。那么可以用P/S法来进行估值,方法跟P/E法大致一样。

来源:《康波财经》,2018-11-28。https://jin.baidu.com/ask/3474809.html

拓展阅读

企业起名的规则及准则

不同事物都有不同事物的名字,它们代表特定事物,有着共同的特点。在竞争激烈的市场环境下,一个好的公司名字能让消费者精确辨认定位企业的产品与功能,无疑是一种有形的广告。

那么,创业阶段应该怎样给企业起名呢?

一、公司名字

在我国,公司注册阶段的第一件事就是进行公司名称核准。每个企业都有不同的公司名字,受到国家保护。公司名字一般由四部分顺次组成:行政区划+字号+行业+组织形式。

举个例子:

北京(行政区划)+宜招(字号)+信息技术(行业)+有限公司(组织形式)

二、公司起名的准则

(1)名字能够充分反映出公司企业文化档次。

(2)不同的地区,念上一两次就能牢牢记住。

(3)和其他公司名字没有相似的,不会混淆。

(4)名字表达的意境很美,不会让人产生不好的联想。

(5)不但中国人好发音,外国人也简单发音,念起来很顺口,有节奏感。

(6)“好不好”用英文表达,登陆国外,不会有糟糕的异名。

(7)新公司名和旧公司之间有连续性。

(8)名字和个人的职业形象不会让人感觉矛盾。

(9)标准字很容易设计。

(10)一秒钟之内,立刻让人知道商店或公司在经营什么。

三、公司起名的方式

(1)以地名作企业名。

(2)以吉祥或社会喜爱的动物作为企业名。

(3)选用富贵气派类字作为企业名,可分为婉转与直白两类。

(4)古风式的企业名称。

(5)现代化的企业名称。

(6)中文式多种语义的企业名称。

创业者可以从实际生活中发现或者寻找企业名称的创意,创造自己企业独有的名称。但一定要注意企业名称是否契合相关法令要求。当取好企业名称时,记得及时完成企业名称注册,便可开始企业的商务活动。

第四节 创业计划书的展示

创业故事

2013年,我在山东做饿势力网上订餐,那时互联网氛围非常差,餐厅完全不认可网上订餐这种形式。我只能一家一家问饭店需不需要送餐,最多的一家谈了17次。

送餐车是跟同学借的,送餐篮是一家餐厅老板拿铁丝绑在后座上的。下雨天我把唯一一件雨衣盖在后座的餐篮上,而自己淋着雨。所有努力都会有回报,饿势力后来成为山东最大的订餐网站,交易额达到了千万级,后来合并到饿了么。

2015年我从山东来到北京创办“人人地推”,带了十几个小伙伴住在一个70平两居室的房子里,男生一间,女生一间,大家都是睡地板,晚上起来上个卫生间都会不小心踩到谁。

经过一步步的努力,我们“人人地推”在2015年10月拿到第一笔融资。但好事多磨,本来12月要进来的第二笔钱一直拖到2016年4月,七个月的时间让我们团队一直耗到账上只剩100多块钱。我跟家里借钱给大家发工资,一直撑到后续资金到账。

融资过程也有顺利的时候。“觅跑”共享自助运动舱融资的时候,有一家投资机构在我们聊完一个小时内就投了。

我当时跟投资方约在银泰见面,从办公室骑自行车过去大概20分钟,由于时间紧急,我们只聊了半个小时,他们就决定投资。在我骑车还没返回办公室的时候,钱就打进来了。

没想着为了创业而创业，我希望带给人们一种新的生活方式，现在的觅跑也是如此。觅跑运动仓如图 9-2 所示。

来源：《搜狐网》，2017－12－08。本文对原文有删减。https://www.sohu.com/a/209377503_781679

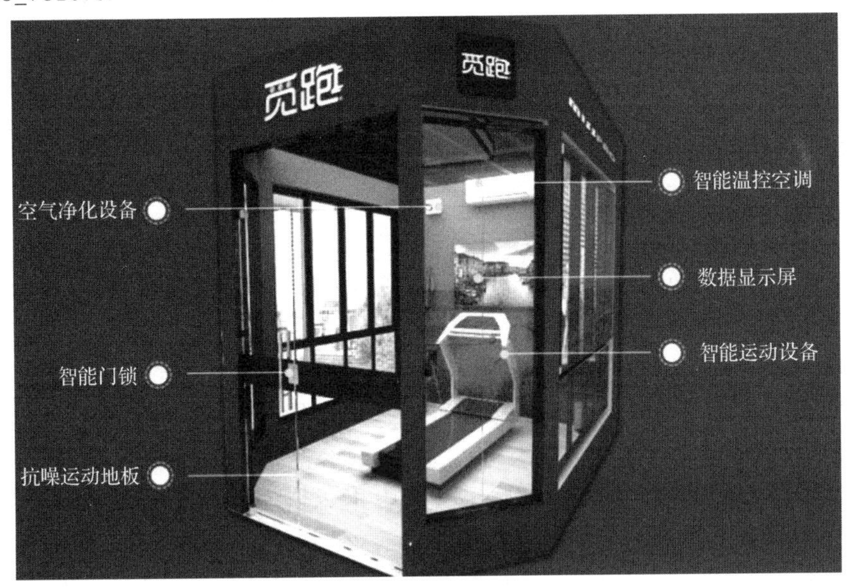

图 9-2　觅跑运动仓

一、创业计划展示注意事项

展示创业计划的注意事项主要有以下几点。

1. 选合适的人来路演

选谁上台路演是个问题。最好选团队的创始人（CEO）上台路演，因为他熟悉项目的整体情况，对于项目的把控力强，在答辩环节更容易游刃有余。大学生在参加创新创业大赛时，往往会选赢得过演讲比赛的同学上台做路演，其现场表现效果反而不尽人意。

2. 保持激情

激情来自于强大的内驱力和执着的信念，只有保持激情，才会有最佳的精神投入到路演。创业者在展示创业计划时通过自己的感染力将发自内心的激情传递给投资人。

3. 展示样品

如果你的产品已经有了，在项目路演时展示出来是最直观的。如果没有产品样机，也可以将产品模型或服务模式用直观的形式表示出来，这样有助于投资人更容易了解你的产品或服务。

4. 严格守时

严格守时是对评委的尊重，也是对项目的负责。很多人路演的时候是时间到了还没讲完，说明准备不够充分。为了避免此类事件应该怎么办呢？只能是不断练习，如果实在太紧张，就把重要的内容放在前面讲，不要太在意次序。比如你认为团队是项目一大亮点，那就把团队介绍往前提一提。因此，把重要的内容往前讲，不重要的往后讲，守时很重要。

5. 简明扼要

在介绍自己的创业计划时需做到语言精练准确，在路演过程中，评委或者投资人问什么答什么就可以了。应尽量避免使用“我估计”“差不多”“可能是”等大概性的陈述语言。同时也不要滔滔不绝回复投资人的问题，使对方抓不住重点，要简明扼要，该说什么说什么。

6. 重视彩排

经过多次彩排后，我们在路演项目时，每一页 PPT 讲多少时间基本很稳定，路演方案需要反复修改打磨，做好充分的准备，而不是寄希望于现场即兴发挥。对于评委的提问也要经过多次彩排，才能积累问题库，才能回答到关键点上。

二、展示 PPT 制作要点

精心准备和经常锻炼是使创业计划书展示变得精彩的基本方法。巧妙构思展示的内容、制作专业的展示 PPT，可以提高展示者的信心，使展示获得满意的效果。

展示的重点一定要放在观众而不是演讲者感兴趣的地方；展示的 PPT 应尽可能简单，做到图文并茂；一般大学生创新创业大赛的路演时间为 5～7 分钟，演讲 PPT 一般在 15 张左右。下面是一个推荐的展示 PPT 模板。

展示的 PPT 往往从封面幻灯片开始。该张 PPT 包括企业的名称/标志，品牌名＋价值主张，创始人姓名和联系方式。建议 1 页 PPT。

第一个要点：概述。一句话描述公司的定位、地位、愿景及业绩。建议 1 页 PPT。

第二个要点：问题或痛点。你解决了哪些用户的痛点，填补了哪个市场空缺。说明亟待解决的问题(问题在哪儿？为什么会出现该问题？如何解决该问题？)；通过调查证实的问题(潜在顾客的需求是什么？专家有哪些建议？)；问题的严重性如何。建议 2 页 PPT。

第三个要点：目标市场。用简单的数据描述市场规模和潜在远景，要清楚定位项目具体的目标市场，对目标市场的广阔前景进行展望；通过图表的方式展示目标市场的规模、预期销售额和预期市场份额等信息，说明拟采取什么方法实现销售计划。建议 2 页 PPT。

第四个要点：技术。准确描述你的产品/服务、客户及竞品优势。介绍技术或者产品或服务的独特之处，尽可能对技术的描述通俗易懂，切忌使用专业术语进行陈述；展示产品的图片、相关描述或者样品，如果产品已经试生产结束，则最好展示样品；说明可能涉及的知识产权问题，以及企业采用的保护措施。建议 2 页 PPT。

第五个要点：商业模式。清晰描述你的商业模式，过去是怎么做的？我们打算怎么做？研发、生产、市场、销售等环节的策略，项目的盈利模式。建议 1～2 页 PPT。

第六个要点：竞争。概括你的竞争优势，详细阐述直接、间接和未来的竞争者，展示创业计划书中的竞品分析，说明和竞争对手相比的竞争优势。建议 1 页 PPT。

第七个要点：管理团队。介绍现有核心团队(团队成员的背景和专长，以及在企业中将要发挥的作用，如何进行团队合作等)，注重团队成员之间的能力互补性，如果有顾问团队最好予以介绍。建议 1～2 页 PPT。

第八个要点：财务规划。描述你充满斗志但接地气的发展路径，介绍未来 3～5 年企业总体的盈利状况、财务状况及现金流状况，只需显示总体数据，同时做好回答相关问题的心理准备。建议 1 页 PPT。

第九个要点：融资需求。如果有融资计划，介绍想要的融资渠道及筹集资金的用途安排，同时介绍资金筹集后可能取得的重大进展。建议 1 页 PPT。

第十个要点：总结。总结企业最大的优势、团队最大的优势，同时介绍企业的未来前景，用简单而具体的数字让投资人看到如何赚钱。建议 1 页 PPT。

结尾，用一句话将项目升华。建议 1 页 PPT。

拓展阅读

教您打造十页完美的创业计划书

第一页，用几句话清楚你发现目前市场中存在一个什么空白点，或者存在一个什么问题，以及这个问题有多严重，几句话就够了。例如，现在网游市场里盗号严重，你有一个产品能解决这个问题，只需要一句话说清楚就可以。

第二页，说明你有什么样的方案或者什么样的产品，能够解决这个问题；你的方案或者产品是什么，提供了怎样的功能。

第三页，说明你的产品将面对的用户群是哪些。一定要有一个用户群的划分。

第四页，说明你的竞争力。为什么这件事情你能做，而别人不能做？是你有更多的免费带宽，还是存储可以不要钱？这只是打个比方。否则如果这件事谁都能干，为什么要投资给你？你有什么特别的核心竞争力？有什么与众不同的地方？所以，关键不在于所做事情的大小，而在于你能比别人做得好，与别人不一样。

第五页，论证一下这个市场有多大，你认为这个市场的未来会是什么样。

第六页，说明你将如何挣钱。如果真的不知道怎么挣钱，你可以不说，而是老老实实地说，我不知道这个怎么挣钱，但在中国有 1 亿的用户，拥有用户就有潜在价值。

第七页，用简单的几句话告诉投资人，这个市场里有没有其他人在做，具体情况是怎样。不要说“我这个想法前无古人后无来者”这样的话。有其他人在做同样的事不可怕，重要的是你能不能对这个产业及行业有一个基本了解和客观认识。要说实话、干实事，可以进行一些简单的优劣分析。

第八页，突出自己的亮点。只要有一点比对方突出就行。刚上市的产品肯定有很多问题，说明你的优点在哪里。

第九页，进行财务分析，可以简单一些。不要预算未来三年挣多少钱，别人很难会相信。说说未来一年或者六个月需要多少钱，用这些钱干什么。

第十页，如果别人还愿意听下去，介绍一下自己的团队、团队成员的优秀之处，以及自己做过什么。

一个包含以上内容的计划书，就是一份非常好的创业计划书。

来源：《创业邦》，2011－11－18。https://www.cyzone.cn/article/75688.html

小　结

本章节内容告诉你一个完整的商业计划书的格式是什么？准备工作需要哪些？你会发

现创业计划书的结构大同小异，但是所包含的商业逻辑是商业计划书的灵魂，你需要掌握商业计划书的提纲，学会向更多人表达及形成计划书的展示 PPT 等内容。这一切准备工作的目的，都在于让你可以随时随地展示自己的想法。

根据自己的项目计划不断完善自己的创业计划展示 PPT，使其内容与形式上逐渐接近完美。

第十章 新企业的创办与管理

创建活动不仅是导致新企业形成的条件,而且是新企业生成过程中的功能性要素。借助创建活动,创业者一方面创造出新企业实体,另一方面也在形成并塑造着新企业的竞争优势。

——斯科特·纽伯特

第一节 新企业的成立

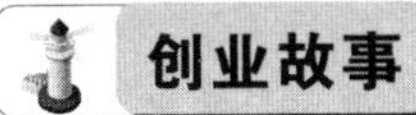

罗永浩:一个理想主义者的创业故事

2014年12月6日,罗永浩举办了个人告别演讲《一个理想主义者的创业故事Ⅳ》。

罗永浩的创业故事,是从一个培训学校开始的。

他曾被认为是游手好闲的待业青年,被当作新东方最牛和最傻的另类教师,还曾被认为创办了一家热衷参与公共事件的政治性网站。逐渐地,他变成理想主义的代名词,许多大学生在他身上寻找精神慰藉和思想启蒙,很多名人都对他不吝褒奖。2008年,36岁"高龄"、没有太多从商经验的罗永浩突然开办了"老罗和他的朋友们教育科技有限公司"。

罗永浩最大的困惑是,他既要摸索着运作好一家企业,同时,又要与过往理想主义的形象相匹配。当有人不断说"你不行"的时候,再强大的心脏也会产生疲劳感。他说,对于"不要流氓能否赚到钱"的问题,自己起初并没有把握,只是单纯地相信可以。"既然我瞧不起的人都能赚到钱,为什么我不能呢?"

罗永浩开始考虑他的下一份工作。他想过写书当作家,有人告诉他,二十多岁干这行还行,都30多的人了,当作家会很艰难。2008年元旦前后,和朋友商量后,他决定开一家英语培训公司,这些朋友当中,有作家兼商人冯唐。

罗永浩说自己不是一个擅长找投资者要钱的人。资金迟迟没有到位,一直拖到5月份,冯唐告诉罗永浩,不能再拖了,再拖半年就会凉下来,他给了罗永浩一笔启动资金,对罗永浩说,你先张罗起来,天天烧钱你就会焦虑,一焦虑做什么事都会顺理成章。

罗永浩拿着冯唐给的启动资金，注册了公司，简称“老罗英语”。他始终没有说服任何人再给“老罗英语”投资。中途，一位在非洲做生意的发小知道他开公司，主动给了他 300 万元。

果然，罗永浩开始焦虑。“老罗英语”主打北美英语考试培训课程，新东方是这项业务铁板不动的老大，一开始“老罗英语”生意惨淡，总投资 600 万元，第一年亏损了三百多万元。“基本上每天一开门就是一万块钱不见了，被打劫也不可能这么吓人，我当时拿朋友的钱做，属于投资不是借款，赔了是不用还的，但怎么好意思呢?”罗永浩想，万一赔了，自己找一个年薪百万的工作，除了生活开支，600 万的债也要花 10 年才还清，还清时已经 50 岁。“一想到这些，我就眼前发黑。”他开始经常在办公室里过夜，琢磨怎么把生意做好。

比如，民营英语培训旺季主要集中在寒暑假，3 月投入宣传成本，6 月才能收回，每个月的资金流很不均匀，为了鼓励学生早缴费，他推出过一项促销方案——越早交钱，收费越低。“从消费心理学角度讲，这个方案的愚蠢之处在于，如果我这个月报名要交 1200 块钱，得知上个月报名的只交了 1100 块钱，就会很窝火，很犹豫，结果这个月没交，下个月得知又要多交 100 块会更窝火，在这种非理性的情绪下可能会选择你的竞争对手。看了些专业书后他才知道，要倒过来做，一开始就定最后一个月的价，如果报得早打折，消费者这个时候会觉得什么时候交都是占便宜，只不过早交多占便宜，晚交少占便宜，这样他就可以接受，其实本质上是一样的。”他研究了很多市场营销专业的书籍，发现自己走了很多弯路，于是开始推出一系列类似的改版营销方案。

第二年，经营情况有所好转，“老罗英语”亏损 100 万元。2010 年底，罗永浩在北京海淀剧院举行了一场演讲，题目是《一个理想主义者的创业故事》。演讲进行到最后，罗永浩说：“希望明年公司能够赚到钱，换到更大一点的地方继续演讲。”

2011 年 10 月 25 日，罗永浩在北京保利剧院完成了岁末演讲，题目是《一个理想主义者的创业故事 II》。他宣布了两条消息：一条是 2010 年北京海淀剧院演讲网络点击率超过 1 000万；另一条是“老罗英语”创办到第三年，终于开始盈利了。100 万元的数额并不大，但兴奋和得意，他毫不掩饰，台下掌声一片。

2012 年 5 月，罗永浩创办锤子科技(北京)有限公司(“锤子科技”)。

锤子科技是一家制造移动互联网终端设备的公司，公司的使命是用完美主义的工匠精神，打造用户体验一流的数码消费类产品(智能手机为主)，改善人们的生活质量。

公司的英文名“Smartisan”，是由“smart”和“artisan”组合成的词，意思是“智能手机时代的工匠”。

2012 年 6 月 18 日，罗永浩在北京北展剧场举办了个人演讲《一个理想主义者的创业故事Ⅲ》。

2013 年 3 月 27 日，罗永浩 Smartisan OS 发布会正式举行。

2013 年 5 月，锤子科技以 4 亿元的投前估值获得紫辉基金领投的 7 000 万元风险投资。2014 年 3 月，锤子科技以 8.5 亿元的投前估值获得 2.05 亿元风险投资。

2014 年 5 月 20 日，第一代手机产品 Smartisan Tl 正式发布。

2014 年 12 月 6 日，罗永浩举办了个人告别演讲《一个理想主义者的创业故事Ⅳ》

2014 年 12 月 6 日，白色 Smartisan Tl 开始接受预订。

2015 年 1 月 18 日，Smartisan OS 获得极客公园"2014 中国互联网年度创新产品"大奖和"最佳用户体验"奖。

2015 年 2 月 28 日，汉诺威工业设计论坛(iFIndustrie Forum Design)在德国慕尼黑公布了 2015 年第 62 届 iF 国际设计奖的获奖名单，锤子科技出品的 Smartisan Tl 智能手机获得 iF 国际设计奖金奖——iF 国际设计奖的最高级别奖项。这是自 iF 设计奖成立以来，中国大陆的智能手机产品首次获得 iF 国际设计奖金奖。此外，Smartisan Tl 手机的包装也获得了本届 iF 设计奖。

2015iF 设计之夜——第 62 届 iF 设计奖金奖颁奖典礼于 2 月 27 日晚在德国慕尼黑 BMW Weld 举行，iF 首席执行官 Ralph Wiegmann 向受邀的 iF 设计奖金奖获得者颁发了奖杯和证书，有来自设计、商业、文化、政治和媒体领域的约 2 000 名参会者一同庆祝见证了这个夜晚。作为金奖获得者之一，锤子科技的工业设计副总裁李剑叶和 CEO 罗永浩也受邀出席了颁奖仪式。

一、企业的组织形式

在新企业创立之前，创业者应该首先确定拟创办企业的法律组织形式。新创企业可采用不同的组织形式，例如创业者个人独立创办的个人独资企业，或者由创业者团队创办的合伙制企业，或者成立以法人为主体的有限责任公司和股份有限公司。对创业者而言，各种企业组织形式没有绝对好坏之分，各有利弊。但无论选择怎样的形式，都必须根据国家的法律法规要求和新创企业的实际情况，科学衡量各种组织形式的利弊，决定合适的组织形式。

公司、个人独资企业、合伙企业，以及个体工商户都是常见的组织形式，就相对比例而言，公司制的组织形式占据了绝大多数。为什么绝大多数组织都采取公司的形式？为什么说公司是最具活力的组织形式？什么是有限责任？不少创业者在浑浑噩噩地注册完公司以后，才发觉对上述问题一无所知，就连法律行业的从业人员有时也难以说清上述组织形式之间的区别。创业者在实际的经营管理中势必会经常与各种类型的组织形式打交道，了解它们的性质和特点，对于选择理想的组织形式有着至关重要的意义。

这里采用比较通俗易懂的区分方法，以便同学们从宏观上做一个了解、为决策做准备。在实际创业的过程中，需要根据国家、地区、行业、项目的实际情况，来做出判断和决定。

我们先简单地把我国的企业组织形式分为公司制组织与非公司制组织。其中，公司包括有限责任公司和股份有限公司两种。其余的则都属于非公司制组织，主要包括个人独资企业、合伙企业及个体工商户。

创业者该纳哪些税

在 2016 年 5 月的全面"营改增"后，中国的税共有 17 种，费则可能达到上百种之多，如房地产企业就至少涉及 11 种税和 56 种费。以下是目前中国开征的税种，共 5 类 17 种。

(1)商品和劳务税类：增值税、消费税、关税。

(2)所得税类：企业所得税、个人所得税。

(3)财产、行为税类:房产税、车船税、印花税、契税。

(4)青源税类:资源税、土地增值税、坡镇土地使用税。

(5)特定目的税类:城市维护建设税、车辆购置税、烟叶税、船舶吃税、耕地占用税。

然而,创业者也不必惊慌,对于一般的创业公司而言,缴纳的税费只有6～10种,除去不经常发生且税率较低的小税种,普通创业者需要重点关注的只有3种,分别是:增值税、企业所得税及个人所得税。

增值税属于商品和劳务税类,顾名思义是因销售商品或提供劳务而征收的税种,随着"营改增"的全面实施,所有公司都属于缴纳增值税的纳税人。

企业所得税是对企业所得征税。只要是公司制的企业,无论什么行业,都应按规定申报并缴纳企业所得税。

个人所得税征税范围较为广泛且税率普遍偏高,当你不创业、不经营公司、不出售房产的时候,可能只有"工资、薪金所得"与你有关。而一旦成为创业者,整天与公司业务打交道的时候,我们就不能再无视个人所得税中其他的征税项目了。

以上3种税是绝大多数公司都能遇见的税种,无论对企业还是国家财政收入来说,这些税种都是名副其实的"大税"。除此以外,城市维护建设税、教育费附加、地方教育费附加、印花税等"小税种"也较为常见,但它们税负水平较低、计算简单、税收筹划空间小,创业者也大可不必为之操心。

(一)公司制组织

了解公司及成立公司的要求,应该关注最新的《公司法》。《公司法》中明确指出:公司是企业法人,有独立的法人财产,享有法人财产权。公司以其全部财产对公司的债务承担责任。有限责任公司的股东以其认缴的出资额为限对公司承担责任;股份有限公司的股东以其认购的股份为限对公司承担责任。其中,一人有限责任公司是指只有一个自然人股东或者一个法人股东的有限责任公司。

我们常常把"法人"理解成公司的负责人(如董事长、总经理),而规范的说法应该是"法定代表人"。正确理解了"法人"及"法定代表人"的相关概念和背后的法律知识,就能更加深入地理解公司制组织与非公司制组织的实质差异。

公司制企业被称为法人,顾名思义,法人和自然人不同,并不是实际存在的人格,而是由法律赋予的人格。在法律意义上,公司制企业和自然人一样,可以独立承担责任、履行义务。而公司本身并无意识,不可能独自执行经营活动,这就需要代理人代替公司执行经营事务和做出决定,这个代理人就是公司的法定代表人。简单来说,在法律上,公司可以被看成一个独立的个人,公司的法律责任都由公司独立承担,而与公司的股东无关。理解了这个问题,有限责任就很容易理解了。

(二)非公司制组织

非公司制组织(民间非营利组织、行政事业单位等除外)不具有法人资格,也就是说它们不能独立承担责任,它们的责任是与创业者绑定在一起的。当非公司制组织资不抵债时,创业者(有限合伙人除外)仍需承担无限连带责任,从这个意义上来说,创业者设立非公司制组织面临的风险更大。但是非公司制组织也有其独特的优势。

(1)降低税负。如前文所述,公司制企业存在双重征税的问题;而非公司制组织盈利后,创业者只需要缴纳一次个人所得税即可,税负较低。

(2)组织架构简单,降低管理成本。一般来说,非公司制组织内部架构比公司制组织简单,无须设立股东大会、董事会、监事会等,决策效率更高。除此之外,非公司制组织的成立、注销程序也相对简单。业务模式单一、经营风险较低且未来无扩张计划的组织采用非公司制的形式可能更为适合。例如,我们常见的商铺,绝大多数采取个体工商户的形式,就是因为其成立、经营管理、注销程序等都相对简单,管理成本较低。

(3)经营管理需要。私募股权投资等创投企业一般采取有限合伙制,除了降低税负之外,有限合伙制为普通合伙人提供较好的激励机制也是一个非常重要的原因。这样的制度让有能力的普通合伙人投入少量金钱、承担无限责任,更好地确定自身目标和企业发展目标;有限合伙人投入大量金钱、承担有限责任,在不干涉普通合伙人经营管理的同时,更放心地向合伙企业投入大量资本。

(4)法律、法规的强制规定。涉及公众利益的组织,如会计师事务所等,必须采用合伙企业的形式。由于将承担无限责任,合伙人将面临更大的风险,这样的做法更有利于保护公众利益。

个人独资企业,一般也称为独资企业,即个人出资经营、归个人所有和控制、由个人承担经营风险和享有全部经营收益的企业。

合伙企业是指由各合伙人订立合伙协议,共同出资,共同经营,共享收益,共担风险,并对企业债务承担无限连带责任的营利性组织。国有独资公司、国有企业、上市公司,以及公益性事业单位、社会团体不得成为普通合伙人。合伙企业可以由部分合伙人经营,其他合伙人仅出资并共负盈亏,也可以由所有合伙人共同经营。

个独资企业与合伙企业的区别主要体现在人数上,个人独资企业只是一人成立的企业,而合伙企业应至少由两人成立。就是因为合伙企业人数较多,为保障每个合伙人的权益,所以相关规定更为复杂,对于合伙人的入伙、退伙、经营权、分红等方面都有着细致的规定,可以通过《中华人民共和国合伙企业法》进行了解。

另外,合伙企业可分为普通合伙企业、特殊普通合伙企业和有限合伙企业,普通合伙企业较为常见,多数合伙企业都是普通合伙企业;特殊普通合伙主要用于专业机构,如会计师事务所等;常见的有限合伙企业如私募股权投资。而个人独资企业因为涉及多人利益,因此规定较为简单,也不存在多种类型,适用于业务模式简单、投入较低的项目。

个体工商户,是指有经营能力并依照《个体工商户条例》的规定经工商行政管理部门登记,从事工商业经营的公民。个体工商户是从事工商业经营的自然人或家庭。自然人或以个人为单位,或以家庭为单位从事工商业经营,均为个体工商户。根据法律有关政策,可以申请个体工商户经营的主要是城镇待业青年、社会闲散人员和农村村民。此外,国家机关干部、企事业单位职工,不能申请从事个体工商业经营。个体工商户只能经营法律、政策允许个体经营的行业。

如果创业者想进一步了解各种组织形式的详细规定,可以查阅相关的法律、法规。如《中华人民共和国公司法》《中华人民共和国个人独资企业法》《中华人民共和国合伙企业法》《个体工商户条例》等。

【案例 10-2】

一人有限公司、个人独资企业、个体工商户的区别

以上三类组织形式看似相近，却截然不同，它们的主要区别在以下 5 个方面。

1. 适用法律基础不同

一人有限公司适用《公司法》，个人独资企业适用《个人独资企业法》，个体工商户适用《个体工商户条例》。从法律基础上就能看出，上述三者在法律上是完全不同的概念，切不可混为一谈。

2. 承担的责任不同

顾名思义，一人有限公司的组织形式为公司，具有法人资格，可以独立承担民事责任，个人独资企业不具有法人资格，不能承担民事责任，但可以以个人独资企业的名义从事商业活动。而个体工商户，也不具有法人资格，严格来说，它不算企业，只能以投资者个人的名义从事商业活动。

3. 设立条件的要求不同

一人有限公司成立条件受《公司法》的限制，需要公司名称、注册资本、注册地址等必要信息，应按照规定建立治理结构（如董事会、监事会等）、健全财务制度，还需设置会计账簿、进行会计核算、分清公司财产和股东财产的权属；个人独资企业相比而言要求较少，需要字号、申报出资、生产经营场所地址等信息，无须建立治理结构，但需要设置会计账簿、进行会计核算；个体工商户要求最为简单，没有最低出资额、治理结构等要求，在法律上也没有对会计核算做出强制规定，原则上，只要税务机关同意，个体工商户无须设置账套。

4. 对创立者的要求不同

一人有限公司是指只有一个自然人股东或者一个法人股东的有限责任公司，个人独资企业的负责人只能为一个自然人，个体工商户可以个人经营，也可以家庭经营。

5. 设立分支机构的限制不同

一人有限公司和个人独资企业可以设立分支机构，分支机构产生的民事责任由总机构承担，而个体工商户不能设置分支机构。

二、公司的注册流程

根据《公司法》第六条规定：设立公司，应当依法向公司登记机关申请设立登记。

根据《公司登记管理条例》第四条规定：工商行政管理机关是公司登记机关。

显然，当我们需要“开公司”，或选择其他组织形式创业时，无须多虑，只要查找相关的法律法规，到相关的部门去咨询，按规办事就可以了。一般来说，各个地区的公司登记手续都相差无几，我们可以登录本地的工商行政管理部门的网站，或打电话，或直接去办公地点，按对方要求填表、准备资料，即可进入申请流程。

2015 年 7 月 1 日，浙江省率先实行营业执照、组织机构代码证、税务登记证、社会保险登记证和统计登记证“五证合一”登记制度。2016 年 10 月 1 日起，按照《关于加快推进“五证合一、一照一码”登记制度改革的通知》（国办发[2016]53 号），“五证合一”登记制度在全国范

围内全面实施，该办证模式更进一步简化了审批手续，大大降低了大众创业的门槛，大大减轻了创业者“跑手续”的负担。

现以浙江省为例，介绍浙江省申请有限责任公司和股份有限公司设立登记需提交的材料，具体应以各省工商行政管理部门的最新规定为准。

1. 有限责任公司设立登记需提交的材料

(1)《公司登记(备案)申请书》。

(2)《指定代表或者共同委托代理人授权委托书》及指定代表成委托代理人的身份证件复印件。

(3)全体股东签署的公司章程。

(4)股东的主体资格证明或者自然人身份证件复印件。

●股东为企业的，提交营业执照复印件。

●股东为事业法人的，提交事业法人登记证书复印件。

●股东为社团法人的，提交社团法人登记证复印件。

●股东为民办非企业单位的，提交民办非企业单位证书复印件。

●股东为自然人的，提交身份证复印件。

●其他股东提交有关法律法规规定的资格证明。

(5)董事、监事和经理的任职文件(股东会决议由股东签署，董事会决议由公司董事签字)及身份证件复印件。

(6)法定代表人任职文件(股东会决议由股东签署，董事会决议由公司董事签字)及身份证件复印件。

(7)住所使用证明。

(8)《企业名称预先核准通知书》。

(9)法律、行政法规和国务院文件规定设立有限责任公司必须报经批准的，提交有关的批准文件或者许可证件复印件。

(10)公司申请登记的经营范围中有法律、行政法规和国务院文件规定必须在登记前报经批准的项目，提交有关批准文件或者许可证件的复印件。

2. 股份有限公司设立登记需提交的材料

(1)《公司登记(备案)申请书》。

(2)《指定代表或者共同委托代理人授权委托书》及指定代表或委托代理人的身份证复印件。

(3)由会议主持人和出席会议的董事签署的股东大会会议记录(募集设立的，提交创立大会的会议记录)。

(4)全体发起人签署或者出席股东大会或创立大会的董事签字的公司章程。

(5)发起人的主体资格证明或者自然人身份证件复印件。

●发起人为企业的，提交营业执照复印件。

●发起人为事业法人的，提交事业法人登记证书复印件。

●发起人股东为社团法人的，提交社团法人登记证复印件。

●发起人为民办非企业单位的，提交民办非企业单位证书复印件。

●发起人为自然人的，提交身份证件复印件。

●其他发起人提交有关法律法规定的资格证明。

(6)募集设立的股份有限公司提交依法设立的验资机构出具的验资证明。涉及发起人首次出资是非货币财产的，提交已办理财产权转移手续的证明文件。

(7)董事、监事和经理的任职文件及身份证件复印件。

依据《公司法》和公司章程的规定，提交由会议主持人和出席会议的董事签署的股东大会会议记录(募集设立的，提交创立大会的会议记录)、董事会决议或其他相关材料。其中，股东大会会议记录(创立大会会议记录)可以与第 3 项合并提交；董事会决议由公司董事签字。

(8)法定代表人任职文件(公司董事签字的董事会决议)及身份证件复印件。

(9)住所使用证明。

(10)《企业名称预先核准通知书》。

(11)募集设立的股份有限公司公开发行股票的应提交国务院证券监督管理机构的核准文件。

(12)法律、行政法规和国务院文件规定设立股份有限公司必须报经批准的，提交有关的批准文件或者许可证件复印件。

(13)公司申请登记的经营范围中有法律、行政法规和国务院文件规定必须在登记前报经批准的项目，提交有关批准文件或者许可证件的复印件。

【案例 10-3】

不同企业设立的条件与特点比较

比较因素	个人独资企业	合伙企业	有限责任公司		股份有限公司
			一人独资有限责任公司	一般有限责任公司	
创建者人数	1 个自然人	2 个以上合伙人	1 个自然人或法人	2～50 个自然人或法人	2～200 个发起人
最低注册资本	由投资人申报出资	由各合伙人实际缴付的出资	10 万元	3 万元	500 万元
筹资方式	个人自行筹集	合伙人自行筹集	个人自行筹集实缴	发起人自行筹集，可分期缴齐	发起人可只筹集 30%以上，其余公开募集
出资方式	不限	合伙人一致认可的出资方式，可以劳务方式出资	货币、实物、产权等	货币、实物、产权等	货币、实物、产权等
验资要求	投资者决定	可协商确定或评估	委托评估、机构验资	委托评估、机构验资	委托评估、机构验资
企业财产性质	个人所有	合伙人共有	法人独立的财产	法人独立的财产	法人独立的财产

（续表）

企业责任	无限责任	无限连带责任	以全部资产为限的有限责任	以全部资产为限的有限责任	以全部资产为限的有限责任
创办者责任	无限责任	无限连带责任或有限责任	以出资额为限的有限责任	以出资额为限的有限责任	以股份为限的有限责任
盈亏分担	投资者个人	按约定，未约定则均分	投资者个人	按出资额比例	按股份
权力机构	投资者个人	全体合伙人共同表决一致或遵从约定	投资者个人	股东会	股东大会
执行机构	投资者或委托人	合伙人权利同等，可约定分工或委托第三人	执行董事	董事会或执行董事	董事会
所得税	个人所得税	个人所得税	企业所得税	企业所得税	企业所得税
企业信用	视个人资信	看任何一名合伙人资信	看注册资本数额	看注册资本数额	看注册资本数额
永续性	受投资者影响	受合伙人死亡、退伙等影响	永续经营	永续经营	永续经营
注销后的责任	创办者 5 年内有责任	创办者 5 年内有责任	无	无	无

三、企业相关的法律问题

一个社会的法律法规为其公民能做什么或不能做什么建立了一个框架。这个法律框架同样在一定程度上允许或禁止创业者所做的某些决策和采取的部分行动。显然，创建新企业会受当地法律的影响，创业者必须了解并处理好一些重要的法律和伦理问题。创业涉及的法律和伦理问题相当复杂。创业者需要认识到这些问题，以免由于早期的法律和伦理失误而使新企业付出沉重代价。创业者一般不会有意触犯法律，但往往高估他们所掌握的与创建和经营新企业相关的法律知识，或者缺乏伦理意识。

在企业的创建阶段，创业者面临的法律问题包括：

(1)确定企业的形式。

(2)设立适当的税收记录。

(3)协调租赁和融资问题。

(4)起草合同。

(5)申请专利、商标或版权的保护。

在每一个创建活动中，都有特定的法律法规决定创业者能做什么和不能做什么。一名创业者必须熟悉相关法律法规。但是法律环境对创业的影响并没有到此为止。当新企业创建起来并开始运营后，仍然有与经营相关的法律问题。例如，人力资源或劳动法规可能会影响对员工的雇用、报酬及工作评定的确定；安全法规可能会影响产品的设计和包装、工作场所和机器设备的设计和使用，环境污染的控制，以及物种的保护。尽管许多法规可能在某一企业达到一定规模时才适用，但事实是新企业都追求发展，这意味着创业者很快就会面临这些法律问题。表 10-1 指出了影响创业企业的一些基本法律问题。

表 10-1　创业企业不同阶段面临的法律问题

创建阶段的法律问题	经营现行业务中的法律问题
· 确定企业的法律形式	· 人力资源管理(劳动)法规
· 设立税收记录	· 安全法规
· 进行租赁和融资谈判	· 质量法规
· 起草合同	· 财务和会计法规
· 申请专利、商标和版权保护	· 市场竞争法规

知识产权是人们对自己通过智力活动创造的成果所依法享有的权利。知识产权包括专利、商标、版权等，是企业的重要资产。知识产权可通过许可证经营或出售，带来许可经营收入。实际上，几乎所有的企业(包括新企业)都拥有一些对其成功起关键作用的知识、信息和创意(见表 10-2)。传统观念将物质资产如土地、房屋和设备等看作企业最重要的资产，而现在知识资产已逐渐成为企业中最具价值的资产。对于创业者来说，为了有效保护自己的知识产权，也为了避免无意中违法侵犯他人的知识产权，了解相关法律非常重要。

表 10-2　企业各部门中典型的知识产权

部门	典型的知识产权形式	常用保护方法
营销部门	名称、标语、标识、广告语、广告、手册、非正式出版物、未完成的广告副本、顾客名单、潜在顾客名单及类似信息	商标、版权和商业秘密
管理部门	招聘手册、员工手册、招聘人员在选择和聘用候选人时使用的表格和清单、书面的培训材料和企业的时事通讯	版权和商业秘密
财务部门	各类描述企业财务绩效的合同、幻灯片，解释企业如何管理财务的书面材料，员工薪酬记录	版权和商业秘密
管理信息系统部门	网站设计、互联网域名、公司特有的计算机设备和软件的培训手册、计算机源代码、电子邮件名单	版权、商业秘密和注册互联网域名
研究开发部门	新的和有用的发明和商业流程、现有发明和流程的改进、记录发明日期和不同项目进展计划的实验室备忘录	专利和商业秘密

1. 专利与专利法

专利是指某个政府机构根据申请颁发的文件。它被用来记述一项发明，并且创造一种法律状况，在这种情况下，专利发明通常只有经过专利权所有人的许可才可以被利用。专利制度主要是为了解决发明创造的权利归属与发明创造的利用问题。专利法可以有效地保护专利拥有者的合法权益。创业者对其个人或企业的发明创造应及时申请专利，以寻求法律保护，使自己的利益不受侵犯，或者在受到侵犯时，有法律依据提出诉讼，要求侵害方予以赔偿。

我国于 1984 年 3 月 12 日颁布了《中华人民共和国专利法》，并于 1992 年 9 月 4 日进行了修订。2001 年 6 月 15 日国务院颁布《中华人民共和国专利法实施细则》，自 2001 年 7 月

1日起施行。

2. 商标与商标法

商标是指在商品或者服务项目上所使用的，由文字、图形、字母、数字、三维标志和颜色组合，以及上述要素的组合构成的显著标志。它用以识别不同经营者所生产、制造、加工、拣选、经销的商品或者提供的服务。商标是企业的一种无形资产，具有很高的价值。这种价值体现在独特性和所产生的经济利益上。保护和提高商标的价值，可以为企业带来巨大的收益。商标包括注册商标和未注册商标，目前我国只对人用药品和烟草制品实行强制注册，通常所讲商标均指注册商标。注册商标包括商品商标、服务商标、集体商标、证明商标。注册商标的有效期为十年，可以申请续展，每次续展注册的有效期也为十年。商标注册申请人必须是依法成立的企业、事业单位、社会团体、个体工商户、个人合伙以及符合《中华人民共和国商标法》第九条规定的外国人或者外国企业。

我国于1982年8月23日颁布了《中华人民共和国商标法》，并于1993年2月22日进行了一次修正，2001年10月27日进行了第二次修正。

3. 著作权与著作权法

著作权也称版权，是指作者对其创作的文学艺术和科学作品依法享有的权利。著作权包括发表权、署名权、修改权、保护作品完整权、复制权、发行权、出租权、展览权、表演权、放映权、广播权、信息网络传播权、摄制权、改编权、翻译权、汇编权以及应当由著作权人享有的其他权利等17项权利。对著作权的保护是对作者原始工作的保护。著作权的保护期限为作者有生之年加上去世后50年。我国实行作品自动保护原则和自愿登记原则，即作品一旦产生，作者便享有版权，登记与否都受法律保护；自愿登记后可以起证据作用。国家版权局认定中国版权保护中心为软件登记机构，其他作品的登记机构为所在省级版权局。

我国于1990年9月7日颁布了《中华人民共和国著作权法》(以下简称《著作权法》)，2001年10月27日进行了修正。计算机软件属于版权保护的作品范畴。我国根据《著作权法》，制定了《计算机软件保护条例》，并于1991年6月4日发布。在该条例中计算机软件是指计算机程序及其有关文档。

4. 反不正当竞争法

反不正当竞争法的概念有广义和狭义两种理解。广义的反不正当竞争法，是指调整发生在市场竞争中的不正当竞争行为的法律规范的总称。狭义的反不正当竞争法，专指《中华人民共和国反不正当竞争法》，1993年9月2日由第八届全国人民代表大会常务委员会第三次会议通过，自1993年12月1日起施行。

我国《反不正当竞争法》的调整范围在借鉴各国立法经验的同时，主要从我国市场经济发展的现有水平和实际需要出发，对现实生活中表现比较典型或随着经济发展会日益突出的那些破坏竞争秩序的不正当竞争行为以及部分限制竞争行为进行规范。其调整范围如下。

(1)狭义上的不正当竞争行为。

由于我国处于从计划经济向市场经济过渡时期，市场经济尚未完全发育，典型的经济垄断和限制竞争行为在经济生活中并不突出；而以欺诈利诱为特征的各种不正当竞争行为开始大量出现，尤其是制售假冒伪劣商品、制作发布虚假广告、抽奖式有奖销售、商业贿

赂行为等最为突出。这些行为涉及面广，发案数量多，持续时间长，已在相当程度上破坏了正常的商品交易秩序，妨碍了市场经济的健康发展，对其进行规制和予以制裁实属当务之急。

根据我国《反不正当竞争法》，这类不正当竞争行为主要有：采用假冒或混淆手段从事市场交易的行为；侵犯他人商业秘密的行为；利用贿赂性销售进行竞争的行为；损害竞争对手的商业信誉、商品声誉的行为；进行虚假的广告宣传，损害经营者或消费者的利益，破坏市场秩序的行为；违反本法规定的有奖销售行为。

(2)行政性垄断及限制竞争行为。

针对我国目前存在的部门垄断和地区封锁以及其他限制竞争行为，我国《反不正当竞争法》亦做了相应的禁止和制裁的规定。行政性垄断及限制竞争行为包括政府利用行政权力限制商品流通、限制正当竞争的行为；公用企业或其他具有独占地位的经营者限定他人购买指定商品，排挤其他竞争对手的行为；以排挤竞争对手为目的，以低于成本的价格销售商品的行为；搭售商品或附加其他不合理条件的行为；串通投标的行为等。

我国《反不正当竞争法》最显著的特征是调整对象的特殊性，即调整发生在市场竞争中的不正当竞争行为。法律明确规定经营者的哪些行为是不正当竞争行为、应予以制止。对行为主体而言，法律不是直接规定其享有哪些权利，而是规定其负有哪些不作为的义务。反不正当竞争法是从制止不正当竞争行为、制裁违法行为方面来保护自由、公平、合理竞争，保护其他经营者的合法权益，维护社会经济秩序。

5. 合同法

《合同法》是调整平等主体之间的交易关系的法律，它主要规范合同的订立，合同的效力，合同的履行、变更、转让、终止，违反合同的责任及各类有名合同等问题。在我国，合同法并不是一个独立的法律，而是我国民法的重要组成部分。

《合同法》在为经济交易关系提供准则、保护合同当事人的合法权益、维护正常的交易秩序方面具有重大意义，一部好的合同法能够促进一国经济的发展。

《合同法》的特征如下：

(1)合同是双方的法律行为，即需要两个或以上的当事人互为意思表示(意思表示就是将能够发生民事法律效果的意思表现于外部的行为)。

(2)双方当事人意思表示须达成协议，即意思表示要一致。

(3)合同系以发生、变更、终止民事法律关系为目的。

(4)合同是当事人在符合法律规范要求条件下而达成的协议，故应为合法行为。合同一经成立即具有法律效力，在双方当事人之间就发生了权利、义务关系，或者使原有的民事法律关系发生变更或消灭。当事人一方或双方未按合同履行义务，就要依照合同或法律承担违约责任。

6. 产品质量法

《产品质量法》是关于产品质量管理的一部重要的法律。其中所包含的法律规范十分丰富，从大的方面说，这个法律文件中既有行政法规范，也有民事法律规范，还有刑事法律规范的内容。

这种将行政法与其他法律规范融为一体的立法方式并不罕见。如果将产品质量管理与产品责任分开规定，可能会导致法律适用的不便。然而，从完善民法的角度来考察，将产品侵权责任规定在《产品质量法》中可能会对民事立法特别是侵权行为立法系统化工作构成妨碍。强调《产品质量法》的性质，旨在纠正这样一个错误，那就是“打而不罚，罚而不打”。根据《产品质量法》，产品质量的监督管理机关可以对生产者、销售者进行处罚；与此同时，民事主体还可以向产品质量侵权人提出民事诉讼，要求其承担民事赔偿责任。

产品质量涉及千家万户，广大人民群众对商品质量问题极为关注。因产品质量，消费者切身利益受到损害以后，理应投诉有门，得到合理赔偿。国家通过立法，保护了消费者合法权益。《产品质量法》的颁布实施，标志着国家产品质量工作走上了法制管理的道路，这对于产品质量公平竞争机制，促进社会主义市场经济的发展，具有十分重要的意义，为制裁产品质量的违法行为，提供了强大的法律武器。

产品质量法是调整产品质量监督管理，以及生产经营者对其生产经管的缺陷产品所致他人人身伤害或财产损失应承担的赔偿责任所产生的社会关系的法律规范的总称。对缺陷产品造成的损害，各国多以产品责任法予以规范和调整，即只规定生产经营者必须保证产品质量，对产品的质量负责。

(1)产品质量必须符合所采用标准的要求，不得存在危及人身、财产安全的不合理的危险，应具备应有的使用性能。

(2)产品的标识必须符合要求。产品必须有合格证、产品名称、厂名、厂址等；限期使用的产品必须有生产日期、安全使用期或者失效日期；涉及使用安全的产品必须有警示说明、警示标志。

(3)企业的禁止性行为。企业不得伪造产地，不得伪造或冒用他人的厂名、厂址，不得生产销售国家明令淘汰或者禁止生产的产品，不得伪造或者冒用质量标志，不得在产品中掺杂、掺假，不得以次充好、以假充真，不得以不合格品冒充合格品，不得销售失效、变质的产品等。

7. 劳动法

劳动法是国家为了保护劳动者的合法权益、调整劳动关系、建立和维护适应社会主义市场经济的劳动制度、促进经济发展和社会进步，根据宪法而制定颁布的法律。从狭义上讲，我国的劳动法是指1994年7月5日第八届全国人大常委会通过、1995年1月1日起施行的《中华人民共和国劳动法》；从广义上讲，劳动法是调整劳动关系和与劳动关系密切相关的其他社会关系的法律规范的总称。

劳动法作为维护人权、体现人文关怀的一项基本法律，在西方甚至被称为“第二宪法”。其内容主要包括：劳动者的主要权利和义务，劳动就业方针政策及录用职工的规定，劳动合同的订立、变更与解除程序的规定，集体合同的签订与执行办法，工作时间与休息时间制度，劳动报酬制度，劳动卫生和安全技术规程等。劳动法在有些国家是以各种单行法规的形式出现的，在有些国家是以劳动法典的形式颁布的。劳动法是整个法律体系中一项重要的、独立的法律。劳动法中规定，企业享有如下七种权利：

(1)依法建立和完善规章制度的权利。依法建立和完善规章制度的权利源于用人单位享有的生产指挥权，既然用人单位享有生产指挥权，那么所有用人单位就有权根据本单位的实际情况，在符合国家法律、法规的前提下制定各项规章制度，要求劳动者遵守。

(2)根据实际情况制定合理劳动定额的权利。用人单位与劳动者签订劳动合同后，就获得了一定范围劳动者的劳动使用权，并有权根据实际情况给劳动者制定合理的劳动定额。对于用人单位规定的合理的劳动定额，在没有出现特殊情况时，劳动者应当予以完成。

(3)对劳动者进行职业技能考核的权利。用人单位有权对劳动者进行职业技能考核，并根据劳动者劳动技能的考核结果安排其适合的工作岗位和奖金薪酬。

(4)制定劳动安全操作规程的权利。用人单位有权利根据劳动法上的劳动安全卫生标准，制定本单位的劳动保护制度，要求劳动者在劳动过程中必须严格遵守操作规程。

(5)制定合法作息时间的权利。用人单位享有根据本单位具体情况和对员工工作时间的要求，合法安排劳动者作息时间的权利。

(6)制定劳动纪律和职业道德标准的权利。为了保证劳动得以正常有序进行，用人单位有权制定劳动纪律和职业道德标准。劳动纪律是用人单位制定的劳动者在劳动过程中必须遵守的规章制度。这是组织社会劳动的基础和必要条件。职业道德是劳动者在劳动实践中形成的共同的行为准则，也是对劳动者的职业要求。当然，制定劳动纪律和职业道德标准必须符合法律规范。

(7)其他权利。这包括提请劳动争议处理的权利、平等签订劳动合同的权利等。

四、创办企业应注意的伦理问题

创业伦理是创业者在开拓市场、资本积累、互惠互利、协同合作、个人品德、后天修养等方面的一些行为准则。创业者组建一个新企业后，势必要进入市场竞争的圈子，相应地，也要遵守这一圈子所共同维护的行为规范。当一个创业者成长为一个企业家时，他会越来越重视自己在社会中的形象，并开始重视自身的伦理和自己企业的伦理建设。毕竟，没有哪个企业愿意和一个臭名在外、不讲诚信的公司进行合作。

1. 创业者与原雇主之间的伦理问题

不少新企业是人们辞职创建的。在辞职进行创业后，一些创业者出乎意料地发现，自己已置身于受前雇主公司敌对的境地。以下是辞职时必须遵循的两个重要原则。

(1)职业化行事。

雇员恰当地表露离职意图十分重要，同时，在离职当天，雇员应处理完先前分配的所有工作。急不可耐的离职会让雇主十分恼火，而且雇员不应该在最后几天的工作中忙于安排创办企业事宜，这些并非职业化的行事风格，也是对当前雇主的时间与资源的不恰当使用。如果雇员打算离职后在同一产业内创业，至关重要的是，他不能带走属于当前雇主的资料信息。雇主有权利防止商业机密失窃（如客户清单、营销计划、产品原型和并购战略等），或阻止商业机密从办公室向雇员家里的非正当转移。根据所谓公司机会原则，关键雇员（如高级职员、董事和经理）和技术型雇员（如软件工程师、会计和营销专家）负有对雇主忠诚的特殊责任。当雇员把属于雇主的机会转为已有时，公司机会原则经常会直接出面干预。在职期间，雇员可以利用下班时间策划如何与雇主竞争，但绝不允许窃取雇主机会；只有当雇佣关系终止后，雇员才能说服其他同事到新企业工作，或真正开创一家与雇主竞争的企业。

(2)尊重所有雇佣协议。

对准备创业的雇员来说,充分知晓并尊重自己曾签署的雇佣协议至关重要。在一般情况下,关键雇员都签署了保密协议和非竞争协议。保密协议是雇员或其他当事人(如供应商)所做的不泄露企业商业秘密的承诺,这要求雇员在职期间甚至离开公司之后,都必须严格遵守该协议。非竞争协议则规定了在特定时段内,个人禁止与前雇主相竞争。如果签署了非竞争协议,要合理地离开公司,雇员就必须遵守相关协议。

2. 创业团队成员之间的伦理问题

创建者之间就新企业的利益分配以及对新企业未来的信心达成一致非常重要。对创业者团队来说,易犯的错误就是因沉迷于开办企业的兴奋之中而忘记订立有关企业所有权分配的最初协议。创建者协议(或称股东协议)是处理企业创建者间相对的权益分割、创建者个人如何因投入企业"血汗股权"或现金而获得补偿、创建者必须持有企业股份多长时间才能被完全授予等事务的书面文件。以下列出了创建者协议所包含的主要内容。

(1)未来业务的实质。

(2)简要的商业计划。

(3)创建者的身份和职位头衔。

(4)企业所有权的法律形式。

(5)股份分配(或所有权分割)方案。

(6)各创建者持有股份或所有权的支付方式(现金或血汗股权)。

(7)明确创建者签署确认归企业所有的任何知识产权。

(8)初始运营资本描述。

(9)回购条款,明确当某位创建者因逝世、退出出售股份时的处理方案。

通常,创建者协议的重要议题涉及某位创建者逝世或决定退出带来的权益处理问题。大多数创建者协议都包含一个回购条款,该条款规定,在其余创建人对企业感兴趣的前提下,法律规定打算退出的创建人有责任将自己的股份出售给那些感兴趣的创建人。在大多数情况下,协议还明确规定了股份转让价值的计算方法。回购条款的存在至关重要,这是因为:第一,如果某位创建者离开,其余创建者需要用其股份来寻求接替者;第二,如果某位创建者因为不满而退出,回购条款就给其余创建者提供了一种机制,它能保证新企业股份掌握在那些对新企业前途充分执着的人手中。

3. 创业者和其他利益相关者之间的伦理问题

(1)人事伦理问题:这些问题与公正公平对待现有员工和未来员工有关。不符合伦理的行为范围非常广泛,从招聘面试中询问不恰当问题到不公平对待员工的方方面面,其根源可能是因为他们在性别、肤色、道德背景、宗教等方面有所不同。

(2)利益冲突:这些问题与那些挑战雇员忠诚的情景相关。例如,如果公司员工出于私人关系以非正当商业理由将合同交给其朋友或家庭成员,这就是不恰当的行动。

(3)顾客欺诈:这个领域的问题通常出现在公司忽视尊重顾客或公众安全的时候,例如做误导性广告、销售明知不安全的产品等。

【案例 10-4】

三鹿奶粉事件中的法律与伦理问题

石家庄三鹿集团股份有限公司是“中国名牌产品”，先后荣获全国“五一劳动奖状”、全国先进基层党组织、全国轻工业十佳企业、全国质量管理先进企业、科技创新型星火龙头企业、中国食品工业优秀企业等省以上荣誉称号二百余项。“三鹿奶粉，今天你喝了吗？…‘更多三鹿，更多健康！”等是其曾经用过的广告语。然而，就是这样一个庞大的企业，在2008 年遭到了灭顶之灾。

2008 年 6 月 28 日，位于兰州市的解放军第一医院收治了首例患“肾结石”病症的婴幼儿，据家长反映，孩子从出生起就一直食用河北石家庄三鹿集团所产的三鹿婴幼儿奶粉。7 月中旬，甘肃省卫生厅接到医院婴儿泌尿结石病例报告后，随即展开了调查，并报告卫生部。随后短短两个多月，该医院收治的患婴人数就迅速扩大到 14 名。

9 月 11 日晚卫生部指出，甘肃等地报告多例婴幼儿泌尿系统结石病例，调查发现患儿多有食用三鹿牌婴幼儿配方奶粉的历史。经相关部门调查，高度怀疑石家庄三鹿集团股份有限公司生产的三鹿牌婴幼儿配方奶粉受到三聚氰胺污染。卫生部专家指出，三聚氰胺是一种化工原料，可导致人体泌尿系统产生结石。

中国国家质检总局公布对国内的乳制品厂家生产的婴幼儿奶粉的三聚氰胺检验报告后，事件迅速恶化，包括伊利、蒙牛、光明、圣元及雅士利在内的多个厂家的奶粉都检出三聚氰胺。三鹿奶粉事件震惊国内外，如此强大的“中国名牌产品”竟因产品质量问题引发了中国奶制品业的强大“地震”，国民一时谈奶色变，这不仅是我国企业管理的危机，也是我国企业社会责任的缺乏、社会道德的缺失。

第二节 新企业的生存

创业故事

通用电气公司的组织变革

GE 现行的组织结构是建立在韦尔奇接手后进行组织结构改革的基础上，并在之后不断地进行调整完善的。由于战略的转变必将影响组织的内部特征，因此在过去的二十多年间，GE 的组织结构也在不断地进行调整，以适应战略需要，适应环境、优化自身。自 1981 年 GE 的组织结构改革大体经历了三个阶段，各阶段互有交叉，但重点不同。

(1)以组织的扁平化为重心，从 1981 年韦尔奇接任 GE 开始，到 1990 年左右大体结束，通用也称之为“零层管理”。当时的 GE 处于严重的官僚化阶段，组织结构庞大臃肿、大量终身员工闲置、官僚机制低效、管理层级繁多，有着层层签字的审批程序和根深蒂固的等级制

度。其主要层次自上而下主要包括：公司董事长和最高执行部—公司总部—执行部—企业集团—事业部—战略集团—业务部门—职能部门—基层主管—员工。由董事长和两名副董事长组成最高执行局，公司总部中4个参谋部门分别由董事长直属，另外4个由两名副董事长分别负责。下设6个执行部，由6位副董事长分别负责，用以统辖和协调各集团和事业部的工作。执行部下共设9个集团、50个事业部和49个战略经营单位。虽然庞大的组织结构曾给GE带来丰厚的利润，但如今这只能拖延GE前进的步伐。

在扁平化的过程中，大量中间管理层次被取消。GE将执行部整个去掉，使得GE减少了近一半的管理层，同时对部门进行削减整合、裁减雇员、减少职位。从原来的24～26个管理层减少到5～6个，一些基层企业则直接变为零管理层。同时扩大管理跨度，增加经理的直接报告人数，由原来的6～7个上升为10～15个，充分利用人力资源，提高效率。

(2)以业务重组为重心，不断进行放弃不利业务、加强有利业务并引入新业务的过程，以公司使命为方向、以战略计划为指导调整组织结构。GE提出了一个中期战略"第一第二"战略目标，只要不是全球第一第二，就改革、出售或关闭，以此来对公司业务范围、规模、机构设置、管理体制等各方面进行改革。韦尔奇运用了"三环图"，将公司分为服务、技术和核心业务三部分，这很快突出了那些有问题和需要重组或者清除的业务。仅在头两年GE就卖掉了71条产品线，完成了118项交易，又相继卖掉空调和小型家电、消费类电子产品、航空航天业务等，共出售了价值110亿美元的业务，同时又大胆买进了260亿美元的新业务。

伊梅尔特接任GE后，延续了这一战略的运用，继续对业务进行重组管理。自2001年，GE出售了保险业务、消防车、工业用金刚石、印度市场的外包业务、通用电气物流公司、新材料业务等，同时对有增长能力的业务给予大力支持，这些业务有：能源、医疗保健、基础设施、运输业、国家广播公司、商业金融和消费者金融业务。通过业务重组的组织结构调整仍会进行下去，这是由GE的使命和战略决定的。

(3)无边界化组织阶段。在组织学中，无边界化组织主要包括以下几种经典组织形式：扁平化组织、多功能团队、学习型组织、虚拟企业、战略联盟等。GE提出的无边界理念侧重于学习型组织的建立。这是由于前期扁平化组织的建立，组织中的管理跨度增加，再加上严重官僚化的影响，使组织在横向信息交流上产生障碍，信息交流和知识共享要在更多的成员之间实现，这种高效的沟通需要无边界化来实现。无边界化能克服公司规模和效率的矛盾，具有大型企业的力量，同时又具有小型公司的效率、灵活度和自信。打击官僚主义，激发管理者和员工的热情。

一、企业的生命周期

像所有的有机体一样，企业也有自身的生命周期，要经历从筹备到建立、起步、发展、成熟乃至衰退的过程。企业生命周期如同一双无形的手，始终左右着企业发展的轨迹。一个企业想要立于不败之地，必须掌握企业生命周期的变动规律，并及时调整企业的发展战略，面向市场推动企业稳定、健康发展。对于新创企业而言，其成长阶段指的是从筹备到成熟之前的各个时期，可以划分为萌芽期、创立期、成长期和成熟期。各阶段的特征不同，所承担的任务和面临的风险也不同，从而对各阶段的管理也有很大的差异。

(一)萌芽期

萌芽期是创业者为成立企业做准备的阶段。这一阶段的主要特征有:①企业的事业内容是作为“种子”的创意或意向,尚未形成商业计划;②产品或服务、营销模式还没有确定下来;③创业资金也没有完全落实;④创业者之间虽然已经形成合作意向,但是并没有形成团队。此时,创业者需要投入相当的精力从事以下工作:①验证其创意的可行性并评估风险;②确定产品或服务的市场定位;③确定企业组织管理模式并组建管理团队;④筹集资本以及准备企业注册设立事宜。

新创企业在萌芽期的风险主要有两种:决策风险和机会风险,主要表现在对项目的选择上。决策风险是指因为错误地选择项目而导致创业失败,由于新创企业在人力、物力和财力方面的资源匮乏,获取市场信息的渠道有限,一旦选择项目失败,就意味着创业努力付诸东流;机会风险是指做出一种选择而丧失其他选择的机会,创业者一旦选择创业,就会失去其他的机会,比如放弃原有的工作、失去在其他方面的发展机会。由于处于萌芽期,创业企业尚未成立,所以,在经济方面的风险相对较小。

(二)创立期

新创企业成长的第二阶段为创立期,一般以完成注册登记开始运营为标志。这一时期,企业已经确定业务内容,编制并按照创业计划向市场提供产品或服务,但是业务量较少,市场对产品和企业的认知程度较低,企业面临生存的挑战。该阶段创业活动的特征为:①企业虽已经注册成立,但实力较弱,依赖性强;②产品或服务已经开发出来,但处于试销阶段,产品方向尚不稳定;③创新精神强,企业拥有较为灵活多变的经营策略;④人员逐渐增多,创业团队的分工日益明确,但管理水平较低,经常是无章可循和有章不循的现象同时存在。与上述特点相对应,新创企业在创立期的创业活动主要围绕以下方面进行:撰写商业计划;根据试销情况进一步完善产品或服务,确定市场营销管理模式;明确盈利模式;形成管理体系,扩充管理团队;筹集创立资本。

新创企业在创立期的风险与萌芽期相比会明显增加,主要包括:①市场风险。因为需求量、价格、资源匮乏等方面的原因导致企业在市场上尚未站稳脚跟,需要各方面扶持,产品和服务可能得不到消费者的认可。②管理风险。管理方面的原因导致管理不规范、效率低下、成本上升,从而使企业产品或服务的竞争力可能丧失。③财务风险。处于创立期企业的财务方面通常表现为净现金流量为负值,由于尚未形成规模,加上在产品的研制与开发、市场调研、广告、公共关系等方面投入较大,收益较少,现金入不敷出,而且企业对现金收支预测和控制能力往往较低。所以,如果不能进行全面而有效的内部控制,势必会使企业的经营活动陷入困境。

(三)成长期

新创企业创立后如能生存下来,并获得一定的发展,一般就会进入成长期。成长期是新创企业发展的关键时期。一方面,企业的战略重点发生了由生存转向争夺发展机会和资源的转移;另一方面,创业团队又要保持清醒的头脑,避免因盲目扩张使企业陷入困境。成长期的特征主要表现在以下几个方面:①产品进入市场并得到认可,生产和销售均呈现上升势头,产量提高导致生产成本下降,而市场对产品或服务的认可又能促进销售,从而形成良性

循环；②企业的生存问题已基本解决，这时企业具有较强的活力及相应的发展实力，所以通常发展速度快，波动小；③管理逐渐系统化，随着企业规模的扩大和人员的增加，部分企业开始实施多元化战略；④企业专业化水平提高了，并且企业开始注重发展与其他企业的联合关系，使企业之间的协作能力有所加强；⑤产品或服务形成系列并逐渐形成品牌，企业的声誉和品牌价值逐步得到提升。

该阶段的创业活动较丰富，包括：根据市场开发情况，尽快确定相对成熟的市场营销模式；适应不断扩张的市场规模和生产规模的需要，进一步完善企业管理，并考虑企业系列产品的开发或进行新产品的开发；根据企业的实际情况，及时调整企业的经营战略，筹集运营资本。

总体来看，处于此阶段的新创企业在资金、人员数量、技术水平方面都较创立阶段有显著提高，但对资源的管理和利用等却成为管理中的新问题。成长期面临的风险主要有冒进风险、技术风险、管理风险和财务风险。冒进风险是指企业进入快速成长期之后，因为急于求成、盲目扩大生产规模导致资源分散，引起财务状况的恶化。技术风险则意味着由于技术的普及和竞争对手的模仿使得新创企业原有的技术优势逐渐丧失。管理风险是指企业规模扩大后，由于管理手段、能力等跟不上而出现的一些问题，比如：人工成本上升、沟通渠道不畅、冒险精神降低、经营系统不适应成长阶段规模扩大后的压力。在财务方面，企业表现为投入较大，收入也颇丰，现金流可正可负。此时企业为扩大经营，往往会选择举债的方式，如果债务规模控制不当，则会给创业企业带来较大的财务风险。因此，创业团队要及时把握企业成长中的这些变化，并做出相应的调整和完善来尽早克服这些弊端，使企业继续走在持续发展的道路上。

（四）成熟期

新创企业从完成起步到成熟并不是一蹴而就的，而是一个逐步发展的过程。一般来说，当企业经过初创期后，随着产品市场占有率的上升，会有一个快速成长的阶段。但是快速成长并不会一直持续下去，当正现金流出现的时候企业会进入稳定增长的时期。当企业成长开始稳定之后，产品在市场上的影响逐步扩大，产品品牌优势形成，企业就步入了成熟阶段。

成熟期的企业，产品销量比较大，企业战略已经比较成型，但是增长开始缓慢，其主要有以下特点：①随着企业规模的扩大，其发展逐步由外延式转向内涵式，由粗放经营转为集约经营，这使得企业的发展速度减慢，甚至出现停止发展的现象；②组织机构臃肿、活力下降，组织结构不能适应发展的需要；③资本负债率高；④凝聚力和创新精神衰退。如果不能及早地采取相关措施解决这些问题，企业就会走向衰退乃至灭亡。

综上所述，创业企业不论处于成长的哪一个阶段，都有其相应的特征和面临的问题和风险。因此，新创企业和创业团队要认真做好所处阶段的工作，仔细分析面临的风险，有效把握各个阶段可能出现的突出问题，并在创业过程中注重企业成长的内在规律，根据各个成长阶段的特点，实施行之有效的管理。

二、新企业的选址

创业者选择新企业的注册与经营地点包括两方面：一是选择地区，包括不同国家地区、一个国家内的不同地理区域或城市；二是选择具体地址，包括商业中心、住宅区、路段、市郊等。前者主要考虑国家、地区、城市的经济、技术、文化、政治等总体发展状况；后者重点是考

察交通、资源、消费群体、社区环境、商业环境等。例如肯德基当年进入中国市场时，面临的一大难题就是选择哪个城市作为投资目标地。通过分析人口状况，商业、文化与政治及城市影响力，比较了北京、上海、广州、天津的整体环境，最后选择北京作为开拓中国市场的基地。

（一）选址的重要性及其影响因素

从世界各地新创企业成功和失败的经验来看，选址的重要性不言而喻。据香港工业总会和香港总商会的统计，在众多开业不到两年就关门的企业中，由于选址不当所导致的企业失败数量占据了总量的50%以上。这是因为，企业竞争力的内容具有复杂性和多层次性，一家新创企业的持续竞争力必然受到该地区商业环境质量的强烈影响。可以想象，倘若没有高质量的交通运输基础设施，新创企业就无法高效地运用先进的物流技术；假如没有高素质的员工，新创企业就无法在质量和服务方面进行有效竞争；假如机构烦琐的官僚习气使得办事效率极差，或者当地的司法系统不能公平迅速地解决争端，新创企业就难以有效和正常地运作。另外，社会治安、企业税率优惠、社区文化等商务环境因素也都深刻地影响着新创企业。

从深层次上看，选址对于创业成功的重要性还在于区域的竞争优势的独特性和集聚等效应。迈克尔·波特认为，各个地域中能存在的“知识”(knowledge)、“关系”(relationship)以及“动机”(motivation)通常具有难以被其他地域竞争对手所模仿和取代的特性。在一个发达的经济区域中，比地理位置优劣对商务环境更具影响力的因素是，该地区的企业是否集聚在一起并形成了具有竞争力的“团簇”(或称集群)，这种团簇“构成了企业竞争中最为重要的微观经济基础”。

新企业选址是一个较复杂的决策过程，涉及的因素比较多。归纳起来，影响选址的因素主要有五个方面，即政治因素、经济因素、技术因素、社会因素和自然因素。

1. 经济因素

在关联企业和关联机构相对集中地区的新企业容易成功。波特在研究了全球产业竞争力的“钻石模型”后指出，某一领域内相互关联的企业和机构在选址上进行集中后可以形成所谓“团簇”(clustering)，这是一个地区经济竞争力的标志。若一家企业有幸建在一个好的企业聚集区，区内的各家企业间就会产生一种竞争与合作的关系。一方面，竞争对手之间展开激烈的竞争以求在竞争中胜出并保住市场；另一方面，在相关行业间的企业及地方机构间还存在着广泛的合作关系，一群具有竞争力的企业和一系列高效运转的机构共同实现该地区的繁荣。因此新企业在选址时都应考虑将自己建在一个好的产业“团簇”中。具体说来，选择接近原料供应或能源动力供应充足地区的新企业具有相对成本优势；选择接近产品消费市场的地区具有客户优势；选择劳动力充足且费用低、劳动生产率高的地区具有人力优势；选择有利于员工生活的地区。

2. 技术因素

新技术因素对高科技创业企业的成功是显然的，但技术本身的进步却更加难以预测，从某种意义上说技术市场的变化最为剧烈和最具不确定性的因素。因此，为了能够了解和把握技术变化的趋势，许多企业在创业选址时，常常考虑将企业建在技术研发中心附近，或建在新技术信息传递比较迅速、频繁的地区。例如，美国加州的硅谷在20世纪50年代以后逐渐成为美国电子工业的基地。不仅是高科技创业企业的“摇篮”，而且以电子工业为基础所形成的“高科技风险企业团簇”被认为是“20世纪产业集群的典范”。其成功的经验和运行范式广为世界各国所模仿。

具有较强社会资本的产业团簇内的企业要比没有这种资本的孤立的竞争者更加了解市场。因为，这些企业与其他关联实体间不断发展的、建立在信任基础上的并且是面对面的客户关系能够帮助企业尽早地了解技术进步、市场上的零部件及其他资源的供求状况，融洽的关系能够使新创企业通过不断地学习和创新及时改善产品服务和营销观念，以进一步增强企业的存活力，当然，以技术为依托的社会资本积累过程往往是一个渐进过程。

3. 其他重要因素

(1)政治因素。政府对市场的规制也是值得创业者重视的一个方面，创业者要评价现在已经存在的及将来有可能出现的影响到产品或服务、分销渠道、价格以及促销策略等的法律和法规问题，将企业建在政府支持该产业的地区。当投资者到国外去设厂时，更应该考虑不同国家的政治环境，如国家政策是否稳定、有无歧视政策等。

(2)社会、文化因素。由于人们生活态度的不同，人们对安全、健康、营养及对环境关心程度的不同，也都会影响创业者所生产产品的市场需求，特别当创业者准备生产的产品与健康或环境质量等有密切关系时更是如此，此时应优先考虑将企业建在其企业文化与所生产产品得到较大认同的地区。

(3)自然因素。选址也需要考虑地质状况、水资源的可利用性、气候的变化等自然因素。有不良地质结构的地区，会对企业安全生产产生影响。水资源缺乏的地区对于用水量大的企业来说，会对正常生产产生不利影响。

上述各种因素对不同的行业企业来说有不同的考虑侧重点，比如制造业的选址和服务业的选址的侧重点就不同。制造业侧重考虑生产成本因素，如原料与劳动力；而服务业侧重于考虑市场因素，比如顾客消费水平、产品与目标市场的匹配关系、市场竞争状况等。

(二)选址的步骤

一个科学而行之有效的选址过程，一般遵循市场信息的收集和研究、多个选点的评价、最终厂址的确定等步骤。

1. 市场信息的收集和研究

在企业创业的早期阶段，不只是选址阶段，信息对创业者来说都是非常重要的。有研究表明市场信息的使用会影响企业的绩效，而市场信息与选址决策衔尾相随的关系更是显而易见。因此根据已经列出的影响选址的五项因素，创业者自己或借助专业的中介机构收集市场信息是出色地完成选址决策的第一步。

首先，创业者应考虑从二手资料中收集信息，因为对创业者而言，最明显的信息来源就是已有数据或第二手资料。这些信息可以来自商贸杂志、图书馆、政府机构、大学或专门的咨询机构。在图书馆可以查到已经发表的关于行业、竞争者、顾客偏好的去向、产品创新等信息，甚至也可以获得有关竞争者在市场上所采取的战略方面的信息；互联网也可以提供有关竞争者和行业的深层信息，甚至可以通过直接接触潜在消费者而获得必要的客户信息。

其次，创业者还应亲自收集新的信息，获取第一手资料。获得第一手资料的过程其实就是一个数据收集过程，可使用多种方法，包括观察、上网、访谈、焦点小组、试验及问卷调查等。其中，焦点小组是一种收集深层信息的非正规化的方法。一个焦点小组由10～12名潜在顾客组成，他们被邀请来参加有关创业者研究目标的讨论。焦点小组的讨论以一种非正规的、公开的模式进行，这样可以保证创业者获得某些信息。

最后，就要对收集到的各方面信息进行汇总、整理。一般地，单纯对问题答案的总结可以得到一些初步的印象，接着对这些数据进行交叉制表分析可以获得更加有意义的结果。

2. 多个选点的评价

通过对市场上各种信息的收集、汇总、整理以及初步的简单的定性分析后，创业者可以得出若干新企业厂址的候选地，这时便可以借助科学的定量方法进行评价。目前最常用的有关选址的评价方法有：量本利分析法、综合评价法、运输模型法、重心法和引力模型法等。

量本利分析法只是从经济角度进行选址的评价。实际上影响选址的因素是多方面的，同时各种因素也不一定完全能用经济利益来衡量，因此采用多因素的综合评价方法是选址评价中一个常用的方法。多因素评价就是先给不同的因素以不同的权重，再依次给不同选择下的各个因素打分，最后求出每个方案的加权平均值，哪个方案的加权平均值最高，哪个就是最佳方案。

当选址对象的输入与输出成本是决策的主要变量时，运输模型是一个很好的决策方法。运输模型的基本思想是：通过建立一个物流运输系统，选择一个能够使整个物流运输系统的运输成本最小的生产或服务地址。此模型尤其适合于输入与输出成本对企业利润影响巨大的情况。

在服务业选址中，市场因素是主要的选址决策变量。对顾客的吸引力，是服务业区位优势的体现。

Laulajainen 和 Stafford 曾总结过服务业创业区位选择中应该坚持的两大原则。第一，占有总顾客 60%的顾客高度集中区，组成主要贸易区；而与此相连的另 20%顾客集中区，组成次级贸易区，另外的 20%则为外围区。服务企业选址应优先考虑将自己建在主要贸易区。第二，大商店比小商店具有较大的吸引力，即大商店有大的贸易区；大商店在给定的贸易区内具有较高的销售穿透性，而这种市场穿透性随着距离的增加而减弱。因此，创业者可考虑要么将自己的企业建大，要么将自己建在大商店附近。而“引力模型”恰好能够体现服务业这一决策特征，可以用来进行服务设施的选址决策。

3. 确定最终地点

创业者依据已经汇总整理的市场信息，以及其所要进入的行业特点和自己企业的特征，借助以上一种或几种方法进行评估，最终完成选址决策，从而迈出自己创业至关重要的第一步。

【案例 10-5】

星巴克如何选址

自 1999 年星巴克登陆北京后，目前在中国的分店数量已超过 3 000 家，且有持续增长的势头，这样的开店速度让其他咖啡店难以匹敌。之所以能够如此，除了星巴克刻意宣传的企业理念和咖啡文化，正确的选址策略成为其迅速扩张的保障。

咖啡店的经营能否成功，很大程度上依赖于选址是否合理。在哪里开店、开什么样的店直接影响经营业绩。格林兰咖啡创始人王朝龙先生曾经为星巴克开创了咖啡连锁经营的传奇，带动了中国市场对咖啡事业的特别关注。从 2001 年接手星巴克到 2006 年离开，

王朝龙在北京美大星巴克咖啡有限公司从首席财务官一直做到总裁，全面负责星巴克在北京、天津的拓展事宜。在他看来，合适的店铺是投资经营咖啡店获取成功的必要条件，而消费人群是咖啡店在选址过程中考量的唯一指标。

在旅游景点、高档住宅小区、写字楼、大商场或饭店的一隅，目前大都能发现咖啡店的身影。为何咖啡店通常会选择在这些地方开设店铺？“有无喝咖啡的消费人群成为咖啡店在选址过程中的唯一指标，在遵循这个指标的基础之上才会衍生出选址的各种参考条件。类似高档写字楼、商场和旅游景点等地方，自然会有很多喝咖啡的人群。”王朝龙说道。从 2001 年进入咖啡行业以来，王朝龙每次在开设新的咖啡店时都有着这样的习惯思维。

消费人群是考量的唯一指标。以星巴克为例，当市场开发部门通过一系列考量列出备选的项目之后，实地考察各个项目周边有无喝咖啡的人群便是王朝龙着重需要做的事情。

显然，如何在人流中判断出喝咖啡人群的大致数量显得至关重要。通常而言，可以从项目地理位置和周边物业的档次来推算。基于有喝咖啡习惯的人们大多有一定经济实力，因而在高档写字楼集中的商务区域、休闲娱乐场、繁华的商业区等地方喝咖啡的人群一定会比城市其他地方数量多。

第三节 新企业的成长

创业故事

迅雷公司起步

2002 年迅雷的创始人程浩和邹胜龙开始共同创业时，选择的项目是电子邮件的分布式存储系统。当时电子邮箱开始收费，邮箱容量也越来越大。不过电子邮箱的存储市场并没有他们当初设想的那么大，两三个月后公司陷入困境，两人商量转型。程浩发现，门户、邮箱、搜索、即时通信、下载，其他的都有主流提供商，唯独下载没有，但对于大容量文件，例如电影、网络游戏有下载需求。于是程浩和邹胜龙决定研发迅雷软件。迅雷软件采用基于网格原理的多资源超线程技术，下载速度奇快，但漏洞百出。为了产品能以最快的速度发布，程浩在研发过程中放弃了对产品各种细节的考究，只关注目标消费者最关心的特性。

为了让用户使用该软件，迅雷公司聘请专业营销人员每月花费两三万元进行市场推广，但使用者寥寥无几。2004 年年中，程浩通过朋友找到了金山软件公司的总裁雷军。此时迅雷公司没有名气，雷军只是给了他一次测试的机会。测试显示，迅雷软件的下载速度是其他下载工具的 20 倍。于是金山软件公司同意推荐其游戏用户使用迅雷软件免费下载其热门游戏的客户端软件。在获得了金山软件公司的认同后，迅雷公司迅速和其他网络游戏厂商达成协议，新增用户量由每天不到 300 户增加到一万多户。半年多时间，迅雷公司拥有了 300 万名用户，95%由网游合作伙伴带来。有了可观的用户群后，迅雷公司很快通过广告、

软件捆绑、无线、按效果付费的竞价排名广告等渠道获得了收支平衡。随即，迅雷公司也不断推出升级版本修正软件漏洞。

一、新企业的特殊性

新企业和现有企业具有明显的不同。激烈的市场竞争使得已经建立一定竞争优势的强大的竞争者有利，它们已经树立了自己的优势，包括品牌、服务、渠道等。作为新入行的企业，只有打破原有竞争格局才能够扭转不利局面。在核心竞争能力尚未形成的时候，应该采用怎样的方式与对手周旋，争取生存机会，然后不断积累实力，加强自身的地位？

与成熟公司不同，新创企业在创业初期的首要任务是在市场中生存下来，让消费者认识和接受自己的产品。

（一）以生存为首要目标

在创业期，企业的首要任务是从无到有，把产品或服务卖出去，掘到第一桶金，在市场上找到立足点，使自己生存下来。在创业阶段，生存是第一位的，一切围绕生存运作，一切危及生存的做法都应避免。

“别再跟我谈对新产品的构想，告诉我们你能推销出去多少现有的产品”是这一时期的典型独白。重要的不在于想什么，而在于做什么，一切以结果为导向。企业里的大多数人，包括创业者在内，都要出去销售产品，这就是所谓“行动起来”。正因如此，企业往往缺乏明确的方针和制度，也没有严格的程序或预算，企业的决策高度集中，不存在授权，是创业者的独角戏。此时企业不清楚自己的能力和弱点，只是开足马力全速前进。

在创业期，企业是机会导向的，有机会就做出反应，而不是有计划、有组织、定位明确地开发利用自己所创造的机会。这使企业不是去左右环境而是被环境所左右，不是创造和驾驭机会而是被机会所驱使，这导致企业不可避免地犯很多错误，促使企业制定一套规章制度以明确该做什么而不该做什么。

从迅雷公司的例子中我们可以看到，迅雷公司为了能快速把握住转瞬即逝的商机，在下载技术漏洞百出的情况下仍然将其发布上市，利用其速度奇快的优势抓住先机；在没有名气无法打开市场的情况下，迅雷公司不再靠高额的经费推广产品，而是借助金山软件公司的名气找到更多用户。创业初期，迅雷公司创始人不得不采取各种拼凑行为挣扎求存。然而，如果程浩和邹胜龙继续推广漏洞百出的下载软件，顾客会逐渐认识到下载软件的弊端，不但难以拓展更广泛的市场，而且会形成“迅雷软件属于次品”“迅雷公司属于低端企业”等印象。但是迅雷公司没有这样做，而是不断推出升级版本修正软件漏洞，让质量低的拼凑资源逐渐成为达到质量水平的标准资源，不断减少拼凑直到最终放弃拼凑行为，从而树立迅雷公司良好的企业形象，促进企业发展。

（二）依靠自有资金创造自由现金流

现金对企业来说就像是人的血液，企业可以承受暂时的亏损，但不能承受现金流的中断。所谓企业的自由现金流就是不包括融资，不包括资本支出以及纳税和利息支出的经营活动的净现金流。自由现金流一旦出现赤字，企业将发生偿债危机，可能导致破产。自由现金流的大小直接反映企业的赚钱能力。它不仅是创业初期，也是成长阶段管理的重点，区别在于对创业初期的管理来说，由于融资条件苛刻，只能依靠自有资金运作来创造自由现金流，从而管理难度更大。创业初期的管理要求经理人必须千方百计增收节支、加速周转、控制发展节奏，像花自己的钱那样花企业的钱。

（三）所有的人做所有的事

新企业在初创时，尽管建立了正式的部门结构，但很少能按正式组织方式运作。通常是，虽然有名义上的分工，但运作起来是哪里需要，就往哪里去。这种看似的“混乱”，实际是一种高度“有序”的状态。创业初期的企业很有人情味，相互之间都直呼其名，没有高低之分。每个人都清楚组织的目标和自己应当如何为组织目标做贡献，没有人计较得失，没有人计较越权或越级，相互之间只有角色的划分，没有职位的区别。这种在初创时期锻炼出来的团队领导能力，是经理人将来领导大企业高层管理班子的基础。

（四）创业者亲自深入运作细节

经历过创业初期的创业者大都有过这样的体验：曾经直接向顾客推销产品，亲自与供应商谈判折扣，亲自到车间里追踪顾客急需的订单，在库房里卸货、装车，跑银行、催账，策划新产品方案，制订工资计划，曾被经销商欺骗，遭受顾客当面训斥等。由于创业者对经营全过程的细节了如指掌，才使得生意越做越精。

随着企业的逐渐发展，创业者不可能再深入到企业的各个角落，去亲自贯彻自己的领导风格和哲学。授权和分权则成为必然，由于企业缺乏相应的控制制度，授权不可避免地转向分权，导致创业者对企业的失控，从而重新走向集权之路，这样反反复复，最终创业者必须由直觉型的感性管理转变为职业化的专业管理。

二、新企业的风险管理

在企业初创阶段，由于往往是瞄准某一市场空白点，如果推销工作做得好，企业的成长性往往很好，投资回报率相对于其他阶段要高出许多，企业销售收入能够获得快速增长。由于已有资源不多，企业觉得承担风险的代价不大，勇于冒险，创业者充满了探索精神；创业者充满对未来的期望，往往能够容忍暂时的失误，因此这一时期的创业者对未来的期望值大于已有成就，内部结构简单，办事效率较高等，都是创业初期的典型优势。但也正因为以上优势，当企业由小到大快速成长之后，随着人员的膨胀、市场的扩展等，一些管理问题随之而来。

（一）资金不足

低估对现金和经营资金的需要是较普遍的现象，这源于创业初期创业者典型的热情心态。对于确定所要承担的义务而言，热情起到一定作用，不可或缺，而对资金需要的客观看法却与这种富有幻想的热情不相容。这种倾向实际上就是把成功的目标定得很高，而低估了对资金的需求。并且，企业的产品销量越大，出现资金不足问题的可能性就越大。一个企业的平均年销售增长若超过35%，企业的自有资金一般就不足以支撑这种增长，此时就难免遇到资金周转的困难。

为获得资金，企业常常犯一些基本的错误，如把短期贷款用于较长时间才能产生效益的投资项目；开始用折扣刺激现金流的产生，有时折扣太大以至于不足以弥补变动成本，结果是卖得越多、亏得越大；把股份转让给对“事业”毫无怜悯心的风险资本家等。

创业者应该逐渐重视企业的现金流量、贷款结构和融资成本等，必须要有符合实际的经营计划，而且要以“周”为单位来监控现金流量。记账的重点是现金流量，权责发生制会计虽有利于纳税和盈利分析，但对于及时监控企业生存却不见得有利。严格监控应收账目周转率和存货周转率也是防止经营资金不必要增加的基本手段。

（二）制度不完善

创业初期，企业要不断面对意外出现的各种问题，如顾客投诉、供货商令人不满、银行不愿贷款等。由于没有先例、规章、政策或经验可资借鉴，这就产生了企业的行动导向和机会驱动，这也意味着给规章制度和企业政策所留的空间很小。此时的企业正在试验、探寻成功的含义。一旦把成功的内涵搞清楚了，就会通过制定规章制度和政策来保证今后能取得同样的成功。这一阶段制定规章制度和政策有可能扼杀满足顾客需求的机会。但缺乏规章和政策，为了获取现金而过于灵活、采取权宜之计，又会使企业养成“坏习惯”。习惯成自然，而且这种习惯会持续到未来，对将来造成影响。

对于初创期的企业而言，这类坏习惯的代价不高、收益不小。但随着企业员工和客户的增加，坏习惯的价值下降了，代价却直线上升。这样的例子比比皆是。例如，为争取到订单，企业会千方百计去满足客户的需要，但随后却可能造成创业者对企业失控。在这种情况下，签订风险很高的大宗合同之后，结果可能是巨大的损失。

没有规章和政策，企业的管理就会混乱。虽然这对初创期的企业而言是正常的，但却使企业非常脆弱、易受挫折，问题常常演变成危机，这种状况把管理人员变成了消防队员。公司的管理也就只能是由危机到危机的“救火”管理。

（三）因人设岗

初创期的企业，人们所承担的责任和义务是重叠交叉的。例如，总经理可能既管采购，又管销售，还兼管设计；销售人员可能要承担一部分采买工作；会计人员有时又是办公室主任。这时的企业是围绕人来组织，而不是围绕工作本身进行组织。企业是按照缺乏规划的方式在成长，它只是对各种机会做出反应，而不是有计划、有组织、定位明确地去开发利用自己所创造的未来机会。

对于初创期的企业而言，事事优先是正常问题，当企业不断成长，不可避免地犯了一些错误之后，就逐渐学会了哪些事不能去做。这是一个不断试错的学习过程，当初创期的企业出现了大的失误，如损失了市场份额、失去了大的客户或赔了一大笔钱时，企业就被推入了下一个生命阶段。

爱迪思认为，企业初创期成就越大，自满程度越高，所出现的危机就越大，推动企业变革的作用力也就相应的越大。此时企业终会认识到，自己需要一整套规章制度来明确该做与不该做的事情。规章制度的完善表明企业强调管理子系统的急迫性，这时企业过渡到下一个发展阶段。如果没有出现这种强调管理制度的情况，企业就会陷入被称为“创业者陷阱”或是“家族陷阱”的病态发展之中。爱迪思认为企业初创期出现的问题有些属于正常现象，随着企业的成长会慢慢解决，而有些问题则属于不正常现象，需要尽力避免（见表 10-3）。

表 10-3　创业初期企业出现的正常与非正常现象

正常现象	不正常现象
所承担的义务没有因风险而丧失	风险使承担的义务消失殆尽
现金支出短期大于收入	现金支出长期大于收入
辛勤的工作加强了所承担的义务	所承担的义务丧失
缺乏管理深度	过早授权
缺乏制度	过早制定规章制度和工作程序
缺乏授权	创业者丧失控制权
唱“独角戏”,但愿意听取不同意见	刚愎自用,不听取意见
出差错	不容忍出差错
家庭支持	缺乏家庭支持
外部支持	由于外部干预而使创业者产生疏远感

三、管理新企业的技巧和策略

新创企业成立之初往往都是白手起家。但小企业并不是规模小的大企业,尽管从规模、资金、员工人数等数量指标能够区分小企业和大企业,但这些指标并不能够从本质上揭示两者之间的区别。其关键差异在于计划性、创新能力、控制系统和竞争优势来源。

新创企业通常缺乏制订计划的能力,也不存在大量数据资料作为决策参考。因此,小企业往往没有像大公司一样的长远计划。但小企业经营者为了提高企业生命力,可能更加关注市场变化,更加贴近顾客,更加注重短期的快速反应能力和适应外部动荡不定的商业环境。

一般意义上,往往认为大企业具备创新所需的资金和人才,因此创新能力较强。但实践及相关数据表明,由于时滞等问题的困扰,大企业的创新能力往往落后于小企业。相反,小企业的创新效果较好,它们把最新科研成果实现产业化的周期明显比大公司要短。

小企业把绩效作为工作的唯一标准,产品出现偏差时及时纠正,员工安排出现漏洞时适时调整,无论对外部市场还是内部管理,都能够拥有较强的控制能力。大企业由于组织机构复杂、等级层次多,从而影响到信息传递速度和决策效率,经常会出现控制能力的削弱。

大企业竞争优势主要体现在两个方面:一是大批量生产领域,此时竞争优势与规模经济有关;二是多种大批量生产业务的联合,此时竞争优势与范围经济有关。而小企业一般会拥有大公司无可比拟的灵活性和专业化优势,灵活性保证了小企业决策迅速,船小好掉头;而专业化程度则表现为小企业的经营领域往往是某些利基市场,如规模较小的服饰配件或小家电,或某种专用设备、零部件、添加剂等专门化产品。

由此看来,小企业并不是规模小的大企业,简单地把大企业成功的管理经验应用于小企业,未必就能保证小企业经营获得成功。

(一)创业初期的职能管理

1. 创业初期的营销管理

有别于成熟企业,创业初期新企业拥有的资源极其有限,往往市场份额很小,地理分布也十分狭小,难以形成规模经济。新企业急切需要将企业创造的产品或服务出售,获得收入,如此才能体现企业的价值,同时也对企业进一步的成长奠定基础。卖出产品,换回收入,即销售是此时最重要的任务。创业初期的销售有时甚至是不赚钱的,为了吸引顾客从消费

其他公司的产品和服务转移到自己的产品和服务上，即使不赚钱甚至赔钱也卖。所以创业初期的销售收入增长很快，但由于成本增加更快，加上价格往往在成本附近，所以出现销量很大但却没有利润的困境。随着企业逐渐成熟，对已有的销售行为进行规范，对客户进行筛选和细化管理，对产品售前、售中、售后整个过程进行监控，整合所有销售相关的资源，把销售工作当成经营来做，逐步使销售收入与利润实现同步增长。

从创业的第一天开始，创业者必须不停地思考以下问题：谁是我们的顾客？我们通过什么方式吸引顾客？顾客为什么选择我们的产品而不是竞争对手的产品？考虑到有限的资源，创业者必须寻找到一个足够有吸引力和差异化的市场，发挥自己独特的优势，拓展足够的成长空间，从而在激烈的竞争中站稳脚跟。

在目标市场中找到独特的价值定位非常关键。市场定位并不是仅仅从产品出发寻找差异，而是在目标顾客心中建立自己和竞争对手的区别，使得本企业和其他企业严格区别开来。价值曲线是一种非常有效的市场定位工具，其核心在于为顾客和企业创造价值飞跃，由此开创无人竞争的价值蓝海。使用价值曲线进行市场定位，必须回答以下几个问题：哪些是目标顾客最关心的因素？哪些是行业公认的想当然的因素，但目标顾客其实并不关心？哪些因素并不是顾客关心的重点？哪些因素是目标顾客关心但目前该行业并未能提供的？

2. 创业初期的人力资源管理

创业初期人力资源管理的主要特点体现在，由于企业规模小，组织结构层次简单，决策权在主要创业者手中，决策过程简单，只要经营班子制订出可行性方案，就可迅速执行；决策与执行环节少，使得决策集中高效，执行快速有力，对于市场变化能够迅速做出反应；创业初期的企业人财物、产供销、机构设置、生产方式、经营形式、利益分配、规章制度以及人员使用都由企业自主决定，机构精简、决策自主、反应灵敏、工作效率高，尤其是在用人机制上，创业企业有充分的用人自主权，能够吸引大批的人才加盟。

创业型人才和创业型企业有勇气和信心，有冲劲，但却缺乏经验。往往是创业前什么事都好办，创业时什么事都难办，创业后什么事都怕做不好。创业型人才一般年轻人居多，处事不够稳重，欠考虑，在创业初期热情高涨，情绪很能影响合伙人。他们考虑最多的是如何多拉业务、如何扩大业务圈、如何尽快提升销量、如何多进账。于是他们把更多的精力放在跑业务上，放在“钱”“利”“财”上，忽视了企业内部管理，如销售管理、生产管理、技术管理、采购管理、财务管理、后勤管理等，特别忽视了人员管理的重要性。

初创企业一般都是中小企业，人员配置少、身兼数职，所以不能忽视每一个人对企业的影响力。创业者不能把做企业想象得过于简单，更不能忽视人员管理。每个企业都离不开员工在其中发挥的作用，企业管理人员与基层人员决定了企业的方方面面。人安定，则企业安定；人复杂，则企业复杂。管理好人是企业第一要素，而人又是最复杂的动物，如果不加以管理，往往容易失控，甚至会波及身边人或更多人。一个小企业中，一个员工的情绪常常会不同程度地影响集体情绪甚至整个公司的情绪，不良情绪的出现往往会妨碍工作，扰乱管理，在一定程度上加速了不成熟公司的瓦解。

3. 创业初期其他职能管理

创业初期的系统相对集权，有可能使子系统之间严重失衡，缺乏计划和控制系统下高度的灵活性，没有实施专业化管理的土壤，如果各个部门之间的协调不好会降低工作效率。在计划方面，创业初期的企业应更多注重对市场机会的开发、把握，以现有可以利用的市场机会确定经营方向，包括远景目标(3～20 年)和实现远景目标的战略(1～3 年)；在领导方面，可通过与所有能互相合作和提供帮助的人们进行有效的沟通交流，并提供有力的激励和鼓舞，率领大众朝着某个共同方向前进；在控制方面，初创期企业应尽量减少计划执行中的偏差，确保主要绩效指标的实现。

总之，对创业初期的职能管理而言，没有规范化的管理方式，只有经过大量的实践后，才能结合企业实际情况，形成符合自身特点的管理风格。用人来定制度，然后再用制度来管理人，企业秩序的实现主要靠人员的主动性和自觉性，即以“人治”为主。

(二)为企业快速成长做好准备

企业成长是一个动态过程，是通过创新、变革和强化管理等手段积蓄、整合并促使资源增值进而追求企业持续发展的过程。企业成长包括“质”和“量”两个方面。企业成长的量，主要表现为企业经营资源的增加，即销售额、资产规模、利润等；企业成长的质，主要表现为变革与创新能力，指经营资源的性质变化、结构的重组等，如企业创新能力、环境适应能力等方面。

所谓成长型企业，是指在较长时期(如 5 年以上)内，具有持续挖掘未利用资源的能力，不同程度地表现出整体扩张的态势，未来发展预期良好的企业。一般情况下，人们将销售收入增长速度超过行业增长速度，同时职工人数相对于创业初期有大幅度增加的企业界定为快速成长企业。

在一家公司的成长过程中，很难预料，快速成长的机会什么时候到来，但需要在企业内部做好成长准备。

1. 确定目标

在通用电气公司的战略规划中，首要的问题不是“什么市场有着最大的成长潜力?”而是“每一市场的最低成长限度是什么? 我们能够赶得上它吗? 哪个市场部分(即使在缓慢成长的市场中)为我们提供了最好的机会?”

企业的成长目标必须适当。企业需要把握能在风险和各种资源回报之间取得平衡的各种活动、产品和业务的组合。超过了平衡点，利润率的提高就会使风险大大增加；但低于平衡点，减小风险将会使生产率和利润率急剧下降，从而危及企业的市场地位。

2. 营造氛围

正因为 IBM 公司为成长做了多年的准备，它才能够在障碍一经消除以后立即开始成长。IBM 公司发展的事例表明，一家公司为了能够获得成长能力，就必须在它内部营造一种继续学习的气氛。它必须使得所有成员都愿意准备承担新的、不同的、更重大的责任，并把这看成是理所当然的事。

3. 准备人才

创业者也可以从企业外部引进各类专家或专门人才。但是，从根本上说，成长必须是来自企业内部的，即使是通过兼并收购获得的成长。而且，成长必须建立在公司的核心优势之上。

4. 做好财务规划

必须为建立一个更大的企业做好财务上的规划。否则，当公司开始成长时，公司会发现自己处于财务危机之中，并可能因此使成长遭到挫折。对于中小型企业，即使是规模不大的成长，也会很快就超过企业的财务基础，在人们一般很少注意的领域中提出财务上的要求，使得现有的资本结构安排不起作用。财务战略对成长至关重要，其重要性不亚于产品战略、技术战略和市场战略。

【案例 10-6】

港湾公司的管理问题

2000 年李一男离开华为公司创办了港湾公司，并与华为公司签订同业禁止协议。做了一段华为数据通信产品代理之后，港湾公司很快将华为公司一脚踢开，推出了自己的产品。接着，华为公司北京研究所的一个研发团队集体投奔港湾公司。港湾公司挖人的手法是：除了提供高薪之外还摆出诱人的股票和期权，以及美好的上市前景。风险投资商在港湾公司先后投下了将近一亿美元的重注，希望公司能够尽快到美国纳斯达克上市。一位国际著名投资银行的高层在 2001 年公开表示，李一男是中国下一代企业家的第一人选。

李一男希望港湾公司也能像几年以前的华为公司那样高速增长；他希望港湾公司不是一家产品单一的网络设备商，而是华为公司那样的全业务解决方案供应商。当然，他本人也想成为第二个任正非。在港湾公司推出宽带接入产品大获成功之后，急不可耐杀入路由器、光网络等新领域，上马高端路由器并在 2002 年底推出了产品。这一次他确实跑在了任正非的前面——当时业界普遍认为，在数据通信领域港湾公司要领先华为公司至少半年。

也许是认为超越华为公司的时机即将到来，港湾公司于 2003 年 12 月收购了另一位前华为公司副总裁黄耀旭创办的深圳钧天科技公司。如果之前只是像蚊子一样在华为公司这头大象身上叮几口的话，此时的港湾公司已经憧憬着正面击倒大象的时刻了：深圳钧天科技公司是一家专注于光网络的技术型公司，而光网络产品线一直都是华为公司的利润奶牛，曾经占华为公司全部利润的三分之一以上。

这使得任正非不得不对李一男痛下杀手。为了对付港湾公司，华为公司内部成立了专门的机构，并与港湾公司在每个地区、每个客户、每个订单上展开了血腥的争夺。据说，只要把订单丢给港湾公司，华为公司所在地的办事处主任就要被免职；在 2004 年某电信运营商宽带接入的招标中，华为公司将原来 1.4 亿元的投标价一口气降下了 50%，就是为了阻击港湾公司。

这是狼群中的头狼与小狼为争夺领导地位的巅峰之战，双方都使出了浑身解数。只有到了这个时候，李一男在管理能力上的欠缺才会暴露无遗：长期以来的独断专行使得他与投资人的关系日趋紧张，对投资业务的陌生又使得他轻率地与投资人签下了对赌协议；他对部下分而治之却无法掌握好平衡，各部门内斗不断；他对华为公司出身员工的盲目重用使得非华为公司出身员工的积极性备受打击；他对公司内部管理的疏忽使得公司产生了几千万元说不清道不明的坏账……他也许是一位很好的技术带头人和组织者，但不是一位真正的企业家。

最后，在投标失利、现金流枯竭、上市无望、与西门子通信的收购意向又被华为公司硬生生拆散之后，已经撑不下去的投资人再也无法忍受，将港湾公司的大部分资产出售给了华为公司。2006 年 6 月，他自己亲手创立的港湾公司完败于曾经带给他无限荣耀的老东家华为公司。

四、企业成长与社会责任

新企业在发展的最初阶段往往面临着如何促成包括消费者、供应商和投资者在内的利益相关者对其产品、服务或商业模式，乃至组织自身的理解和认识。在漫长的经营、成长过程中，企业要想做大、做强、做久，最终成为百年名店，仅仅做到提供顾客所需要的产品和服务、遵纪守法是不够的，还要符合道德标准，主动承担社会责任，通过良好的行为表现获得社会各界的广泛认同。

企业社会责任问题日益受到各国政府和民众的广泛关注。新的《中华人民共和国公司法》第 5 条明确要求，公司从事经营活动必须"承担社会责任"，公司理应对其劳动者、债权人、供货商、消费者、公司所在地的居民、自然环境和资源、国家安全和社会的全面发展承担一定责任。新《公司法》不仅将强化公司社会责任理念列入总则条款，而且在分则中设计了一套充分强化公司社会责任的具体制度。企业社会责任在我国已被写入法律。

企业社会责任（Corporate Social Responsibility，CSR）的概念已经被广为接受，指企业在创造利润、对股东利益负责的同时，还要承担起对社会利益相关者的责任，保护其权益，以获得在经济、社会、环境等多个领域的可持续发展能力。利益相关者是指企业的员工、消费者、供应商、社区和政府等。企业得以可持续经营，仅仅考虑经济因素对股东负责是远远不够的，必须同时考虑环境和社会因素，承担起相应的环境责任和社会责任。

在欧美发达国家，企业承担社会责任已是从当初以处理劳工冲突和环保问题为主，上升到实施企业社会责任战略以提升企业国际竞争力的阶段。在实践上，随着企业社会责任运动的发展，越来越多的公司通过设立企业社会责任委员会或类似机构来专门处理企业社会责任事项，越来越多的企业公开发表社会责任报告。对于西方国家的创业者及其企业来说，承担企业社会责任就是要积极参与企业社会责任运动，贯彻执行由此衍生的 SA8000 等各种企业社会责任国际标准。

在我国，强化企业的社会责任是一个紧迫的现实问题，是入世后中国企业提高国际竞争力面临的一项新的挑战。我国新企业在创建伊始就应清楚地认识到推行企业社会责任是人类文明进步的标志，劳工权益保护是现代企业的历史使命，符合我国《劳动法》等许多现行法规的要求。创业者应该在积极参与和关注企业社会责任运动和企业社会责任国际标准的同时，从以下几个方面着手提高承担企业社会责任的意识和能力。第一，制定实施体现企业社会责任的竞争战略。在勇于承担企业社会责任的同时，打造企业新的竞争优势，是我国新一代创业者的必然选择。第二，把企业社会责任建设融入企业文化建设中。企业文化建设其实是企业发展战略的一部分，企业文化建设既可以提高企业竞争能力，也可以使人在工作中体会生命的价值。把企业社会责任作为新时期企业文化整合和再造的重要内容，已成为国际企业文化发展的大趋势。第三，把社会责任的理念付诸实实在在的行动。在企业的日常经营管理过程中，不仅要对股东负责，对员工负责，还要对客户、供应商负责，对自然环境负责，对社会经济的可持续发展负责。

【案例 10-7】

联邦快递的创业愿景

联邦快递成立于 1971 年，创始人史密斯当时 27 岁。创业的前五年诸事不顺，公司累计亏损 3 000 万美元，史密斯被银行控告诈欺背信，被家人控告侵占，他的 CEO 职位被投资机构派代表取代。但史密斯坚持创业愿景，以极大的热忱凝聚员工同甘共苦的共识，以诚恳态度与极大耐性与投资人沟通，化解一波又一波的危机，终于成就伟大的事业，并实现快递业“隔夜送到”的典范经营模式。

许多探讨联邦快递的个案，大都指出转运中心式（Hub-and-Spokes System）的创新经营模式以及史密斯的领导风格，是联邦快递创业成功的关键因素。史密斯在耶鲁大学二年级时的一份期末报告中，就提出了这种将货物集中于转运中心后再出货的经营构想。不过他的教授却告诉他“这个构想虽然很具创意，但因为不可行，所以只能给 C 级以下的成绩”。他的教授在评语中还指出，一份好的创业构想的先决条件是“必须可行”。当时所有的快递业者都认为运转中心的构想是不可行的，因为不符合经济效益，同时顾客也无“隔夜送到”的强烈需求。史密斯相信顾客会欢迎这样的服务产品，并且未来快递市场竞争的关键必然在于速度。采用转运中心营运模式的一个主要困难，就是需要相当的经济规模，这意味着巨大的投资。而且初期市场需求并不明显，当时法令限制航空货运的载货量规模，也意味着史密斯所要面对的创业投资风险将非常高。

史密斯的成功之处在于他勇于利用理性分析与坚强的毅力，来降低创业风险。他委托研究机构替他验证转运中心营运模式的可行性，并且用这些事实数据以及他个人极大的热情，说服投资者提供资金，最后筹措到 5 200 万美元的创业资金。

刚开始创业的第一个月就产生 440 万美元亏损，但这丝毫不影响史密斯对于创业愿景的信心。他还将自己家族企业的股票全部抵押借贷，这种坚持信念是转运中心营运模式得以实现的关键因素。由于史密斯的坚持，以及转运中心模式改变航空货运业的营运方式，最后导致美国政府配合业界需求，修订航空法，解除对于空运业的限制。

创业不是一个人的行为，塑造愿景，沟通与宣扬愿景，说服他人共同追随愿景，是创业领导人的重要职责。联邦快递的成功故事带给创业者最重要的启示是，伟大的创业构想并不难产生，但实现创业构想却需要一位能够塑造愿景、坚持信念，并且具有领导团队魅力的伟大领导者。

五、企业的扩张

企业扩张是企业发展的必由之路，是企业存在的必然需求。科学合理地扩张可以促使企业竞争力得到快速提升，为企业创造价值打下坚实基础。企业的扩张按照不同的角度分类会有多种方式，如一体化扩张、多元化扩张；内生式扩张、外源式扩张、平衡式扩张。本节主要介绍特许经营与并购两种扩张方式。

一、特许经营

1. 特许经营的含义

特许经营是连锁经营的特殊形式。从本质上说就是一种以契约方式构筑的特许人与受许人(或被特许人、加盟者)共同借助同一品牌,在同一管理体系的约束下,实现市场拓展,进而实现双赢或多赢的营销方式。在契约关系下,特许人为受许人提供包括产品、价格、分销和促销在内的一套模式化的生产、技术及营销方法,受许人为此向特许人支付一定的费用。特许人与受许人之间不是雇佣关系,也不是从属关系,而是平等的伙伴关系。特许人与受许人都是投资主体或独立的企业。这就意味着,受许人的产权关系并不因特许经营而发生变化,受许人依然是其自己企业的所有者。在中国,特许经营越来越受到创业企业的重视,并日益成为其拓展市场的重要形式。

2. 特许经营的特征

一是资产独立性。特许经营店之间以及特许经营店与总公司之间的资产都是相互独立的,也就是加盟者对其店铺拥有所有权,店铺经营者是店铺的主人。二是独立核算。特许经营店与其总公司都是独立核算的企业,特许店在加盟时必须向总公司一次性交纳品牌授权金,并在经营过程中按销售额或毛利额的一定比例向总公司上缴定期权利金。三是加盟者与盟主是纵向关系,各加盟者之间无横向关系。四是特许连锁公司与其授权成立的特许店之间的关系是平等互利的合作关系,特许公司在经营管理上往往不采取强制性的措施,一方面通过特许合同规定双方的权利和义务,另一方面则是通过有效的服务、指导和监督,引导特许店的经营行为。因此,对特许连锁公司来说,最重要的是特许转让合同,并树立为特许店服务的观念。

3. 特许经营的类型

特许经营的类型可以从不同的角度来划分。比如:按特许人与受许人的身份划分,可分为制造商—批发商、制造商—零售商、批发商—零售商、零售商—零总商四种类型。按特许权授予方式又可分为一般特许经营、委托特许经营、发展特许经营和复合特许经营四种类型。按特许内容的不同又可分为商品商标特许经营和经营模式特许经营两种类型。以下主要介绍按特许内容划分的类型。

(1)商品商标特许经营。

它是传统的特许经营形态,是一种产品转让形式,即特许者向受许者转让特定品牌产品的制造权和经销权,包括技术、专利等知识产权以及在规定范围内的使用权,但对受许者所从事的生产经营活动不做严格的规定。其典型的例子有福特汽车、可口可乐。

(2)经营模式特许。

这是一种新型特许经营方式,目前人们通常说的特许经营就是这种类型。它不仅要求加盟店经营总店的产品和服务,而且要在店铺标识、名称、经营标准、产品和服务质量标准、经营方式等,都要按照特许公司的方式进行。受许者交纳先期加盟费和后继不断的权利金,这些经费使特许者能够为受许者提供培训、研究开发和持续的支持。这种模式发展很快,典型的例子有麦当劳、肯德基、全聚德。

4. 特许经营的利弊

特许人拥有品牌和经营技术,而受许人拥有资金、场所和人力等经营要素,两者结合发挥了巨大发展潜力，可以促进社会资源的合理配置和重新整合。然而，对于加盟特许经营的受许人来说，特许经营给特许者和自身所带来的利与弊才是他们最为关注的。

(1)特许经营的优势。

特许人不需参加加盟店内部具体管理工作，可减少资金和人力资源的投入，以最小的资本风险扩张企业，使企业有可能更广更快地分销，开发新的领域，进一步增长企业的价值。而对于受许人来说，不必从头开始，采用特许人良好的品牌形象和成功的连锁经营实践经验，从而避免了可能失败的危险，降低了投资风险，盈利的机会也较大。并且可以从特许人处获得集权低价采购的好处，得到他们在经营、管理、培训、法律、财务上的全面支持和指导，在统一宣传与促销活动中也受惠不少。

(2)特许经营的弊端。

对特许人来说，由于管理网络组织的日益庞大，难以保证受许人产品和服务质量达到统一的标准，可能会导致标准化、规范化的降低。另外，由于与加盟者之间长期合作，矛盾增加，容易出现新的冲突。而对于受许人，其必须向特许者交纳一定的加盟费和管理费，受到总部基于对整体运作思路考虑所制定的严格要求的限制和约束，并随时要承受总部品牌价值的降低对自己产生的不良影响及其导致的一切后果。

二、并购

1. 并购的含义

“并购”是兼并与收购的统称，它是企业实现资本扩张的重要途径。兼并通常是指一家企业以现金、有价证券或其他形式购买取得其他企业的产权，以使被兼并企业丧失法人资格或改变法人实体，并取得对这些企业决策控制权的经济行为。收购是指企业用现金、有价证券购买另一家企业的部分资产或股权，以获得该企业的控制权。由于在实际运作中它们的联系远远超过区别，所以通常将兼并、收购统称为“购并”或“并购”，泛指在市场机制下企业为获得其他企业的控制权而进行的产权交易活动。

2. 并购的方式

企业并购的方式主要有承担债务式、现金购买式和股份交易式。

(1)承担债务式的并购。

承担债务式的并购是指在被并购企业资不抵债或资产债务相当的情况下，并购方以承担被并购方全部或部分债务为条件，取得被并购方的资产所有权和经营权。采用这种并购方式，并购企业短期无须筹措大量资金，从而可以减轻并购方的资金压力，可以降低其并购成本。但是，被并购企业的资产负债率一般较高，采用这种方式可能会导致并购方背上一个沉重的负债包袱，甚至可能由此被拖垮。

(2)现金购买式的并购。

现金购买式的并购指的是并购方筹集足够的资金购买被并购方的全部资产或股票实现并购。这种方式的优点在于操作简便、迅速，但是需要付出大笔资金，可能会给并购方带来暂时的财务困难。

(3)股份交易式的并购。

股份交易式的并购是指并购方以自己企业的股票与被并购方的股票进行交换，或与被并购方企业资产进行交换。这种方式兼有上述两种方法的优点，但是由于会改变双方原有股东的持股比例，可能会遭到股东的反对。

3. 并购的利弊及应遵循的原则

(1)并购的利弊。

并购的优势在于：有利于调节生产，优化资源配置，推动经济发展；有助于企业整合资源，提高规模经济效益；实现多元经营，分散企业风险；通过并购打破壁垒，为进入新市场提供条件；通过企业并购可以增加企业的营业收入，提高企业的经营效率。同时，并购也存在着诸多问题。从法律角度看，由于相关法律规范不系统、不统一，因而缺乏实践指导意义；企业并购完成后，可能并不一定会产生协同效应，使得并购双方资源难以实现共享互补，甚至会产生营运风险。

(2)并购应遵循的原则。

一是仔细选择并购对象。要确保目标企业的特点正是企业所要寻找的。不要勉强自己，否则到后来会失望的。同时要记住，两家企业之间的文化融合是使收购得以成功的最关键因素之一，否则企业会付出高昂的代价。二是邻近原则。大量证据显示，较为稳妥的并购方法是进入邻近产业，这是对企业现有业务组合的合理扩展，并且可以循序渐进、逐步实施。事实上，并购邻近产业有助于公司利用自身的隐形优势，如管理知识和技能、客户洞察以及文化定位。同时，也有助于保持品牌内涵的一致性。三是实行组合管理。创业企业不应该怀着侥幸心理去“赌一两把大的”，而应该实施多起小规模收购。采用组合策略的典型好处就在于增强了长期财务结果的可预测性。另外，它还有助于满足处于不同发展阶段的企业的投资需求。四是切勿“饥不择食”。从战略层面上讲，“饥饿”意味着管理层会认为企业紧缺某种要素，但这并不是说企业可以贸然收购，用收购来弥补企业现有业务的糟糕业绩也是有问题的。

(3)并购应关注的要点。

一是并购中要有创造力。如果在并购中按收益分期付款方式是唯一明智的方式，就要创造性地使用这种方式，并把它加到并购合同中去。二是债权和债务的审查。作为购买者，创业企业应该知道，通过最后审查过程能够发现并购对象的债权和债务状况。三是服务合同的审查。要仔细审查有关员工服务合同的条款，这里面可能包含一些企业还未发现的隐性支出。如果员工已服务20年，就要按照新组成企业的需要来安排他们，并使部门安排和人事设置上更合理一些，这就很可能需要在富余人员或解雇人员身上花费一笔数额可观的费用。此外，还要注意保持并购双方企业额外津贴的一致，否则会导致两边员工的抱怨。四是考量自身的管理优势。对创业企业而言，采用并购手段来实现增长的做法其优点和缺点都很明显。在决定是否进行并购时应该考虑的一个重要因素，就是看企业的管理团队是否具有优势。并购一家企业是一件非常耗时间的事情，而且可能需要把企业的很多核心人员从原来的业务中抽调出来一段时间。如果企业能在这些方面处理得比较好，回报将很快来临；否则，如果对这些问题重视不够，并购可能导致的危机将会使企业在资金上陷入困境。五是时间的安排。在并购过程中，无论从自身企业的运转还是目标企业的管理方面来讲，时间的合理安排都是至关重要的。六是并购的整合。要有充分的心理准备，因为并购各方面的整合不是一蹴而就的，尤其是文化融合方面。

【案例 10-8】

苹果公司的设立

苹果公司所创造的“硅谷奇迹”是创业成功的典范。苹果公司的设立先后经历了以下过程。

一人技术

沃兹尼亚克(简称沃兹)在 1976 年设计出了一款新型的个人用计算机,样品苹果 I 号展出后大受欢迎,销售情况非常好。

两人起步

受此鼓舞,沃兹决定与中学时期的同学乔布斯一起创业,先进行小批量生产。他们卖掉旧汽车甚至个人计算机一共凑集 1 400 美元,但小小的资本根本不足以应对创业对资金的迫切需求。乔布斯理解苹果计算机要成为一个成功的公司,就需要有资本、专业管理、公共关系和分销渠道。

三人合伙

从英特尔公司销售经理职位上提前退休的百万富翁马库拉经别人介绍找到了这两个年轻人,沃兹的成就激起了他的热情,马库拉有足够的工程学知识,这使他一眼看出,沃兹为 Apple 设计的一些特性非常独到。他以多年驾驭市场的丰富经验和企业家特有的战略眼光,敏锐地意识到了未来个人计算机市场的巨大潜力,决定与两位年轻人进行合作,创办苹果公司。根据仅在美国 10 个零售商店的 Apple I 电路板的销售情况,马库拉大胆地将销售目标设定为 10 年内达到 5 亿美元。意识到苹果公司将会快速成长,马库拉用自己的钱入股 9.1 万美元,后来又游说其他人投 60 多万美元风险资金,以其信用帮助苹果公司从银行借 25 万美元的贷款。这样,沃兹、马库拉和乔布斯各自获得公司 30%的所有权。

三人于 1977 年 1 月 7 日签订了这一股份协定,正式成立苹果公司。

四人公司

三人共同带着苹果公司的创业计划,随后走访了马库拉认识的创业投资家,结果又筹集了 60 万美元的风险资金。为了加强公司的经营管理,一个月后马库拉又推荐了全美半导体制造商协会主任斯科特担任公司的总经理。马库拉和乔布斯说服了沃兹脱离惠普,全身心投入苹果公司。于是斯科特成了苹果公司的首位 CE0(1981 年,在担任苹果公司总裁的 5 年后,斯科特决定卖掉股份,提前退休)。1977 年 6 月,四个人组成了公司的领导班子,马库拉任董事长,乔布斯任副董事长,斯科特任总经理,沃兹是负责研究与发展的副经理(管理团队)。技术、资金、管理的结合产生了神奇的效果。

斯科特帮助苹果公司建立了早期的基础架构。

综上所述,沃兹设计、制造了苹果计算机,马库拉有商业上的敏感性,斯科特有丰富的生产管理经验,但最终是乔布斯以传教士式的执着精神推动了所有这一切。

苹果公司的创业成功是创业团队有效合作的结果。

参考文献

[1]胡伟国,等.创新思维与方法[M].北京:中国原子能出版社,2020.

[2]周苏,谢红霞.创新思维与创业能力[M].北京:中国铁道出版社,2016.

[3]马莹,单学亮,马光波.大学生创新创业基础[M].沈阳:东北大学出版社,2017.

[4]李文胜,卢海萍.创业基础[M].西安:西北工业大学出版社,2018.

[5]陈晓鸣.电商创业:基础、案例与方法[M].北京:人民邮电出版社,2016.

[6]王卫红,杨悦,陈锋,江辛.创新创业基础[M].北京:北京师范大学出版社,2018.

[7]黄兆信,曾尔雷,等.以岗位创业为导向:高校创业教育转型发展的战略选择[J].教育研究,2012.

[8]侯慧君,林光彬.大学生创业教育的现状分析与发展建议[J].中国高等教育,2011.

[9]胡国辉.大学生创业教育[M].上海:上海交通大学出版社,2015.

[10]韩娇.大学生创新创业基础模块化实训教程[M].北京:现代教育出版社,2018.

[11]张建华,冯瑞.大学生创新创业指导教程[M].上海:上海交通大学出版社,2016.

[12]宫承波,等.创新思维训练教程[M].第二版.北京:中国广播影视出版社,2016.

[13]胡飞雪.创新思维训练与方法:升级版[M].北京:机械工业出版社.2019.

[14]杨秀.创新思维与创造力[M].北京:中华工商联合出版社.2018.

[15]江帆,等.今天你创新了吗:TRIZ 创新小故事[M].北京:知识产权出版社,2017.

[16]周苏,等.创新思维与 triz 的创新方法[M].北京:清华大学出版社.2018.

[17]王如平.创造性思维的开发与培养[M].北京:光明日报出版社,2012.

[18]薛艺,等.创行:大学生创新创业实务[M].青岛:中国海洋大学出版社,2016.

[19]邓泽功.大学生创新创业指导教程[M].北京:人民交通出版社,2004.

[20]布鲁斯.R.巴林格,R.杜安·爱尔兰.创业:成功创建新企业[M].张玉利,等,译.北京:机械工业出版社,2006:252.